目次

原著論文

観光まちづくりをめぐる地域の内発性と外部アクター
　——竹富公民館の選択と大規模リゾート
　　藤井　紘司

観光によるアート概念の再編成　　　　　　　　　　　　　　　　　　　　　19
　——マレーシア・ジョージタウンのストリートアート観光を事例に
　　鍋倉　咲希

萌芽論文

スポーツ自転車によって顕在化する空間　　　　　　　　　　　　　　　　　35
　——大阪府南河内郡を事例に
　　新田　康博

基調講演

Travelling People and Things:　　　　　　　　　　　　　　　　　　　　47
　The Creation of Differentiated Mobilities in a World on the Move
　　Mike CRANG

特集論文：ツーリズム・モビリティ・セキュリティ

スマートなるものと確率化される現実社会　　　　　　　　　　　　　　　　53
　——人と物のデジタル的管理への批判的視角のために
　　森　正人

移民たちの船の物質性とモビリティ　　　　　　　　　　　　　　　　　　　69
　——人と物のデジタル的管理への批判的視角のために
　　北川　眞也

ゲストのセキュリティ化　　　　　　　　　　　　　　　　　　　　　　　　87
　——「リスク社会」を生きるプーケット在住日本人ダイビング・ガイドの観光人類学
　　市野澤　潤平

都市空間におけるモビリティとセキュリティ　　　　　　　　　　　　　　　109
　——ポケモンGOに随伴する移動と「統語論的関係の優位化」
　　松本　健太郎

書評：遠藤英樹著『ツーリズム・モビリティーズ——観光と移動の社会理論』

ツーリズム・モビリティーズの理論のために　　　　　　　　　　　　　　　117
　　須藤　廣

彙報　　　　　　　　　　　　　　　　　　　　　　　　　　　　　　　　122
観光学評論　編集・投稿規定　　　　　　　　　　　　　　　　　　　　　124
観光学評論　執筆要項　　　　　　　　　　　　　　　　　　　　　　　　126
観光学術学会則　　　　　　　　　　　　　　　　　　　　　　　　　　　131
観光学術学会　シニア会員細則　　　　　　　　　　　　　　　　　　　　134
観光学術学会　賛助会員細則　　　　　　　　　　　　　　　　　　　　　135
観光学術学会倫理綱領　　　　　　　　　　　　　　　　　　　　　　　　136
編集後記　　　　　　　　　　　　　　　　　　　　　　　　　　　　　　137
今後の予定　　　　　　　　　　　　　　　　　　　　　　　　　　　　　137
役員一覧／委員会および委員一覧　　　　　　　　　　　　　　　　　　　138

原著論文

観光まちづくりをめぐる地域の内発性と外部アクター
──竹富公民館の選択と大規模リゾート

Regional Endogeneity and External Actors over Tourism-based Community Development:
The Decision of the Community of Taketomi Island and a Large Scale Resort

藤井　紘司

早稲田大学　人間総合研究センター　招聘研究員

Koji FUJII

Visiting Scholar, Advanced Research Center for Human Sciences, Waseda University

キーワード：観光まちづくり、大型リゾート、内発性、外部アクター、竹富公民館

Keywords : tourism-based community development, large scale resort, regional endogeneity, external actors, community of Taketomi island

I.　問題関心と目的
II.　暮らしが形づくる景観──ガヤヤからカーラヤへ
III.　展開する観光まちづくり──リゾート開発拒否の論理
IV.　原風景の複製──リゾート開発許容の論理
V.　考察──外部アクターをめぐるむらの取捨選択の基準
VI.　結論

要約:

　本稿の目的は、マスツーリズムの弊害に対処しつつ、ながらく外発的な開発を拒否し、歴史的環境を軸とした観光まちづくりに取り組んできたむらが、なにゆえに大規模リゾートの誘致を許容したのかをあきらかにすることにある。本稿でとりあげる沖縄県竹富島は、伝統文化の保全と観光とを両立させた自治的なまちづくり先進地であるものの、大規模リゾートの誘致により、一見、地域社会の「内発性」が揺らいでいるようにもみえる。

　本稿では、半世紀以上にわたる観光まちづくりの経緯をふまえ、その都度その都度の限られた選択肢のなかで、暮らしの問題を解決するために、地域内の各組織や個人がさまざまな外部アクターと離合集散しつつも、連帯する外部アクターを取捨選択していることをあきらかにした。本稿は、大規模リゾートの誘致もまた外部アクターとの連帯の一種ととらえつつ、パートナーシップ的発展論の視点から地域社会の内発性と外部アクターとのかかわりについて考察するものであり、地域社会による取捨選択の基準といったものをより積極的に論じる必要があることを指摘した。

Abstract:

　This paper is aiming to make it clear that why a village had been traditionally dealing with the problem of mass-tourism through focusing on developing community in the basis of historical environment, while refusing external actors, finally accepted a large scale resort from external side. That is because as an advanced area of developing traditional culture and tourism in the meanwhile, the endogeneity of Taketomi island seemed to be changed when it took this decision.

　However, when looking at this village in a span of over half-century development history, I found that in order to resolve living problem, each organization and individual in this area has been interacting with various external actors, and trying to find a cooperative one within limited choices at all such times. In this paper, I am going to discuss regional endogeneity from the perspective of partnership development while the resort will be seen as a kind of cooperation with external actors. Through this, I would like to point out that we need to be more positively discussing our criteria on what should be chosen and what shouldn't be.

I. 問題関心と目的

　本稿の目的は、地域の特性を活かすことに腐心しつつ、観光まちづくりを展開してきたむらがなにゆえに大規模リゾートの誘致を許容したのかをあきらかにすることにある。

　20世紀中葉より本格的に勃興した消費型マスツーリズムは、観光の対象となる地域の環境破壊や新植民地主義ともとれる支配構造の再創出などのさまざまな深刻な問題を生み出してきた。1980年代の後半には、それらの形態への批判から、「持続可能な発展」の理念から派生した「持続可能な観光」についての議論が活発化している。近年では、とくに、観光まちづくりやコミュニティ・ベースド・ツーリズムといった「持続可能な観光」を活用し、地域活性化を図る取り組みに注目が集まっている。観光社会学者の安村克己（2010, p. 114）は、観光まちづくりの本質を「内発性」と「持続可能性」の二点に整理し、そのうち「内発性」を外部に依存せず、自力で内部からの実践によるものと言及している。

　本稿のとりあげる事例は、マスツーリズムの弊害に対処しつつ、ながらく外発的な開発を拒否し、歴史的環境を軸とした観光まちづくりに取り組んできたむらである。こうしたむらが大規模リゾートを許容したとなると、一見、地域社会の「内発性」が揺らいでいるようにもみえる。本稿では、この問題を観光まちづくりに関わる以下の諸議論をふまえ、本稿独自の分析視角を提示したい。

　Smith, Valene L.（1977）によるホスト・ゲスト論の提唱以降、伝統文化をめぐる観光を研究対象とした文化人類学者らは、"豊かなゲスト"が"貧しいホスト"社会を訪問するという不均衡な構図が南北問題のひとつの発露としてあることや、ホストとゲストとの交差がホスト社会に多大なる文化喪失・変容をもたらしていることを指摘してきた。こうした潮流に対し、1980年代半ばになると、日本国内に絞っていうと、いわゆる「伝統文化の構成主義」（足立、2004, p. 42）者らは、ホストとゲストとの間に存在している不均衡な力関係に注目したうえで、観光客とのインターアクションがホスト側の自己アイデンティティの形成の契機になること——アイデンティティ・ポリティクスの場としての観光——（太田、1993）や、ゲストのニーズをふまえつつ、ホスト側が主体的にイメージや舞台を創出・再生産し、主導権を奪取する実践（川森、1996; 森田、1997）など、ホスト側の人々による「伝統の発明」を含む総意工夫をとらえることを中心的な課題としてきた（松田・古川、2003）。しかしながら、これらのホストとゲストとを対置的にとらえる議論は、いわば、一枚岩の均質的な叙述や社会認識といった「二分法的社会観」（松田、1997, p. 279）を招来しており、さらには、観光が訪問者の存在を前提としているのにもかかわらず、ホストとなる地域社会の主体性を強調するがゆえに、ゲストのイメージはいたって貧弱な存在になっている。

　とはいえ、いざ、観光まちづくりの現場に入ると、地域内の各組織や個人がさまざまな外部アクターと離合集散しつつも、その都度、連帯する外部アクターを取捨選択している様子は容易に看取しえるものである。たとえば、山村哲史（2003）は、京都府大江町の棚田オーナー制度を開始した過疎のむらを事例とし、これらの棚田をめぐる都市と農村の交流は「農村的な景観や生活を観光の素材にして直接の収入に結びつける方法よりも、移住者や継続的な訪問者（もちろんUターンも）を共同体のなかに取り込みながら、土地を守っていく」（山村、2003, p. 49）方法であると洞察している。こうした地域生活のうちにある外部アクターとの連帯は、伝統的にも存在してきたものである。

　宮本常一によると、青森県下北半島の田名部は昔から火事の多いところで、明治になってから町の大半が焼失してしまう火事が三度もあり、そのために没落した大きな問屋も数軒あったが、いつの火事のときも一番先に復興するのは宿屋であった。常客たちが火事見舞いにかけつけ、再建のための材木を寄付するからである。各宿は半島の地域ごとに客を引き受けることにしており、他の地域の客を引き受けることはほとんどなかった。今日まで古い得意先と手を切らなかった家は残り、早く農村の得意先と手を切った旅館はほとんど滅びてしまったという（宮本、1975, p. 101）。「二分法的社会観」を下敷きとした議論は、こうした「旅人と旅先の人たちの結びつき」（宮本、1975, p. 125）や地域社会がどのようなゲストと関係性を取り結びつつ、暮らしを立ててきたのかという点を等閑視してきたといえる。

　その一方で、近年、地域コミュニティと外部アクターとのかかわりから地域の発展のあり方を再考する議論がある。こうした論者のひとりである鳥越皓之（2010a;

2010b）は、コミュニティを基盤としつつも、外部アクターと相互協力をしながら発展をめざす「パートナーシップ的発展」という開発・発展論を提示している。パートナーシップ的発展論は、鶴見和子による内発的発展論を下敷きにしており、「自分や自分たちの組織が活動しつつも、それには限界があることを自覚することによって成立する開発論である。すなわち、異質な人間や組織をパートナーとすることによって、目的を達成しようとする」（鳥越, 2010b, p. 238）あり方をさしている。そのうえで、「いわゆる『まちづくり運動』は、異質な人や組織同士が連携を組むパートナーシップ的発展論となりがちである」（鳥越, 2010a, p. 6）と指摘している。

鳥越によると、このパートナーシップ的発展論は、外部のパートナーとの関係性を強調した組織論であることを特徴としている（鳥越, 2010b, p. 246）。とはいえ、鶴見が提起した内発的発展論の理論的背景にある水俣のモノグラフには、そうした外部アクターとの連帯をとらえる視角を内包している。いわく、水俣病の「患者である多発部落の定住者と漂泊者とが、そして外来の旅人である支援者たちとが、合力し」（鶴見, 1998, p. 187）、裁判や自主交渉といった苦しい道をひらいた。のちに、支援者の一部の人々は、多発部落およびその周辺に移住し、地域の再生への試みに参加することになる。鶴見は、「地域の自然と社会生活の崩壊から、直接に再生への動き――内発的発展――が生まれたのではない。裁判と自主交渉をとおしての、自立的な主体形成と、合力のかたちがなければ、それは生まれることはなかったであろう」（鶴見, 1998, p. 197）と言及している。すなわち、これらの研究は、地域の内発性をとらえる際に、異質な他者とのパートナーシップや合力といった外部アクターとの連帯に注目しているといえる（宮本, 1967, pp. 189-191）。

地域社会がどのような外部アクターと関係性を取り結びつつ、暮らしを立ててきたのかという点の把握なしに、今後の観光まちづくりのゆくえを見定めることは難しい。というのも、とくに、こうした観光の対象となるような農山漁村は構造的な劣位にあり、過疎化の進展といった地域を運営していくうえで不利な点や限界を抱えており、どのような「訪問者」を招来し[1]、関係を取り結ぶのかが課題となっているからである。

本稿では、これらの議論をふまえ、暮らしを立てていくことが難しくなるような生活条件の変化に対し、地域の住民組織がどのような言い分を形成しつつ、観光まちづくりを展開してきたのかを、とくに、外部アクターとの連帯に注目する作業を通じあきらかにする。以下、Ⅱでは、「観光のまなざし」の対象となる空間が生成する過程を記述し、Ⅲでは、外部アクターとの連帯・排除に注目しつつ、どのようにツーリズム・インパクトに対処し、観光まちづくりをめぐる葛藤をのりこえてきたのか焦点をあてる。つづく、Ⅳでは、外発的なリゾート開発を拒否してきたむらが大規模リゾートを受け入れるに至った経緯について言及し、Ⅴでは、以上の事例をふまえ、むらによる外部アクターの取捨選択の基準について考察する。最終節のⅥでは、地域社会の内発性と外部アクターとのかかわりについて論じる。

II. 暮らしが形づくる景観――ガヤヤからカーラヤへ

はじめに、研究対象のフィールド概況を紹介しつつ、集落景観の生成過程について記述する。本稿のとりあげる事例は、沖縄県八重山諸島の面積5.43km^{2}ほどの扁平な竹富島のものである。一般には、竹富島は赤瓦の町並みといった"古琉球の原風景"が残る、伝統文化の保全と観光とを両立させた自治的なまちづくり先進地として位置づけられている。本節では、このシマ（以下、竹富島のことを「シマ」と表記する）の集落景観が生活意識を基にしつつ、暮らしによって形づくられてきたことをあきらかにする。

シマには、共同生活上の課題や規範を協議するためのいわゆる"寄合"の場があり、「竹富公民館」という名称の自治組織を構成している。この合議制による組織は1917（大正6）年設立の「同志会」を起源とし、1940（昭和15）年には、大政翼賛会の末端組織としての「竹富部落会」、アメリカによる統治下にあった1963（昭和38）年には、「竹富公民館」に改称し、今日に至っている。現在では、公民館長と主事及び幹事が公民館執行部を構成し、これらのメンバーと各集落から2名の議会議員（計6名）、各集落の顧問1名（計3名）、老人会長や婦人会長、青年会長などからなる最高意思決定機関・公民館議会がその都度議会を開き、むらの自治運営を担っている（家中, 2009a, p. 81）。また、年度末に1回、竹富公民館の総会を開いている。公民館の活動資金に関しては、住民から徴収する賦課金があり、こうした住民拠出の予算を執行し、シマの重要な祭事や行事を司っている。

「竹富町地区別人口動態票」（竹富町, 2016a）によると、2016年（12月末）現在、シマの世帯数は196世帯、人口は363人である。現在の行政区分でいうと、小浜島や西表島、黒島、鳩間島、新城島、波照間島などからなる

竹富町に属している。亜熱帯海洋性の気候下にあり、年に数回、台風が来襲する。川のないこのシマでは、多少の塩分を含んだ井戸や天水をためるタンクなどから生活用水を調達してきた。こうした生活は、1976（昭和51）年、石垣島からの海底送水管の敷設による上水道の整備まで続いた。島内には3つの集落（東・西・仲筋）があり、集落は島のほぼ中央部にかたまっている。平屋の各屋敷は、台風に耐えるために四周をサンゴの乱積み〔グック〕で囲い、さらには、防風林であるフクギを屋敷内の北と東に配している。海に至る道や集落内の路地、屋敷地の前庭には、浜辺で採取したサンゴの白砂を敷き詰めている。

このシマで初めての瓦屋〔カーラヤ〕が誕生したのは1905（明治38）年である（上勢頭，1979，p. iv；宮澤，1987，p. 106）。というのも、公認の家譜を有する士族階層と平民階層とに社会階層を分けていた首里王府の統治下にあっては、18世紀以降、平民階層が瓦を使用することが禁じられていたからである。ゆえに、平民階層の住居は茅ぶき〔ガヤヤ〕であった。首里王府によるこれらの旧慣制度は、1879（明治12）年の沖縄県の設置以降、順次撤廃となり、屋根の材料に関する規制は1889（明治22）年まで継続した（観光資源保護財団編，1976，p. 37）。

民家の多くは、敷地内の棟を居住棟〔フーヤ〕や炊事棟〔トーラ〕、納屋〔シヌヤ〕に分けて、一棟あたりの屋根面積を小さくしていた。こうすることで、台風による風の影響を分散させ、かりに倒壊しても再建の労力は少なくて済む（TEM研究所，1977，p. 107）。また、シマの常風のひとつが南東風なので、トーラは風下の西側に配置し、煮炊きのばい煙や火をフーヤにまわさないようにした。トーラの造りを穴掘屋〔アナブリヤ〕といい、Y字型の中柱を中心に配置し、その周囲に数本の柱を掘り立てる。屋根や壁はカヤでふく、簡素なものである。貧しい家もこの形態であった。

フーヤの造りを貫屋〔ヌキヤー〕といい、サンゴの礎石の上に角材を貫き合せるものである。家造りは一大事業であり、労働力を結集するユイや、物品や食べもの（豆腐、野菜、てんぷらなど）を持ち寄るバフを必要とし、労働力や資材の調達、炊事の準備に腐心した。たとえば、屋根ふき〔ヤーフキ〕には、多くのカヤやススキなどを必要とし、青年層が原野や畑に自生しているカヤをユイで刈り取って集める。家を造るには共同の力を必要としたのである。これらの相互扶助は返済の義務を負っているので、各家では、結縄の一種である藁算（藁に結び目をつくり数量などを記録するもの）や、平民階層の文字解禁以降は到来帳に貸し借りを記録した。労力日数や物品の貸借を詳細に残し、来る日のユイ返しの参考にしたのである。ふきかえは10年から15年ごとであった。

貫屋造りの場合は、屋根の勾配を修正することで、茅ぶきから瓦ぶきに切り換えることができた。昭和初期頃の瓦は、ほぼ豆腐一切れの値段（1銭5厘）であった（辻，1985，p. 286）。各家は経済力の変化に応じつつ、大正以降、少しずつ瓦にふきかえていった。というのも、「特に瓦屋を建てた人は、マイフナー（働き者、手腕家）と称賛されていた」（辻，1985，p. 278）からである。たとえば、竹富同志会が勤労をうながすためにあちこちに立てていた看板の〆のことばは「マイフナンギーフナン手足や二ち　働しや人ぬ取らぬ　働く仲ど果報や給らり」（1938年）である。「ギーフナン」とは怠け者のことをさし、村人の評価は手厳しかった（琉球大学民俗研究クラブ，1965，p. 33）。とくに、むらしごとへの欠勤や生活規範を犯したものには、むらの総会の承認の下に仲達〔ナカス〕という役員が罰金を科し、ときに、罰札を渡した（大，1974，pp. 58-59）。

昭和30年頃になると、茅ぶきのガヤヤと瓦ぶきのカーラヤとが混在し、1965（昭和40）年に調査に入った琉球大学民俗研究クラブ（1965，p. 44）は、居住棟の茅ぶきと瓦ぶきの比を2：3と報告している。こうした変化はむらのなかの家や個人に対する評価やカーラヤに対する憧憬によりつつも、昭和30年代以降は、過疎化によるユイの人員不足や、耕作放棄地が増加し、カヤが減少したこと、瓦や漆喰の購入といった現金経済の浸透がうながしてきたものである。また、茅ぶきは強風や火災に弱いという欠点があり、台風のたびに修繕を必要とした。たとえば、1953（昭和28）年に襲来したキット台風により、多くの家が倒壊し、潮風にのった塩分により草木は枯死し、焼野原のようになった。ゆえに、シマのひとはこの台風を"火の風〔ピーカジ〕"と呼んだそうである。茅ぶきから瓦ぶきへの変化は、こうした度重なる台風による倒壊や修繕といった民家のうつりかわりのはやさも手伝っていた。

こうした暮らしぶりのなかで1960年代になると、浜辺の白砂を敷き詰めた路地と、その両側には、黒灰色に変色したサンゴの乱積みに生彩を与える路傍の草木や藍染めの繊維、晴天の日には、青空をキャンバスの生地とし、瓦の赤褐色と漆喰の白色との鮮明な対比が際立つ集落景観が広がっていた。当時の新聞記事には「〝本当の沖縄の姿〟〝真の八重山の姿〟をとどめている」（『沖縄

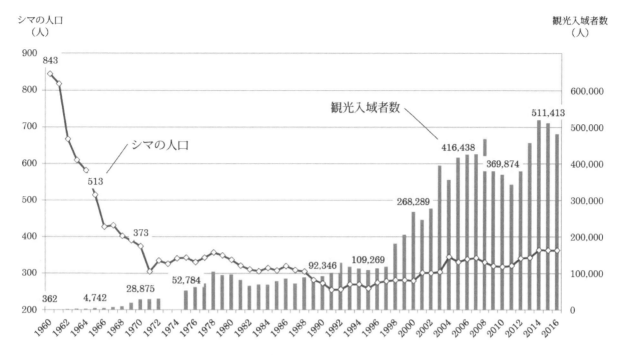

図1　シマの人口及び観光入域者数の変化（1960〜2016年）

シマの人口：1960年から1963年までは竹富町役場総務課提供資料、1964年から2016年までは「竹富町地区別人口動態票」（竹富町, 2016a）により作成した。観光入域者数：1960年から1972年までは「喜宝院蒐集館拝観者数」（玉村, 1974, p. 575）、1975年から2016年までは「竹富町観光入域者数（年別：昭和50年〜平成28年）」（竹富町, 2016b）により作成した。1960年頃から旅人がぽつぽつと来島するようになり、シマの私設博物館である「喜宝院蒐集館」には362人（1960年）が来館している。その後、1972年の本土復帰（5月15日）や沖縄国際海洋博覧会の開催（1975年7月20日〜1976年1月18日）を転機とし、1975年には52,784人がシマに訪れている。1990年頃までは10万人弱ほどで推移し、首里城の復元（1992年）やNHKの大河ドラマ『琉球の風』の放送（1993年1月10日〜6月13日）、安室奈美恵の大ブレーク、沖縄サミットの開催（2000年7月21日〜23日）、「琉球王国のグスク及び関連遺産群」のUNESCO世界文化遺産への登録（2000年12月）、NHKの連続テレビ小説『ちゅらさん』の放送（2001年4月2日〜9月29日）を契機とした沖縄ブームにより、1990年以降、観光入域者数は急激に伸びている。サブプライム住宅ローン危機に端を発した金融危機 *the financial crisis* (of 2007–08) や東日本大震災（2011年3月11日）の影響から観光入域者数は一時的に減少したものの、2015年には511,413人を数えている。

タイムス』（1964年4月26日）とある。このようにカーラヤのある"沖縄の原風景"は、暮らしのなかから形づくられてきたものである。1973（昭和48）年に初めてこのシマに訪れたある旅人は、「島で音がするのは機織りの音だけであった」（内田, 2015, p. 55）と述懐している。しかしながら、シマのこの落ち着いたたたずまいの背後には、深刻な過疎化の進展があったのである。

III. 展開する観光まちづくり──リゾート開発拒否の論理

図1はシマの人口及び観光入域者数の変化（1960〜2016年）である。1970年代の初頭までにかなり急速な過疎が生じていることがわかる。1952（昭和27）年の新聞記事にはすでに「島は空ぽで　行事は老人の手で」（『八重山タイムス』1952年7月22日）とあり、青壮年層の多くが本土や沖縄本島へ出稼ぎに行き、行事の担い手が不足しているようである。同時に、サトウキビ栽培をはじめとした基幹産業である農業も衰退していた。1960年代を通じ、おおよそ500人の人たちがシマから流出している。

目ぼしい産業はなかったものの、1960年頃から旅人がぽつぽつと来島するようになり、かれらにはアダンの葉で作ったハブや星ころなどの玩具や、むしろや編みかご〔アンツク〕などの民具が好評であった。観光客はこれらの素朴な民具を手づくりの民芸品として喜んだのである。昭和の初期から低調であった機織りも、ミンサーの帯が売りものになり始めてからは復興し、1963（昭和38）年には竹富民芸組合を組織している（大, 1974, p. 86）。また、小さいながらも民具や骨とう品を収集・展

図2 日本民芸協会の来島
ミンサーの帯で縁取った歓迎アーチには「ようこそ日本民芸協会のみなさん」とあり、
裏側には「有難うございました 又お越し下さい 竹富部落会」とある。
（出典：『沖縄タイムス』（1964年4月17日））

示した私設の博物館（喜宝院蒐集館）を開館（1960年）し、1964（昭和39）年の観光入域者数は3,870人ほどを数えている[2]（琉球大学民俗研究クラブ, 1965, pp. 27-28）。

青壮年層が離島していくなかで、老人たちの専売特許であった民具づくりに、観光と結びついたひとつの地場産業の創出という望みを託し始めていた（観光資源保護財団編, 1976, p. 7）。こうした民芸品への注目やシマの文化復興を後押ししたのが染色工芸家・芹澤銈介を筆頭とした日本民芸協会であった。1964（昭和39）年の春には、外村吉之介やバーナード・リーチ、濱田庄司らをむらをあげて歓待している[3]（図2）。

一行は港の歓迎アーチをくぐり、清明御嶽において持参した弁当休憩をとっている。その際、竹富民芸協会（会長：与那国清介）の会員40名が出迎え、モチ〔イーヤチ〕やお茶を振る舞いつつ、シマの民謡に外村の作詞をのせた「布織女」と、与那国の作詞した「布織ユンタ」の二曲を披露している。その後、一行は集落をまわってから、喜宝院の住職である上勢頭亨の自宅に設けた「竹富民芸館」を訪問している。日本民芸協会の面々を迎えるために、喜宝院蒐集館の入り口に「竹富民芸館」というノボリを立てて、ミンサーをはじめ、芭蕉布やアダン葉で編んだむしろや編みかご、玩具などの民芸品を展示し、機織りで最長老の亀カツがジーバタを織ってみせた。即売を兼ねたこの仮設の民芸館では、アダン葉のむしろが人気であった。また、外村は自然の石庭（西塘御嶽の北斜面）を京都にある竜安寺の石庭に匹敵するとし、村びとにその価値を認識させたとある（『沖縄タイムス』1964年4月17日）。こうしてシマは"民芸の島"というお墨付きを授かったのである[4]。素朴な民芸品でのシマ起こしにより、1970（昭和45）年には「喜宝院蒐集館拝観者数」は28,875人にのぼっていた。

1960年代の旅人のなかには「カニ族」が混じっていた。横長の大型リュックサックを背負うので、その旅装から「カニ族」という。シマの民宿の発端は、かれらが浜辺でキャンプしたり、御嶽に入り火を焚いたりした状況から、（仲筋集落の）集会所を宿泊所として提供したことに始まる（観光資源保護財団編, 1976, p. 17）。その後、保健所からの指導が入り、正式に民宿を開業することになり、キャンプについては1969（昭和44）年に全島禁止にした。「カニ族」の気ままなキャンプを禁止し、民宿をスタートさせたことは、御嶽を含む生活環境の保全や観光事業を構想するうえで必要な判断であった。民宿の経営は早朝から夜間に及ぶ仕事であり、老人のみの世帯では難しい。ゆえに、民宿の開業は、いくばくか新たな仕事の機会や後継ぎである青壮年層の帰郷をもたらした。

しかしながら、人口の流出がゆるやかになってきたその矢先、その下底が抜けることになる。1971（昭和46）年の3月から9月に至る長期の大干ばつにより、井戸が干からび飲料水が枯渇し、農作物は枯死状態にあった。ま

た、牛の飼料や水も不足し、畜産業も壊滅的な被害を受けていた。追い打ちをかけたのが9月22日のベス台風の襲来であった。これらの未曾有の大災害により、農作物は壊滅し、民家や製糖工場などが全半壊したのである。その被害は全壊19棟、半壊65棟を数えた（藤岡, 2001, p. 29）。外村ら岡山県民芸協会が音頭をとり、全国各地の民芸関係者が寄せた義援金は107万8千円にのぼり、むらはこの資金を清明御嶽の復旧にあてることにした（谷沢, 2010a, p. 27）。この御嶽は1964（昭和39）年、日本民芸協会一行を迎えた場所でもあった。

とはいえ、災害による困窮や円の対ドル為替レートの切上げなど復帰前夜の社会不安のなかで、シマで暮らすことは難しいと判断した人びとの多くが耕地を放棄し、シマを後にした。その際に、ダミーを通じ、シマの土地は二束三文で外部資本に流出した。本土復帰後の観光客の増加を見越していた大手の本土資本が大型観光開発を目的とし、水面下でシマの土地を買いあさっていたからである。また、これらに対抗し、石垣島で事業をおこしていたシマ出身の商売人らが竹富観光開発㈱を設立（1971年）し、「土地が本土業者の手に渡れば古風な部落のたたずまいが破壊される」（『沖縄タイムス』1971年3月30日）とし、土地を買い集めた。

伝統文化や自然環境を含むシマの暮らしの破壊につながりかねないこうした動向に対し、危機感を覚えた上勢頭亨・昇兄弟は有志を募り、「竹富島を生かす会」（1972年発足）を結成した。「竹富島を生かす会」は、土地の買い占め売渡の反対運動や買い戻し運動を展開しつつ、「金は一代　土地は末代」といった村びとに対する呼びかけの立札をあちこちに立てた。反対運動は島外に住む郷友をはじめとし、外村ら日本民芸協会の有志による「古竹富島保存会」（1971年発足）や、上勢頭昇が営む民宿泉屋の常連客による「竹富島を守る会」に広がっていった。こうした活動により、いったんは外部資本による買い占めの阻止に至ったものの、土地を売ってなんとか生計を立てようとする側と、なんとしても売ってはいけないとする側との間に深刻な対立関係が残った。

1975（昭和50）年、日本習字教育連盟（と福岡観光開発）は、これらの土地に駐在員を常駐させつつ、島民数人を使い牛を放牧し、日本習字教育連盟約50万人の憩いと研修の場を目的とした開発の時期到来を待っていた（観光資源保護財団編, 1976, p. 15）。これらの開発の歯止めになっていた要因のひとつに水不足があった。もとより共同井戸や各戸の天水タンクによる暮らしぶりであった。簡易水道は公民館が維持し、運営のための特別会計を設けていた。ゆえに、1976（昭和51）年の石垣島からの海底送水管敷設は、本土資本にとっては開発条件が整うことでもあった。

こうした軋轢のなかでも観光客は増え続けており、1970（昭和45）年、島内の民宿・旅館は3軒ほどであったものの、沖縄国際海洋博覧会の開催年（1975年）には、22軒を数えていた（真島, 1979, p. 184）。本土では、日本国有鉄道による「ディスカバー・ジャパン」（1970年～）の広告キャンペーンが始まり、個人旅行や女性旅行者が拡大・増加していた。1970年代は、これらのマスツーリズムへの対応に暗中模索した時期であった。

1975（昭和50）年実施の京都大学の西山夘三や三村浩史らの調査[5]では、当時の観光客のタイプを（A）研究・学習・体験型、（B）若ものレクリ型、（C）ディスカバー・ジャパン型、（D）日帰り海水浴型、に分類している（観光資源保護財団編, 1976, p. 16）。（B）はいわゆる「カニ族」であり、1969（昭和44）年以降、激減したものの、1972（昭和47）年のホーバークラフトの就航以降、石垣島に宿泊し、水着姿で日帰りする（D）の日帰り海水浴の客が増えていた。お金の代わりにゴミを残し、水を使うので問題であった。また、1974（昭和49）年、600名乗りの日本丸がコンドイビーチ沖に停泊し、数百人が海水浴のために上陸した。大量の弁当のゴミを捨てていったので、この清掃には何日もかかったという。こうしたツーリズム・インパクトを被りつつも、観光客の望むシマの将来像としては「自然や集落を今のまま残した素朴な感じの島」という意見が95％を占めていた[6]（観光資源保護財団編, 1976, p. 56）。

しかしながら、集落の景観は次第に味気ないものに変化していた。屋根の大半が全壊したベス台風からの復興にあたり、高価な赤瓦の代わりに簡素なトタン屋根や耐風性や耐久性のあるRC（鉄筋コンクリート）フラットルーフによる安上がりな家屋が増えていたからである（京都大学建築学教室三村研究室編, 1976, p. 9）。また、観光客の増加に対し、各旅館や民宿は、集落景観全体の修景計画が不在のまま増改築を重ねていた。

同時に、島内の自動車は軽トラック2台（1971年）から、その4年後には、有償運送のマイクロバス7台、貨物車4台、乗用車2台の計13台に増えており、共同空間であるサンゴの白砂を敷き詰めた道路の路面は、車のわだちが残り、凸凹が激しくなっていた。シマの民宿は「竹富島宿泊組合」を発足し、「宿泊料金は二食付2,200円とする」などと規約を定めたり（図3）、マイクロバスのバス組合は島内一周3,500円と一律の値段を取り決めたり（観光

```
〈規定〉お客様は次の事項に協力下さい。
一、貴重品は宿主にお預け下さい
一、島内の静けさを守りましょう
一、部落内での水着や一部裸身の歩行禁止
一、海岸道路等にゴミ空缶を捨てないこと
一、キャンプ野宿の禁止
一、動植物の採集および持出しは禁止
一、消燈時刻は午後11時とします
一、水不足のため節水を願います
一、宿泊料金は二食付 2,200円とする
                    昭和50年7月1日
                     竹富島宿泊組合
```

図3 「竹富島民宿組合」の自主規約
（出典：観光資源保護財団編、1976, p. 18）

資源保護財団編, 1976, p. 36)、組合内で過当競争が起きないような工夫をしていたものの、家屋の増改築や道路環境の悪化に対し、規制を及ぼすことは難しかった。茅ぶきやヘラ（農具の一種）の暮らしは、ユイやバフを必要とし、ユンタやジラバといった労働歌などの共同の力を発揮するためのしかけがあった。しかしながら、シマの観光業は「若くて力の強いものが個々バラバラな方向をむいて、しのぎをけずってやって」（阿佐伊, 1979, p. 55）おり、「島民個人個人のさまざまな『観光関連事業』の経営は、いってみれば、めいめいチグハグな未来像を追っている。しかも、それらを圧倒し、消し去るような『開発』が手ぐすねひいて待ちかまえて」（観光資源保護財団編, 1976, p. 7）いた。観光まちづくりを展開するうえで、共同の力を発揮するためのしかけ[7]を必要としていたのである。

そのしかけを創出する直接の契機となったのが、土地を買い占めていた外部資本が再び開発の動きを示したことであった。1982（昭和57）年、約13.5haを所有していた日本習字教育連盟が島民の一部を味方にし、具体的な開発に乗り出してきたのである。これに対し、「竹富島を生かす会」の有志が「竹富島を守る会」（1982年）を立ち上げ、『八重山毎日新聞』（1982年7月10日）に「『竹富島を守る会』からのアピール」という声明文を寄稿している。いわく、「土地は個人のものであっても、先祖から引き継ぎ子孫へ引き渡していくもの、自分はその中継者だという意識があれば軽々しく他者へ、ましてや地域外の手に渡るような愚は避けねばなりますまい」とし、「種子取祭をはじめ諸行事や島の運営を、いわばおこぼれで行うという発想自体が神事を冒涜するものです。祖先はもっと苦しい生活の中で、知恵を出しあってやってこられました」と、創意工夫を重ねてきた暮らしや伝統文化が「企業の収奪の手段」になりさがることに警鐘をうながしている[8]。

また、シマの行方に関心を寄せ続けていた京都大学の三村の勧めから、第5回全国町並みゼミ東京大会（1982年開催）に、「竹富島を守る会」の上勢頭同子や公民館長の竹盛登、東京竹富郷友会副会長であった阿佐伊孫良が参加し、外部資本による土地の買い占めや安易な観光開発が横行している窮状を訴えつつ、外部資本による再開発に反対する運動への支援を呼びかけることにした（池ノ上, 2013, pp. 141-142）。その結果、全国町並みゼミでは「竹富島の風致保存を励ます決議」を採択した。この一連の働きかけと全国町並み保存連盟の決議を地元の八重山毎日新聞社が報道し、開発計画は終息に向かっていった。

この頃より、多くの地域住民に「町並み保存」という考え方が浸透し、共同の力を発揮するための標語に位置づいたのである。公民館長であった上勢頭昇は憲章制定委員会を設置し、1986（昭和61）年3月31日の総会において「売らない」「汚さない」「乱さない」「壊さない」「生かす」という基本理念を明文化した「竹富島憲章」を決議採択した。この憲章は、長野県の妻籠宿の住民憲章をモデルとしつつ、「竹富島を生かす会」が策定した「竹富島を生かす憲章（案）」（1972年）を公民館議会で修正したものであった。

同時に、三村や妻籠宿、全国町並み保存連盟との交流は、制度的に町並み保存を後押しする国の重要伝統的建造物群保存地区の選定を目指すことをうながした。公民館による県や町への働きかけにより、1987（昭和62）年、シマの集落景観は県内で初めての国の重伝建の選定に至った。観光入域者数は右肩上がりに伸び（図1）、竹富島は観光まちづくりのロールモデルのひとつとなったのである。

IV. 原風景の複製──リゾート開発許容の論理

2012（平成24）年6月1日、島内の東部にリゾートホテル「星のや　竹富島」が開業した。6.7haに及ぶ敷地内には、グックで画した赤瓦屋根の木造平屋建ての分棟型客室48棟を数え、各客室の南側には入口や前庭を、北側にはフクギを列植している。この目新しい"集落"のなかには、レセプション棟やレストラン棟、スパ棟、プール、見晴台などを配している。総延長4.4kmに及ぶグックは、すり鉢状のプールを造るときなど、一連の工事の

際に掘り出した琉球石灰岩を手作業で井桁状に積んだものである（東利恵・オンサイト計画設計事務所, 2012, p. 104）。また、路地には白砂を敷き詰めている。

　この土地はもともと畑であったものの、ながらく耕作放棄地となっており、大半が外来種のギンネム（生態系被害防止外来種リスト重点対策外来種）で鬱蒼としたジャングルであった。ゆえに、畑の区画を示す石積みのアジラの遺構があり、この既存のアジラのパターンをリゾート全体のレイアウトに組み込んでいる。また、ギンネムを伐採しつつ、わずかにあった既存樹木のガジュマルやテリハボクなどを保全しながら、ランドスケープやリゾート全体の配置を検討している。また、「木陰の庭」には、主として沖縄の原植生の樹木を植栽し、本来の植生の森の再生を図っている（長谷川, 2015, p. 55）。

　すなわち、このリゾートは「離島の集落」をコンセプトにし、「竹富島景観形成マニュアル」（1994年策定）に基づいて、町並みを複製したものといえる。むらがなにゆえにこうした大規模リゾートの誘致を許容したのかをあきらかにするためには、この土地の履歴を復帰前後の混乱期にまでさかのぼって把握する必要がある。

　じつは、この土地は、シマ出身の商売人らが設立した竹富観光開発が、守る、守るといいながら買い集めた土地である。しかしながら、竹富観光開発はその土地を外部資本である名古屋鉄道に転売していたのである（谷沢, 2010a, p. 21）。その土地の面積は約60haにのぼっていた。上勢頭昇の息子・上勢頭保は、これらの土地を買い戻すために莫大な資金を必要としていた。担保価値の低い土地の買い戻しに億単位の資金を融資する金融機関は見つからなかったものの、県内建設業最大手の國場組の支援を受け、上勢頭保が社長を務める南西観光㈱は、1986（昭和61）年、名古屋鉄道からすべての土地を買い戻した。

　同年、南西観光と國場組は、観光事業を行うことを目的に開発基本協定書を締結し、その後、数回に渡り、これらの土地にホテルやゴルフ場などを建設する大規模リゾート開発を計画している。しかしながら、こうした計画に対し、島内外から反対の声があがり、開発案を修正している最中にバブルがはじけたり、日本債券信用銀行の経営破綻により、リゾート開発の計画はとん挫していた。なお、これらの土地は南西観光所有ではあるものの、日債銀が國場組に対する債権を保全するために根抵当権を設定していた。

　2006（平成18）年、これらの土地の根抵当権が投資ファンドに移転していることが判明した。ゆえに、土地が島外資本に再び渡ることを懸念した上勢頭保は、同年、星野リゾートの代表取締役社長・星野佳路に協力を求めた。2005（平成17）年7月、内閣府主催の"美ら島ブランド"委員会のメンバーとして来島し、知りあっていた星野に相談をもちかけたのである（星野リゾート, 2010a）。

　星野リゾートは、外部資本に土地を「売らない」とする竹富島憲章をふまえたうえで、上勢頭保に次のような提案をした。すなわち、①売却される土地の受け皿として竹富土地保有機構を設立する、②経済基盤として相応しい事業を行う者には、竹富土地保有機構から土地を賃貸するが、土地に対する抵当権の設定などは一切行えない仕組みとする、③竹富土地保有機構の借入金を完済した後に、これを財団法人化し、後世に土地を保全するための無借金の法人として残す、というものである。竹富島憲章を守りながら、リゾート施設を運営していくために必要な仕組みを提示したものであった。

　2007（平成19）年、星野リゾートは上勢頭保と新たに㈱竹富土地保有機構を設立した。星野リゾートから必要な資金（約12億円）を受けたこの会社は、南西観光から土地所有権（83ha）を取得し、債務の返済や根抵当権を抹消する手続きを完了した。そのうえで、星野佳路・上勢頭保を代表取締役とした南星観光㈱は、竹富土地保有機構から土地を借り受ける貸借契約を締結した。

　すなわち、南星観光はリゾート施設の収益から竹富土地保有機構に借地料を支払い、竹富土地保有機構はこの収入から星野リゾートに借金を返済し、完済後は「財団法人として島側がコントロールできるようにする」（星野・山本, 2012, p. 55）という構想[9]であった（星野リゾート, 2010b）。

　同年の夏、リゾート側は測量のためにギンネムのジャングルを切り開き始めた。突然の動向をいぶかしく思った長老のひとりは、町の教育委員会に問いただしに船に飛び乗った。第一回住民説明会は、2008（平成20）年1月21日の実施であった。大規模なリゾート施設の整備を計画（竹富島東部宿泊施設計画）していることを周知し、上勢頭保は「島の土地を守るため」と理解を求めたものの、「建設ありきで進んでいる」「住民の賛否を問う場はあるか」など、開発への懸念や警戒する声があがった（『琉球新報』2008年1月24日）。

　これらの懸念を払拭するために、リゾート側は「狩俣・家中うつぐみ研究会」が主催し、研究会員を対象とした勉強会（2008年3月11日）や東京竹富郷友会を対象とした勉強会（2008年7月5日）、また、第二回住民説明会（2008年6月27日）、仲筋集落での住民説明会（2009

図4 リゾート反対派の看板
うつぐみ[10]（協力一致の精神）のシマといえど、相互無理解やさまざまな利害が交錯し、
リゾート開発に限らず協同一致することは難しい。
（2010年10月7日　筆者撮影）

年2月7日）、西〔いんのた〕集落での住民説明会（2009年2月8日）、東〔あいのた〕集落での住民説明会（2009年2月9日）において以下のような「他者説得」（鳥越, 1989）の論理を用いつつ、リゾート計画への理解を求めた。

すなわち、開発にあたり、ガジュマルやテリハボクなどの木陰をつくる樹木を残しつつ、外来種であるギンネムを伐採し、原植生の樹木を植栽し、本来の植生の森の再生を図ること、竹富町の蝶であるツマベニチョウの食草となるギョボクを施設との緩衝帯林に植えるなど、周辺環境との共生を目指すこと、遺構のアジラなどを保全し利用すること、リゾートは「竹富島景観形成マニュアル」に基づいた設計であること、「高単価の顧客をターゲットとし、既存の宿泊施設と異なる市場を開拓」（星野リゾート, 2010a）すること——すなわち、競合せずに棲み分けること——、リゾートは原則として泊食分離の料金体系とし、滞在する観光客が既存集落のサービスを利用することができるようにすること、リゾート内の仕事に従事するスタッフが既存集落の空家を使用することで、家屋の保存がうながされること、などを提示していった。

一方、星野リゾートの進出を支持したむらのリーダーたちは、以下のような「納得と説得の言説」（松田, 1989, p. 104）を展開した。リゾート開発の協定書に調印した当時の公民館長・上勢頭芳徳は、30年以上くすぶっていた「土地問題を解決するための手段」（上勢頭, 2012, p. 88）であるとし、また、勉強会を主催した鳥取大学の家中茂は、竹富土地保有機構の創案は「長年の課題であった土地問題を解決するために、土地保有と土地利用を分割し、竹富島憲章の「売らない」「生かす」という理念を同時に実現し得る社会的な仕掛け」（家中, 2009b, p. 201）と評価していた。

シマの自治を内外から支え続けてきた阿佐伊孫良は「島人の自覚的な意思により憲章がさだめられ、竹富町の歴史的景観形成地区に選定され、集落は伝統的建造物群保存地区、集落外は歴史的景観保全地区として保存計画に従って保存事業が始められてきたし、現に行われている。しかし、復帰前後つまり選定以前に外部資本によって買い取られた土地については、一切触れられていない。いま、そのことが悔やまれてならない」と日誌に記している。復帰前後の混乱期以降、むらはその暮らしの方向性を定めてきたものの、実際に買い占められた土地をどうするのかといった問題を引き受けてこなかったのである。阿佐伊は、上勢頭家がリスクを負いつつ、買い戻していったことに対し、負い目を感じつつ、星野リゾートの提示した土地をめぐるスキームが巧妙であったことから星野リゾートとの連帯を「ベターな選択」（『八重山毎日新聞』2008年2月1日）と理解を示している。

むろん、リゾート反対派による異議申し立てはあったものの（図4）、上勢頭家による長年に渡る土地の買い

戻しの経緯をふまえると、多くの人びとは安易にリゾート反対とは言えなかったのである[11]（狩俣, 2008, p. 5）。すなわち、近年のリゾートホテルの受け入れは、外部資本の拒否や土地の買い戻し運動といった経験とひと続きのものであり、リゾートの誘致の許容は、復帰前後よりくすぶり続けてきた私有地の利用をめぐる混乱をむらとして引き受ける意思に他ならなかったのである。

2009（平成21）年3月21日、公民館議会はリゾート開発について賛成多数で可決し、翌年の3月31日、竹富公民館の定期総会での住民投票では、賛成159人・反対19人（委任状含む）の賛成多数で可決し、リゾート開発を許容するという合意形成に至った[12]。星野リゾートは約30数億円を投資し、この年の7月よりリゾート建設に着工した。

V. 考察――外部アクターをめぐるむらの取捨選択の基準

以上、外部アクターとのかかわりに注目しつつ、半世紀以上にわたる観光を主とした「島立て」の取り組みについてとりあげてきた。これらの事例からは、むらによる旅人の取捨選択のありよう、大規模リゾートの進出をときに拒否し、ときに許容する、といったすがたが浮かび上がったといえる。本節では、これらの取捨選択の基準について考察する。

1960年代を通じ、過疎が深刻化するなか、日本民芸協会の会員らから"民芸の島"というお墨付きを授かることで、老人たちの専売特許であった民具づくりは、観光と結びついたひとつの地場産業の創出につながるものであった。同時に、これらの外部アクターは、シマの集落景観の魅力や価値を"発見"し、むらのひとびとに伝えている。この当時のむらにとっては、青壮年層の離島がもっとも大きな課題であった。「カニ族」の気ままなキャンプを禁止し、民宿をスタートさせたことは、御嶽を含む生活環境の保全や観光事業を構想するうえで必要な判断であった。民宿の経営は早朝から夜間に及ぶ仕事であり、老人のみの世帯では難しい。ゆえに、民宿の開業は、いくばくか新たな仕事の機会や後継ぎである青壮年層の帰郷をもたらしている。

その後、復帰前夜の社会不安のなかで、シマの土地は二束三文で外部資本に流出した。本土復帰後の観光客の増加を見越していた大手の外部資本（日本習字教育連盟など）が大型観光開発を目的とし、水面下でシマの土地を買いあさっていたからである。また、これらに対抗し、石垣島で事業をおこしていたシマ出身の商売人らが竹富観光開発を設立（1971年）し、「土地が本土業者の手に渡れば古風な部落のたたずまいが破壊される」（『沖縄タイムス』1971年3月30日）とし、土地を買い集めた。

しかしながら、これらの外部アクター（たとえ、シマの出身者であろうが）は、シマに現金収入の場を約束していたものの、内外の力関係のバランスといった意味では、不均衡なものであった。たとえば、「竹富観光開発株式会社設立趣意書」（1971年2月16日）には、「竹富島出身者だけの会社を設立し、売りたい土地を他人の手へ渡すことから守るために、此の会社が買受けよう…（中略）…島の荒れ果てたところは整備して、意欲的に観光事業に取つ組んでみよう。そして今後の島の諸行事をはじめ、村の中の観光設備、石垣の修復までも一切会社の手でやらせていただき竹富の人々は全員会社で働いて貰い、会社を中心として竹富人がひとしく心豊かに又経済豊かに共々に永遠の繁栄を目指して邁進致したい」（谷沢, 2010a, pp. 20-21）との記載があり、日本習字教育連盟の方針と同様に、シマのひとびとを被雇用者と位置づけている。

一方で、シマの暮らしぶりや落ち着いたたたずまいに魅力を感じていた日本民芸協会の会員や京都大学の建築・都市計画学者、常連客であった作家・岡部伊都子らによる働きかけは、シマの文化復興の取り組みを後押しする性質のものであった。地域づくりのなかで「よそ者」が果たす役割について検討した敷田麻実（2009）によると、「よそ者」には、地域資源の再発見や地域住民の「誇り」を涵養する効果があるという。上記の外部アクターは、これらの効果に加え、全国町並み保存連盟や妻籠宿といったさらなる外部アクターとのつながりを創出し、結果、「島立て」の方針をめぐるむらの合意形成をうながしている。その最たるものが「町並み保存」というスローガンであった。シマの観光業がバラバラの方向性を向いていた当時、むらは共同の力を発揮するためのしかけを必要とし、外部アクターとのかかわりを通じ、それらのスローガンを導入している。

星野リゾートとの連帯は、これらの観光まちづくりの活動の背後でくすぶり続けていた土地問題をむらとして引き受けていくことを意味し、竹富土地保有機構の仕組みは、むらが土地問題をコントロールできるようにするものであった。

以上の経緯から、ふたつの知見を導き出すことができる。第一に、地域で暮らしていくために、その都度、地域が取り組むべき問題が何であるのかを把握し、むらが課題を設定していることである。そのうえで、第二に、

むらが連帯する外部アクターを取捨選択していることである。これらは同時並行の性質を帯びているものの、どちらにおいてもむらのなかで合意形成しうるかどうかが肝心となる。

図5は、以上をふまえ、外部アクターをめぐるむらの取捨選択の基準を便宜的にモデル化したものである。横軸は、内外の力関係のバランスが均衡しているのか不均衡であるのか、縦軸は、地域内の暮らしの問題が良化するのか悪化するのかどうかというものである。円で表示した領域は、各外部アクターが地域にもたらすインパクトを図化したものであり、その大小は、影響の大きさをあらわしている。それらは、各象限に完全にあてはまるものではないので、良い・悪いなどと白黒つけることは難しいものの、むらはこれらの基準を基にしつつ、取捨選択しているといえる。

VI. 結論

本稿の目的は、地域の特性を活かすことに腐心しつつ、観光まちづくりを展開してきたむらがなにゆえに大規模リゾートの誘致を許容したのかをあきらかにすることにあった。本稿でとりあげた地域社会は構造的な劣位にあり、過疎化の進展といった地域を運営していくうえで不利な点や限界を抱えており、その都度、そこで暮らしていくために日本民芸学会の会員や全国町並み保存連盟、京都大学の建築・都市計画学者らといった外部アクターとの関係を取り結びつつ、観光まちづくりを展開してきた。星野リゾートとの連帯はこうした取り組みの一種であり、公民館によるリゾート進出の許容は、特定の家が犠牲を払ってきた土地問題をむらとして引き受けていくことを意味していたのである。

今や、過疎化の進展したむらは、地域内の社会資本に限りもあり、外部アクターとのパートナーシップをより一層必要とせざるをえないものとなっている。とはいえ、本稿のとりあげた地域では、特定の外部アクターと連帯する一方で、1960年代の「カニ族」の排除はもとより、なおも新規移住（旅人の一種）の敷居が高いのは、たんに人口増加や利潤を目的とした"地域活性化"とは異なる、むらの暮らしをつくるための取捨選択の基準をもっているからである。すなわち、その都度その都度の限られた選択肢のなかで、暮らしの問題を解決するために連帯する外部アクターを取捨選択しているのである。

パートナーシップ的発展論は、「自分や自分たちの組織が活動しつつも、それには限界があることを自覚」（鳥

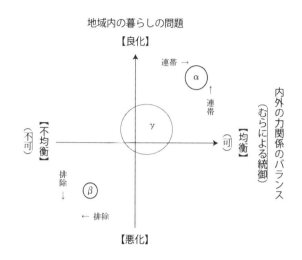

図5　外部アクターをめぐるむらの取捨選択の基準

横軸は、むらによる統御が及ぶかどうか、と言い換えることができる。αは日本民芸協会の会員など、βは「カニ族」など。かりに、星野リゾートをγとすると、今後のなりゆきやむらの技量によっては、この円の座標や大きさは変わることになる。

（筆者作成）

越, 2010b, p. 238）し、そのうえでパートナーシップを結ぶことによって成立する開発論であり、さまざまなアクター同士の関係性に注目するものである。内発性ということばが、住民主体のという意味で、外発的発展に対するオルタナティブとして脚光を浴びたことは評価できるものである。しかしながら、地域の力や内発性の源泉を地域住民のうちにあると理解し、外部アクターとの連帯と地域の内発性とを相克するものととらえる「二分法的社会観」は再考に付す必要があるといえる。観光研究は、地域生活と外部アクターとのかかわりや取捨選択の基準といったものをより積極的に論じる必要がある。本稿はいわばそのことあげとしての意味と役割を担うものである。

注

1) 柳田國男は『雪國の春』で「それよりも尚大切なる急務は、將來如何なる種類の訪問者を、主として期待するがよいかを考へて置くことである。感覺の稀薄ななまけ者ばかりを、何千何萬とをひき寄せて見たところが、男鹿の風景は到底日本一にはなれまい」（柳田, 1962, p. 136）とし、風景を育てるためには、どのような種類の訪問者を招来するのか、地域が考えておく必要があると指摘している。同様に、宮本も「その土地の主人としての理念と抱負と計画」（宮

本, 1975, p. 75) の必要性を説いている。

2) 「喜宝院蒐集館拝観者数」(玉村, 1974, p. 575) によると、1964 (昭和39) 年の喜宝院蒐集館への来館者は2,866人であった。この年の観光入域者の約4分の3が博物館に立ち寄っている計算になる。

3) 琉球列島米国民政府や文化庁の役人を迎えるときにもむらをあげて歓待した。たとえば、ランパート高等弁務官の来島に際し、臨時議会を開催し、桟橋で出迎えることや、卵やバナナ、ビール、コーラなどのつまみを出すことをあらかじめ話し合って決めている。これらの働きかけのもとで、高等弁務官資金による公民館の建設 (1971年) や、まちなみ館の建設 (2000年) を引き出している (上勢頭・小林・前本, 2007, pp. 202-203)。

4) 1970 (昭和45) 年の竹富民芸協会の売上高は、10,820ドル (材料費3,800ドル) にのぼっている (山城・上勢頭編, 1971, pp. 15-16)。1970年代の半ばになると、編みかごやアダン葉で作った玩具は素朴すぎるということであまり売りものにはならなくなったという (観光資源保護財団編, 1976, p. 14)。

5) 京都大学の建築・都市計画学者らは、復帰前後の混乱や災害、買い占めなどに対し、自らがどのように関わるのかを思案した結果、景観保全の構想と社会・経済的条件とをあわせてとらえることを目的とした調査団を結成することにした (京都大学建築学教室三村研究室編, 1976, 35)。

6) 1975 (昭和50) 年7月中の各民宿利用者及び乗降観光船客 (7月14日〜18日) にアンケート用紙を配布 (配布総数約800票) し、郵送回答 (有効回収票296票、推定回答率約37％) を求めたものである (観光資源保護財団編, 1976, p. 50)。

7) 早朝や夕方に竹ぼうきで屋敷周りを清掃する習慣は、過疎化のなかで衰退していたものの、1971 (昭和46) 年以降に再興してきたものである。また、収入の多い観光事業者には、公民館が公民館協力費を課し、それらを祭事予算や公益事業にまわし、一部の観光業者に偏りがちな観光収益の再分配を図っている (西山・池ノ上, 2004, p. 66)。

8) 谷沢明 (2010a, pp. 22-25; 2010b, pp. 13-14) は、常連客であった作家・岡部伊都子が「竹富島を生かす会」の考え方に影響を与えたと指摘している。

9) 『八重山毎日新聞』(2009年2月12日) には、「返済後は、同土地保有機構への島民の参画を進め、財団法人化するなどして残った土地 (約76ha) を将来的に島で使用できるようにする方針」とある。ただし、竹富土地保有機構が南西観光から取得した土地は83haにのぼり、「星のや 竹富島」の敷地6.7haの扱いについては未詳である。

10) 「打ち組みユンタ」のウチクミと関係の深いことばであり、もとはウチクミ (仲間) の意であった (狩俣, 2011)。

11) 第一回住民説明会 (2008年1月21日) において、上勢頭保は「土地を守る運動が起きて、起きたときにですね、住民皆さんが全員がですね、ひとり1万円でも5,000円でも出し合いながらね、土地を守っていこうよ、いう運動が起きていれば、そういうことにはならなかったと思う」と率直に吐露している。

12) 法的には、地域コミュニティによる同意の有無は、開発行為の差し止めを左右するものではないものの、近年の行政は、事業主体に開発許可申請のみならず、地域住民の同意書の添付を求める傾向にある。

参照文献

足立重和 (2004)「ノスタルジーを通じた伝統文化の継承――岐阜県郡上市八幡町の郡上おどりの事例から」『環境社会学研究』10:42-58.

阿佐伊孫良 (1979)「『竹富島の種子取』を考える」『八重山文化』7:18-56.

東利恵・オンサイト計画設計事務所 (2012)「八重山の伝統集落を継承する 星のや 竹富島」『新建築』87(15):101-110.

藤岡和佳 (2001)「村落の歴史的環境保全施策――沖縄県竹富島の町並み保存の事例から」『村落社会研究』7(2):25-36.

長谷川浩己 (2015)「星のや竹富島 ランドスケープデザイン」『JA』98:54-59.

星野リゾート (2010a)「新たに運営を予定している施設の進行状況を更新しました。」最終閲覧日2017年3月16日, http://www.hoshinoresort.com/information/release/2010/07/321.html

――― (2010b)「竹富島計画 2012年夏前開業予定」最終閲覧日2017年3月16日, http://www.hoshinoresort.com/information/release/2010/07/386.html

星野佳路・山本恵久 (2012)「観光事業で地域経済に貢献する――星野リゾートの星野佳路代表取締役社長」『日経アーキテクチュア』978:54-56.

池ノ上真一(2013)「竹富島における生活の持続のためのソーシャル・イノベーションに関する研究」北海道大学博士論文

観光資源保護財団編著(1976)『竹富島の民家と集落――景観保全と観光活動に関する報告』観光資源保護財団

狩俣恵一(2008)「竹富島観光の行方――星野リゾートに向き合うことの重要性」『星砂の島』11:4-7.

―――(2011)「うつぐみの島　竹富島」竹富町史編集委員会編『竹富町史　第2巻　竹富島』(pp. 3-9)竹富町

川森博司(1996)「ふるさとイメージをめぐる実践――岩手県遠野の事例から」青木保・内堀基光・梶原景昭・小松和彦・清水昭俊・中林伸浩・福井勝義・船曳建夫・山下晋司編『岩波講座文化人類学　第12巻　思想化される周辺世界』(pp. 155-185)岩波書店

京都大学建築学教室三村研究室編著(1976)「竹富島の民家と集落」『近代建築』30(9):17-36.

真島俊一(1979)「竹富島」日本生活学会編『生活学　第5冊』(pp. 150-187)ドメス出版

松田素二(1989)「必然から便宜へ――生活環境主義の認識論」鳥越皓之編『環境問題の社会理論――生活環境主義の立場から』(pp. 93-132)御茶の水書房

―――(1997)「植民地文化における主体性と暴力――西ケニア、マラゴリ社会の経験から」山下晋司・山本真鳥編『植民地主義と文化――人類学のパースペクティブ』(pp. 276-306)新曜社

松田素二・古川彰(2003)「観光と環境の社会理論――新コミュナリズムへ」古川彰・松田素二編『観光と環境の社会学』(pp. 211-239)新曜社

宮本常一(1967)『宮本常一著作集　第2巻　日本の中央と地方』未来社

―――(1975)『宮本常一著作集　第18巻　旅と観光』未来社

宮澤智士(1987)「竹富島の家造到来帳(解説)」『普請研究』22:95-112.

森田真也(1997)「観光と「伝統文化」の意識化――沖縄県竹富島の事例から」『日本民俗学』209:33-65.

西山徳明・池ノ上真一(2004)「地域社会による文化遺産マネジメントの可能性――竹富島における遺産管理型NPOの取り組み」『国立民族学博物館調査報告』51:53-75.

沖縄タイムス社(1964-1971)『沖縄タイムス』(引用箇所は本文に記載)

大真太郎(1974)『竹富島の土俗』日本ジャーナリズム出版社

太田好信(1993)「文化の客体化――観光をとおした文化とアイデンティティの創造」『民族學研究』57(4):383-410.

琉球大学民俗研究クラブ(1965)「八重山　竹富島調査報告」『沖縄民俗』10:27-119.

琉球新報社(2008)『琉球新報』(引用箇所は本文に記載)

敷田麻実(2009)「よそ者と地域づくりにおけるその役割にかんする研究」『国際広報メディア・観光学ジャーナル』9:79-100.

Smith, Valene L. (1977). *Hosts and guests: the anthropology of tourism*. Philadelphia: University of Pennsylvania Press.

竹富町(2016a)「竹富町地区別人口動態票」最終閲覧日2017年2月27日, http://www.town.taketomi.lg.jp/town/index.php?content_id=40

―――(2016b)「竹富町観光入域者数(年別：昭和50年～平成28年)」最終閲覧日2017年2月27日, http://www.town.taketomi.lg.jp/uploads/fckeditor/uid000008_20170209152232653db2ef.pdf

玉村和彦(1974)「竹富島(沖縄)にみる観光地化への軌跡」『同志社商学』25(4～6):565-586.

谷沢明(2010a)「1970年代前期の開発と保存に関する動向――沖縄県竹富島における観光文化研究(1)」『愛知淑徳大学論集　現代社会学部・現代社会研究科篇』15:17-35.

―――(2010b)「1980年代の集落保存に関する動向――沖縄県竹富島における観光文化研究(2)」『愛知淑徳大学現代社会研究科研究報告』5:11-28.

TEM研究所(1977)「二棟造りの間取りと使い方」『季刊民族学』1(2):102-122.

鳥越皓之(1989)「経験と生活環境主義」鳥越皓之編『環境問題の社会理論――生活環境主義の立場から』(pp. 13-53)御茶の水書房

―――(2010a)「まえがき――パートナーシップと開発・発展」鳥越皓之編『霞ヶ浦の環境と水辺の暮らし――パートナーシップ的発展論の可能性』(pp. 3-7)早稲田大学出版部

─── (2010b)「パートナーシップ的発展論の可能性」鳥越皓之編『霞ヶ浦の環境と水辺の暮らし──パートナーシップ的発展論の可能性』(pp. 233-249) 早稲田大学出版部

辻弘 (1985)『竹富島 いまむかし』私製

鶴見和子 (1998)『鶴見和子曼荼羅Ⅵ 魂の巻──水俣・アニミズム・エコロジー』藤原書店

上勢頭亨 (1979)『竹富島誌 歌謡・芸能篇』法政大学出版局

上勢頭芳徳 (2012)「竹富島：町並み保存運動40年──どうして星野リゾートを受け入れたのか」沖縄大学地域研究所〈「復帰」40年、琉球列島の環境問題と持続可能性〉共同研究班編『琉球列島の環境問題──「復帰」40年・持続可能なシマ社会へ』(pp. 82-89) 高文研

上勢頭芳徳・小林文人・前本多美子 (2007)「竹富島憲章と竹富公民館（対談）」『東アジア社会教育研究』12：198-218.

内田司 (2015)「竹富島におけるツーリズムの展開と新来住者たちの移住物語（その2）──「観光化する島」・竹富島の一員となることの意味を考える」『札幌学院大学人文学会紀要』98：41-62.

八重山毎日新聞社 (1982-2009)『八重山毎日新聞』（引用箇所は本文に記載）

八重山タイムス社 (1952)『八重山タイムス』（引用箇所は本文に記載）

山村哲史 (2003)「都市―農村関係の変容──京都府大江町の棚田交流」古川彰・松田素二編『観光と環境の社会学』(pp. 31-52) 新曜社

山城善三・上勢頭亨編著 (1971)『おきなわのふるさと竹富島』八重山群竹富町字竹富公民館

柳田國男 (1962)『定本柳田国男集 第2巻』筑摩書房

家中茂 (2009a)「コミュニティと景観──竹富島の町並み保全」鳥越皓之・家中茂・藤村美穂『景観形成と地域コミュニティ──地域資本を増やす景観政策』(pp. 71-119) 農山漁村文化協会

─── (2009b)「開発と景観──新空港建設・大型リゾートホテル開発・文化財保護」鳥越皓之・家中茂・藤村美穂『景観形成と地域コミュニティ──地域資本を増やす景観政策』(pp. 165-212) 農山漁村文化協会

安村克己 (2010)「観光社会学における実践の可能性──持続可能な観光と観光まちづくりの研究を事例として」遠藤英樹・堀野正人編『観光社会学のアクチュアリティ』(pp. 102-122) 晃洋書房

原著論文

観光によるアート概念の再編成
——マレーシア・ジョージタウンのストリートアート観光を事例に

Reconstruction of the Concept of Art by Tourism:
A Case Study of Street Arts Tourism in George Town, Penang, Malaysia

鍋倉　咲希

立教大学大学院　観光学研究科　博士後期課程

Saki NABEKURA

Doctoral Course (Ph.D), Graduate School of Tourism, Rikkyo University

キーワード：アートツーリズム、ストリートアート、「アート的なもの」、移動、ジョージタウン

Keywords : art tourism, street art, "The Art", mobilities, George Town

I. はじめに
II. 問題の所在
  1. 「協働」を前提とするアートプロジェクトの広がり
  2. 公共の場に設置されるアートと地域社会
  3. 観光研究におけるアートツーリズム
  4. 本稿の目的
III. ジョージタウンのストリートアートと観光
  1. マレーシア・ペナン州の概要
  2. 世界文化遺産としてのジョージタウン
  3. ジョージタウンのストリートアートの発展過程
    (1) George Town Festivalの概要
    (2) ストリートアートと観光産業の発展
  4. 拡散性と匿名性——ジョージタウンのストリートアートの特徴
IV. 観光の場におけるアート概念の揺らぎ
  1. ストリートアートを増殖させる観光の論理
  2. アートとして消費されるストリートアート
V. おわりに——観光によるアート概念の揺らぎと再編成

要約：

本稿はマレーシア・ジョージタウンのストリートアート観光を事例として、観光の場におけるアート概念の動態について「アート的なもの」を手掛かりに考察することを目的としている。

1990年代以降、公共空間を舞台に実施されるアートプロジェクトを対象に観光を行うアートツーリズムが拡大している。従来の観光研究は、主にアートツーリズムの経済的側面に焦点が当てられ、社会的意味に関する議論が不足してきた。他方、地域社会とアートとの関係に着目するアート研究は、アートを通じた社会関係の構築について論じてきたものの、一時的に作品に接する観光客のような流動的存在を等閑視してきた。そこで本稿では、移動という要素に着目し、地域社会におけるアートの動態について観光がいかなる影響を持つかを明らかにする。

ジョージタウンの町並みには観光産業の発展とともに多くのストリートアートが描かれている。これらの作品は観光の論理によって作り出され、アートの諸制度に包摂されない「アート的なもの」として既存のアート概念を揺るがしている。加えて、観光の場における「アート的なもの」の経験は、従来の研究で想定されてきた美学的なアート概念に再編成を迫る。

Abstract:

This paper examines the dynamism of the concept of art in tourism, with the idea of "The Art" in a case study of street arts in George Town, Penang, Malaysia, a UNESCO World Heritage Site.

Since the 1990s, art tourism, which promotes the enjoyment of art or art activities in social spaces (e.g., paths, parks, or residence) have been increasing throughout the world. Local residents, artists, and curators join with tourists in social spaces, developing strong connections through the arts and affecting the dynamics of the local community. Historically, Sociological art studies, focusing examining the relationships between art and local society, and examining how art activities builds social networks, tend to ignore the brief but substantial sociological impact by of tourists on art activities and society. On the other hand, studies about art tourism have been paid their attention only to the economic impact. This paper focuses on reconstruction of the concept of art elicited by tourism from the viewpoint of mobilities and "The Art". These points of view are a relatively under-explored topic. This paper defines "The Art" as something does not conform to the art world; the rules and systems of the concept of art are mainly led by Europe and the United States.

Numerous street arts have been created in George Town, coincident with the development of the tourism industry. Since 2012, more than 80 instances of street art have been created in the core of the world heritage region of George Town. Many of them were initially drawn as part of the 2012 George Town Festival. After 2013, however, tourism operators such as cafés, restaurants, and guesthouses began to include street arts into the walls of their own property, inspiring many tourists to seek them out, which spurred additional anonymous street arts in response. Expanding well beyond the initial seeding by the George Town Festival, the current proliferation is evidence that these pieces of street art as "The Art" have been encouraged by the logic of tourism, not by the logic of aesthetics. Thus, "The Art" is raising questions about the dominance of the Western art system. In addition, tourists experience and consume "The Art" as art at the tourist destination. This phenomenon indicates a situation in which the aesthetic art concept assumed in the previous study becomes meaningless, suggesting that the concept of art should be reconstructed by the essence of tourism.

I. はじめに

本稿はマレーシア・ペナン州のジョージタウンにおけるアートツーリズムを事例に、観光が地域社会に置かれるアートに対しいかなる影響を与えているのかを観光社会学の視点から明らかにすることを目的とする。1990年代以降、地域の公共空間に現代アートを設置し、アートを通して地域の活性化や文化交流をはかるアートプロジェクトが国際的に増加している。それにともなって、観光客が現代アートの鑑賞や作品制作への参与を目的にその地域を訪れるアートツーリズムもまた発展傾向にある。長期間のイベント形式をとるアートプロジェクトにおいては、来訪者や観光客のような一見的かつ一時的な参与者が数多く存在し、地域の人々やアーティストと同様にアートプロジェクトの構成員となっている。しかしながら、従来のアートプロジェクトに関する研究は、アートを媒介に行われる人々の多様な行為や対話のありようについて、アーティストやボランティア、一部の地域住民などプロジェクトに継続的に参与する人々にしか注目してこなかった。そこで本稿では、アートプロジェクトの運営に内側から参加する人々のみならず、プロジェクトを訪れる来訪者、つまり、現代アートの鑑賞に楽しみや刺激を求めて移動する観光客の存在に焦点をあてる。その際、「アート的なもの」という概念を手掛かりにする。「アート的なもの」とは、西欧を中心とする職業的なアートの制度や規則に準拠せず、グローバルなアート市場における評価も目指さずに作られる制作物を指す。本稿では「アート的なもの」という枠組みを設けることにより、観光が地域社会におけるアートのあり方にどのような影響を与えるのかを明らかにし、観光の場におけるアート概念の動態を捉える。

本稿の構成は以下の通りである。II章において、まずアートツーリズムの対象として近年成長を遂げるアートプロジェクトの特徴を整理する。そしてアートと地域社会および観光について論じてきた先行研究の検討を通じて、本研究の目的を明確にする。III章では筆者が行った現地調査のデータをもとに、ジョージタウンにおけるストリートアートと観光の実態を示し、その特徴を明らかにする。IV章では観光の場におけるアートのあり方について「アート的なもの」の生成と消費の形式に注目して分析を行い、V章では観光の影響によって地域社会におけるアート概念をめぐりどのような動態がみられるのかを論じる。

II. 問題の所在

1.「協働」を前提とするアートプロジェクトの広がり

アートツーリズムの対象となるアートプロジェクトは、「地域の過疎化や疲弊といった社会問題、あるいは福祉や教育問題など、さまざまな社会・文化的課題へのアートによるアプローチを目的としながら展開している文化事業、ないし文化政策である」（小泉, 2012, p. 77）[1]。各

プロジェクトの目的に合わせ、ディレクターやキュレーターと呼ばれる運営者らによってアーティストが選ばれることが一般的で、ひとつのアートプロジェクトのもとで、アーティスト各々が作品を制作する。アートを設置する場は、美術館やギャラリーなどの従来のアート関連施設だけではない。たとえば、地域の公共施設や廃校、古民家、道路、公園などさまざまな屋外の空間が舞台となる。そこではパフォーマンスが行われたり、その地域の雰囲気や場の特性を活かしたサイトスペシフィックな作品が作られたりすることも多い。

アートプロジェクトの大きな特徴は、アーティストが作った成果物の展示や鑑賞を必ずしも前提とせず、アートの専門家と非専門家が協働しながら、作品の制作・鑑賞を通じて、人々の交流や地域コミュニティの活性化などの社会的な効果を目指すことである[2]。このような特徴の背景には、1990年代以降欧米を中心に関心が高まっている「社会関与の芸術」や「協働のアート」、あるいは美学者のN.ブリオーが提示した「関係性のアート」(Bourriaud, 1998)の影響がある。「関係性のアート」はアーティストを含む、多くの人々の間で相互に交わされるコミュニケーションや関係性に関心を向けており、人々のアート作品への参加や体験、参加者同士の協働などによって特徴づけられている（Bourriaud, 1998; 小泉, 2012）。

このようなアートプロジェクトの広がりを念頭に置きつつ、本稿では「地域の公共空間に設置されるアートを観光客が訪れ、作品の鑑賞や作品制作への参加を通して、地域への理解を深めたり、アートとの接触を楽しんだりする観光形態」をアートツーリズムと呼ぶ。対象は、前述したアートプロジェクトに加え、グラフィティやストリートアート[3]など、ゲリラ的に描かれた制作物を訪れるような観光の形態も含める。観光客は旅先において、作品制作に実際に参加したり、アート作品と一緒に写真を撮ったりするなどして、さまざまなかたちでアートに接している[4]。

アートプロジェクトという活動の浸透によって、従来、美術館などの閉じられた場で行われていた受動的な鑑賞のあり方が変化し、作品への参加や体験など新たな関わり方が生まれたことにより、アートはより広く社会に開かれていった。アートが地域社会にもたらした影響やその政治性については、人文科学の分野においても研究が蓄積されつつある。次節では、地域社会と強いつながりを持つアート作品や活動に焦点をあてた先行研究を整理する。

2. 公共の場に設置されるアートと地域社会

アートプロジェクトにおいて重視される「協働のアート」は、20世紀後半の芸術表現の多様化の影響を強く受けている。アートの文脈において、1950年代ごろからアートを展示する本来開かれた場であるはずの美術館が閉鎖的になっていたこと、また1980年代以降、アートの商業主義化が加速したことなどのアートをめぐる諸制度の固定化を背景に、既存のアート制度に対して市民やアーティストから批判が表出するようになった（吉澤, 2011）。そこで、20世紀後半から徐々に新たな芸術表現が模索されるようになっていく。特に1980年代以降、芸術におけるモダニズムの終焉が叫ばれるなか、アーティストは「コンセプト」や「アイデア」を重視して作品を制作するようになったり、表現の場を美術館のなかから公共空間へ移したりするようになった。また、同時期に社会全体でみられた脱工業化をめぐり、社会政治的な作品の制作や新たな社会の仕組みのアイデアを提示する活動が路上や公共の場で展開され、それらはそれまでのアート制度に対する反発だけでなく、既存の社会制度への異議や反抗を唱える社会運動としての性格も持ち合わせていた（小泉, 2012）。

このように1960年代後半以降、公共空間にアートが設置されたり、活動が行われたりするようになったことにより、政策的な意図のもと公共の場にアートを設置するパブリックアートや社会包摂のためにアートを用いるコミュニティ・アートなどの活動に注目が集まり、地域社会とアートとの関係に関する議論が活発化した。パブリックアートに関しては、主に文化政策学的な視点から研究が行われてきた。

工藤はパブリックアートと都市の公共空間の問題を考察するにあたり、アメリカのパブリックアート政策の歴史を整理している（工藤, 2008）。アメリカでは1960年代から隆盛をみせたパブリックアートが、特に1980年代には市民社会論や公共圏などの議論と結びつくことによって、種々の議論を巻き起こした。たとえば、1980年代の後半に起こった、R.セラが設置した『傾いた弧』(Tilted Arc) の撤去をめぐる問題では、公共空間の権利と市民の定義をめぐる議論が地域社会で巻き起こったという。パブリックアートに関する議論は、市民社会におけるアートの意味を問うことを通じて、一般の人々が市民権や文化享受、社会のあり方を問う道筋を作り出した。また1980年代以降の欧米では、ニュージャンルパブリックアートという新たな枠組みが提唱され、彫刻中心であった従来のパブリックアートの形態や設置の目的

が変化した。特にコミュニティとの結びつきや社会的課題の解決、人々のコミュニケーションをともなう制作のプロセスを重視した作品がつくられたことが特徴である（Lacy, 1995）。

松尾は 1990 年代以降のアートプロジェクトの増加に関して、20 世紀後半のパブリックアートとの連続性を指摘する。従来のパブリックアートは、単なる鑑賞の対象として彫刻が地域に設置されることが一般的であった。しかし 2000 年前後から、アートと地域社会との関係に注目が集まりはじめ、パブリックアートにパフォーマンスや舞台芸術が接続されたことにより、社会関与を重視するアートプロジェクトが成立するようになった（松尾, 2015）。そこで、公共の場に設置されるアートは動的なものとなり、地域社会との関わりをますます強めていくことになる。それにともない学術的な研究においても、文化政策学的な視点だけでなく、人文科学的な視点から研究が蓄積されるようになっていく。具体的には、アートプロジェクトに関わる人々に目を向けた実証的な研究や、プロジェクト自体が持つ政治性や構造を問う理論的分析が現れている。特にアートプロジェクトに関わる人々の交渉過程を実証的に明らかにする研究では、アートプロジェクトの場をひとつのコンタクト・ゾーン[5]として捉え、アーティストや地域住民、プロジェクトに参加するボランティアなどがどのような交流をし、いかに社会関係を構築しているのかについて詳細に論じている（小泉, 2010; 小泉, 2012; 金, 2012; 信藤, 2012; 越智, 2014）。

しかし、アートをめぐる地域社会の動きを捉えるうえで、「作品」や「参加者」、「地域」の境界を措定して分析するこれらの研究は、公共空間に置かれるアートの意味を限定的で固定的な市民社会および地域社会のなかでしか捉えてこなかった。前述してきたとおり、アートプロジェクトは多様な人が集い交流する場になる。しかし、プロジェクトに継続的に参与し、コミュニティやつながりを形成する人々がいる一方で、アートプロジェクトでは他所から移動してくる観光客もまた重要な役割を果たす。アートプロジェクトにおいては、観光客向けにパンフレットが制作されたり、イベントに付随して地域の飲食業・宿泊業が活性化したりすることが一般的である。また地域住民も、観光客のまなざしを意識して、アートを解説するようになったり、居住空間を作り変えたりすることがある。したがって、観光客は一時的な接触を前提にアートプロジェクトや作品、そして地域社会と出会うが、彼らが地域にもたらす社会的影響力は大きい。しかし、従来の研究ではアートプロジェクトを契機に生まれる観光客の存在や需要に反応していく地域社会の姿を捉えてこなかった。

J. アーリは現代の交通通信技術の発達を背景に、私たちの日常の移動性や流動性がますます加速していることを指摘したうえで、社会科学領域の「移動論的転回」を論じた（Urry, 2007 吉原訳 2015）。移動論的転回以降は、現代社会の人・モノ・情報の移動の速度や量の増加が社会や人々の生活を変化させることに関心が向けられる。したがって、このような社会状況を踏まえると、地域社会におけるアートのあり方も、社会の流動性の拡大によって大きく変化していると考えられる。ここから、アートプロジェクトの場を「移動」を通して捉えること、つまり観光客のような一時的な参与者を踏まえて捉えることの必要性が浮かび上がってくる。

3. 観光研究におけるアートツーリズム

それでは、観光研究においてアートツーリズムはいかに議論されてきただろうか。地域社会におけるアートと観光の意味について、先行研究の多くは、経済・政策的効果に注目する量的な分析（吉川, 2011; 竹田・陳, 2012; 白・十代田・津々見, 2014）や、アートツーリズムの文化的意義に注目しつつも、それが地域社会の活性化につながることを前提とするような視座（山口, 2010）に限られている。これらの研究は、観光が持つ移動性の社会的影響に目を向けているとは言い難い。

一方、アートツーリズムの社会的な意味をめぐっては、近年いくつかの理論的な議論が蓄積されつつある。たとえば、須藤はアートツーリズムにおける観光客の「参加」の両義性に注目し、アートによる新たな社会関係の構築は、日常の異化効果を持つ一方で、単なる物語消費を呼び、アートが持つ批判性や敵対性を骨抜きにする可能性があることを指摘する（須藤, 2017）。また、宮本はアートツーリズムを事例に、観光をめぐって地域住民の主体的な対応が生起する過程を考察している。特に、観光客とアーティストという外部からの来訪者が地域にもたらす影響に焦点をあて、住民と来訪者のコミュニケーションのなかから新たな観光資源が構築される様子を明らかにしている（宮本, 2013）。

このように観光研究では、地域社会におかれたアートについて、観光客を含む外部からのまなざしを考慮した理論的研究の蓄積が見られはじめているが、一方で地域社会とアートと観光が具体的にどのように影響を与え合いながら、アートツーリズムの場が作り出されているの

かを明らかにするには至っていない。

4. 本稿の目的

本稿は、従来のアート研究を移動の視点を通して捉え直すことにより、観光が地域社会に置かれるアートにいかなる影響を及ぼしているのかを明らかにすることを目的とする。特に、先行研究が地域住民やアートプロジェクトに参与する人のみに注目してきたのに対し、観光客という一時的な参与者が持つ流動性から地域社会におけるアートの動態を描き出すことを試みる。具体的には、マレーシア、ペナン州の中心都市であるジョージタウンにおける現地調査を踏まえながら[6]、観光が地域に対して持つ影響をストリートアートの増殖と消費の過程に注目することから明らかにし、観光の場におけるアート概念の動態を捉える。

III. ジョージタウンのストリートアートと観光

1. マレーシア・ペナン州の概要

マレーシアはマレー半島とサバ・サラワク州が位置するカリマンタン島、そしてその周辺に位置するいくつかの島で成り立っている。人口は約3,200万人で（Department of Statistics Malaysia, 2016）、そのうちマレー系が約6割、華人系が約2割、インド系が約1割であり（Department of Statistics Malaysia, 2011）、東南アジアのなかでも、3つの民族が共存する多民族・多文化国家として知られている。また民族の違いにともない宗教もイスラーム教、仏教を中心に、ヒンドゥー教、キリスト教などが混在している。そのため、マレーシアでは民族や宗教ごとに教育機関やメディアが異なるだけでなく、日常生活における衣食住のありよう、年中行事、嗜好などの文化的慣習も異なるという複雑かつ多様な社会構造がみられる。

ペナン州はマレーシアの北西部に位置し、ペナン島と半島部のバタワースという地域で成り立っている。ジョージタウンは、かつてマラッカ海峡を行き来する貿易船や商人が立ち寄る港町として栄えた歴史を持ち、1786年からはじまるイギリス統治期には、海峡植民地として都市の整備が行われた。その時期、ペナン島には中国やインドから多くの移民が流入し、ジョージタウンの各所にコミュニティを形成した。それが現在のペナンの政治・経済・文化的状況に特殊な色を与えている。たとえば政治的な状況を見てみると、ペナン州はマレーシア全体の民族構成とは異なり、華人の人口比率が他州に比べて比較的高く、マレー人と同程度の4割程度に達しており、華人色の強い政権が成立している[7]。また、18世紀以降、移民たちがジョージタウンにコミュニティを作りそれぞれの生活文化を確立したことにより、ジョージタウンには文化の多様性と混交性が生み出されることになった。

2. 世界文化遺産としてのジョージタウン

2008年7月7日、ジョージタウンの町並みは、同国のマラッカとともに「マラッカ海峡の歴史都市──マラッカとジョージタウン」（Melaka and George Town, Historic Cities of the Straits of Malacca）としてユネスコの世界文化遺産に登録された。世界遺産指定地区の面積は259.42ヘクタールであり、バッファーゾーン（150.04ヘクタール）とコアゾーン（109.38ヘクタール）に分かれている。ジョージタウンにおいて登録の際に評価されたのは、イギリスの影響によって培われた植民地遺産やマレー人・華人・インド人をはじめとする多民族性によって彩られた建築、生活文化、町並みである（George Town World Heritage Incorporated, 2014）。

ジョージタウンのコアゾーンには、大きく2つのエリアがみられる。ひとつはイギリス統治期にマラッカ海峡に面して、コーン=ウォリス要塞や旧庁舎などのイギリス風建造物が並ぶ海沿いのビジネス街である。もうひとつはショップハウスが立ち並び、歴史的建造物群が随所に位置するエリアである。そこにはリトル・インディアやキリスト教会、華人が建立した寺院や海峡華人が残した豪奢な邸宅であるプラナカン・マンション、インド系ムスリムのカピタン・クリン・モスクなど、さまざまな文化の遺産が点在している。

3. ジョージタウンのストリートアートの発展過程
(1) George Town Festivalの概要

現在、ジョージタウンのコアゾーンの町並みには80以上のストリートアートが描かれている（2016年9月時点）。いまではジョージタウンの主要な観光対象となっているストリートアートも、そのはじまりは州政府公認のアートフェスティバル"George Town Festival"（以下GTF）で設置された9つの作品であった。GTFはジョージタウンのコアゾーンを中心に、2010年から毎年実施されているアートフェスティバルである。本節では、2012年のGTFから2016年に至るまでのストリートアートの増加の過程を概観したい。まず、ジョージタウンのストリートアート拡大のきっかけを作ったGTFの概要を

示し、次にストリートアート増加の経緯を追う。

　GTFは2008年にペナンとマラッカが世界遺産に登録されたことを祝うイベントとして、州政府が企画したことによってはじまる。当時「アートの町、ペナン」を目指していたペナン州は、アートをテーマにイベントを実施した。ひとつはワイヤーを使って通りの歴史や町の背景を伝える52個のワイヤーアートの設置であり、もうひとつがGTFの前身となるアートイベントであった。

　現在開催されているGTFは、ジョージタウンで毎年6月から9月の間に約1か月間、開催されているアートフェスティバルである。主な内容としてダンス・演劇・音楽などの舞台パフォーマンスの上演、写真展、デザイン作品やアート作品の展示、アートに関するシンポジウムの開催などがあげられる。GTFへの参加の方法は、運営側からのコミッションとプロポーザルの2通りがあり、毎年60を超える展示や公演が期間中に実施されている（国際交流基金, 2013）。2008年と2009年はそれぞれ1日のアートイベントであったが、2010年以降に現在の形に落ち着いた。GTFを率いているのは、ペナン島出身のマレー人であるJ. シディック（Joe Sidek）である[8]。2008年、世界遺産登録を祝うためのイベントが開催されることになった際に、州政府はシディックをファウンダーとして指名した。彼はGTFの前身であるイベントを含め、現在までGTFのファウンダーを務めている。GTFの運営は、シディックが2012年に設立した文化や芸術に関するイベントを運営するJoe Sidek Companyを中心に行われている。

　GTFはマレーシア国内における先駆的なアートフェスティバルであり、東南アジアのなかでも一定の認知度を得ている。以下では国際交流基金が実施したアートプロジェクトの運営方針に関するシディックへのインタビューを参照しながら、GTFの特徴を特に3点から示しておきたい。

　第1に、GTFにはガイドラインが存在せず、運営にあたってシディックに完全な自由裁量が認められていることである。マレーシアは多民族国家であるゆえに民族・宗教・文化に関する問題は繊細な部分も多い。しかし、華人色の強い政権が成立し、これまで華人住民が多かったペナンにおいては、むしろアートを通じてそういった問題を顕在化させ、議論を促すような取り組みがなされやすい。シディックは、フェスティバルを構成する際に、特定の民族・宗教・文化に偏らないクリエイティブな作業の自由を保障することを心掛け、シンプルに良いもの、本物であると認められる作品を取り上げているという（国際交流基金, 2013）。

　第2に、ジョージタウンの町をベースにプログラムが構成されていることである。シディックは「フェスティバルは地元のコミュニティの現状を反映すべきで」あるとし、ジョージタウンの人、コミュニティ、空間に焦点をあてる、ジョージタウンの地域性に即した作品を積極的に評価している（国際交流基金, 2013）。したがって、GTFの方針は国際的に著名なアーティストを呼ぶことではなく、地域にとっていかに意義のあるプログラムを行うかという点にあり、地域の個性とグローバリゼーションのバランスを重視している。

　第3の方針は、地域の人々の教育に資するプログラムと彼らにインスピレーションを与えるためのプログラムとの間のバランスを維持することである。第2の方針にあるように、シディックはジョージタウンやペナンの伝統と歴史性に言及することを重要視しているが、一方で単に伝統舞踊を上演しただけでは観客を興奮させることはできないとしている。教育的なプログラムもそれに終始せず、刺激的で人を惹きつけるものでなくてはならない（国際交流基金, 2013）。

　GTFの方針を再度整理すると、①作品制作におけるクリエイティブな作業の自由を認め、良いと認められる作品を選出していること、②海外アーティストの有名性にこだわらず、地域の場所性を取り込んだフェスティバルを目指し、アートの地域への還元を重んじていること、③一方で地域の利益のみを追求しアートの質が落ちることは望まず、来訪者へ刺激を与える作品を求めていることがあげられる。

(2) ストリートアートと観光産業の発展

　それではGTFのなかでストリートアートはいかに生み出されたのだろうか。

　ジョージタウンのストリートアートは、2012年にGTFの企画で初めて公的に設置されたことをきっかけに、2013年以降徐々に増加を遂げた。以下ではストリートアートの発展経緯と、そこから明らかになる特徴について記述する。

　ストリートアートがジョージタウンに初めて設置されたのは2012年にGTFで行われた"Mirrors George Town"という企画による。同企画ではリトアニア人のアーティスト、E. ザカレビッチ（Ernest Zacharevic）が「ペナンの日常生活」をテーマに世界遺産コアゾーン内に9つの作品を設置した。ザカレビッチは、現在ジョージタウンの観光の中心となっているアルメニアンストリートの

ショップハウスに2011年ごろから居住し、自らの活動を行っていた。隣の家に住んでいた男性の話によると、当時彼は家の前で積極的に制作活動を行っており、ペナンには友人と訪問したことがきっかけで移住したという[9]。

図1は彼がジョージタウンに設置した作品のひとつである。彼の作品の特徴は、子どもが主題となっていることと、立体物と絵を混合させていることである。"Mirrors George Town"の作品のなかでも、兄弟の絵と自転車、少年とバイク、少年と椅子、そして少女と窓を組み合わせたものが見られる[10]。これらの作品に関して、ジョージタウンの人々の反応を見ると、特に絵と立体物の組み合わせが高く評価されている様子がうかがえる。作品の質に対しても良好な評価であり、ほとんどの作品が町の人々に受け入れられている。現在、コアゾーン内で最も観光産業が発展しているアルメニアンストリートとカノンストリートの周辺地区には、特に人気の高い2つの作品が設置されており、彼の作品の影響力の高さを示しているといえよう。

図1 "Mirrors George Town"の作品例
（2016年8月26日　筆者撮影）

シディックは彼の作品群を2012年度の最大の成果だと述べている（国際交流基金, 2013）。実際、後述するように、ザカレビッチの作品をきっかけとして、ジョージタウンでは地域住民によるストリートアート活動が行われるようになった。筆者が2015年に聞き取りを行った際、シディックは「いままでやらなかったことを、地域の人々はやるようになった」と述べ、肯定的な評価をしていた[11]。

2012年にザカレビッチの作品が設置されたあと、ジョージタウンにはストリートアートを求めて町歩きを行う観光客の姿がみられるようになった。その変化を受けて、2013年ごろから、最初の作品の影響を受けたアルメニアンストリート周辺の観光事業者の思惑によってストリートアートが描かれていくようになる。ここにおいてジョージタウンでは、GTFとは別の動向として、地域に住みつつ事業を行う人々の手により、ストリートアートが「勝手に」生み出されるようになっていく[12]。当時、アルメニアンストリートの周辺は階下を工場とするショップハウスが並ぶ静かな町であったため観光関連の店舗は少なかった。しかし2013年ごろから、ストリートアートに目を付けた少数の事業者がそうしたショップハウスを改装して店舗を開き、作品を店舗の外壁に設置するようになった。たとえば、図2は2013年にオープンした土産物屋である。この店舗の外壁には、事業者の友人の美術教師による福建文化を主題にした3つの作品が描かれている[13]。また、図3はレンタサイクルショップである。この事業者は以前からアルメニアンストリートで事業を行っていたが、2013年に現在の場所に店舗を移し、それと同時に新店舗の2階に居候していた知人にストリートアートを描いてもらった[14]。

図2　土産物屋のストリートアート
（2016年9月2日　筆者撮影）

図3　レンタサイクルショップのストリートアート
（2015年8月25日　筆者撮影）

この時期の作品設置に特徴的なのが、事業者が絵の描き手に対して、制作費およびコミッション費用を支払っていないということである。つまり、2013年ごろにストリートアートが描かれる際には、契約としての金銭の

やりとりはほとんどみられず、作品は観光事業者の友人や知人などによって、事業者との個人的な関係性のもとで制作されていた。しかし2015年以降、ストリートアートを対象とした観光に徐々に変化がみられはじめる。アルメニアンストリートでは観光客向けの新店舗が大幅に増加し、ジョージタウンの世界遺産地区全体で、ストリートアートの増加が顕著にみられるようになったのである。その際、新店舗はほぼ例外なく店の内／外壁にストリートアートを持つようになり、周辺地区は観光客用の商品や店舗が並ぶ、地域の文脈とは切り離された観光エリアとして発展しはじめた。

2013年頃の初期のストリートアート作品がオーナーと描き手との個人的な交友関係などを利用して制作されていたのに対して、2015年以降に描かれたストリートアートは、コミッションやプロポーザルといった形式で描かれる場合が多くなった。たとえば、ゲストハウスへの聞き取りでは、2015年12月に営業を開始するにあたり、アーティストに絵を依頼し、謝礼金を払って描いてもらったと事業者は述べている[15]。

このように、ジョージタウンのストリートアートの発展は2012年のGTFに端を発し、その後2013年以降は観光産業の発展とともに拡大を遂げ、2015年ごろに急激な発展がみられたことが特徴的である。さらに、2015年以降は、他のアート関連事業にも変化がみられはじめる。たとえば、第二次世界大戦後ペナンで活躍した民間バス会社の倉庫を改築して新たに誕生したアートスペースを中心に、GTFとは異なるストリートアートプロジェクトが生まれたり、政府の資金によってショップハウスの廃屋をアートギャラリーに転用する計画が提示されたりし（Gibby, 2016）、ストリートアート観光にとどまらない、アート関連事業全体の活発化もみられている。

4. 拡散性と匿名性——ジョージタウンのストリートアートの特徴

ジョージタウンでは2012年に設置された作品をきっかけに、観光事業者が私的にストリートアートを設置することによって、地区内のストリートアートが増加し続けてきた。このような状況は、アートプロジェクトの下で、計画的かつ調和的に実施される地域社会の人々とアートとの関係形成とは異なる様相である。その特徴として以下の2点が指摘できる。

1点目は、偶発的な拡散性である。計画的な「協働のアート」の実施であれば、作品の制作は、アーティスト自身やプロジェクトの運営者によって、一貫したコンセプトやテーマが決められたり、作品の設置場所や条件にも一定の制限が設けられたりすることが一般的である。しかしジョージタウンのストリートアートは、アートフェスティバルの枠を出て、実際にはフェスティバルにほとんど参加しない観光事業者によって[16]、突発的に、そして集合的な目的が共有されずに設置され、増殖を続けている。

集合的な目的を有していない理由として、ジョージタウンには作品の運営や管理を行う中心的な組織が存在していないことがあげられる。華人が多く住むペナンには、公司（寺）を中心に同一の宗族名や現在居住している地区、もともとの中国の出身地などによる共同体組織が重層的に存在している。また貴金属取引やカフェなどの職業による商業的な組合も存在している。しかし、聞き取り調査からは、ストリートアートや観光産業に関連する組織は存在しておらず、住民間でも自主的な制限はなく、ストリートアートに関して目指す方向性が共有されているわけではないということが明らかになった。また、GTFも実質的には地域住民に対して拘束力は持っておらず、求心力にもなりえていない。したがって、ジョージタウンのストリートアートは中心を持たず、個人的で私的な活動のまま、増殖を続けることになっている。

2点目の特徴は匿名性である。美術館での展示はもちろんアートプロジェクトのなかで制作される作品は、屋内外の設置に関わらずアーティストの名前と不可分な形式をとってきた。それは西欧近代のアート制度が基盤となってきたからである[17]。しかし、ジョージタウンのストリートアートは、観光事業者の友人で絵が得意な者が描いたり、学生が描いたり、あるいはゲリラ的に描かれたりする場合が多くみられ、そこにアーティストの作者性は付されていない。たしかに、2015年以降描かれた一部の作品には、絵の隅にサインが入っているものもみられる。しかし、それは観光客にほとんど認識されていない。たとえば、ジョージタウンのストリートアートをめぐる町歩きマップには、ストリートアートの情報として絵のタイトルと場所と写真だけが提示され、アーティスト名は明示されていない。また、町歩きマップはストリートアートが流行りだした初期に作られたものであり、そもそも15個程度しか作品が明記されていない。つまり、ジョージタウンに広がるその他の60以上の作品は、アーティスト名も絵のタイトルも分からないまま、観光客の眼前に存在していることになる。

IV. 観光の場におけるアート概念の揺らぎ

1. ストリートアートを増殖させる観光の論理

　このようにジョージタウンのストリートアートは、2012年にGTFを契機に設置された"Mirrors George Town"を皮切りに、2015年以降は偶発的な拡散性と匿名性という特徴を持ちながら増殖を続けてきた。この背景には、ジョージタウンのストリートアートの増加とともに発展を続ける観光産業の影響が大きい。それではこの過熱するストリートアートと世界遺産地区における観光の隆盛をGTFや遺産保護を目的とするNPOのPenang Heritage Trust（以下PHT）はいかに捉えているのだろうか。本章では、GTFとPHTのストリートアート観光に対する評価と事業者たちの意識を照らし合わせながら、ストリートアートがどのように増殖し、いかに消費されているのかを論じ、観光の影響によって生じる地域社会におけるアート概念の揺らぎを明らかにする。

　まず、ストリートアートの増殖の背景について、観光が地域に与える影響に注目しながら、GTFと観光事業者との間にみられるストリートアートへの意識の差を論じる。

　そもそも、ジョージタウンのストリートアートは、GTFという政府公認のアートの取り組みのなかで、ペナンの生活や場所性を反映するものとして制作され評価されたものであった。III章において、GTFの方針を3つの観点から整理したが、ここでは特に②の方針、地域をベースにアートフェスティバルを行うことに注目する。前述したように、シディックは、GTFを通じてジョージタウンのストーリーを地域の人々や来訪者に伝えようとしている。彼によると、ストーリーとは、町そのものやホテル、人々の生活のなかに内在する場所の履歴である。たとえばジョージタウンの北東にあるEastern & Oriental Hotelは1885年にアルメニア人のサーキーズ兄弟によって建てられた東南アジアのなかでも最古の西洋近代的なホテルであり、その時間の積み重ねから、多様なストーリーを持つものとして存在している。またジョージタウンの街角も、イギリスの統治期から現在に至るまで、さまざまな情景をみてきたという意味でストーリーを持っている。このようにモノがもつ歴史性を勘案して、シディックはジョージタウンのすべてのものにストーリーを見つけようとする。

　他のアートプロジェクトと比較したGTFの特長について尋ねた際、彼は東南アジアのいくつかの大規模なアートフェスティバルは素晴らしい舞台を上演するが、それがどこでもできるという意味では批判的であった[18]。彼はペナンのストーリーに価値を置き、場所性を意識したアートプロジェクトを行いたいと考えている。

　2012年の"Mirrors George Town"もまた、「ペナンの日常生活」を表現していることからペナンのストーリーを喚起するものとしてGTFの企画に採用され、結果的に地域住民や観光産業に対して絶大な効果を及ぼし、ザカレビッチのストリートアーティストとしての知名度を向上させた。しかしここで指摘しておきたいのは、そもそも同作品が設置を許されたのは、GTFを通して許可されたものであったからという点である。筆者が実施した聞き取り調査において、観光事業者は、ザカレビッチがペナンに滞在しはじめた2011年、初めてジョージタウンの建物に描いたインド人女性の肖像画は、すぐに州政府によって消されてしまったという話を印象的なエピソードとして語った。ここから分かるのは、GTFが2012年にザカレビッチの壁画を「公認」するまでは、ジョージタウンでは建物の外壁への「落書き」は不当なものとみなされ、排除の対象だったということである。したがって、彼の作品はGTFの一部として発信されたときにはじめて、ストリートアートの作品として認められ、ジョージタウンに影響を及ぼすことができるようになったのである。

　ところが、2013年以降、観光事業者たちの手によって生み出されたストリートアートは、GTFの重視する場所性や地域への還元という価値から離れていっている。ここで、ストリートアートの増殖が観光の影響下にあるということを設置理由、作品の評価軸、観光客の様子の3つの観点から論じたい。

　まず、設置の理由である。2013年にストリートアートを設置した観光事業者への聞き取りによると、彼らは2012年から2013年頃にかけて、"Mirror George Town"にて設置された作品群を見て喜ぶ観光客が徐々に現れるのを目の当たりにし、自分も観光産業に参入し、ストリートアートを描いて観光客を呼び込みたい、あるいは喜んでもらいたいと考えたという。彼らは、GTFで設置されたストリートアートを「観光客が喜ぶ」という視点で再解釈し、店舗を出すと同時に自らもアートに関わる活動に参与したといえる。

　また、2015年以降ジョージタウンの観光産業に参入した店舗への聞き取りからも、多くの店舗が観光客を呼ぶためにストリートアートを描かせたことが明らかになった。彼ら新規の参入者は、2015年以降みられる観光産業の活発化にともない、自店舗が観光客に注目され

るために、欧米などで活躍するアーティストに報酬を支払って描いてもらう場合が増えている。このことからジョージタウンでは、観光客の流入、観光産業の活発化を前提にストリートアートが設置されていったことが明らかになる。

次に、作品の評価軸である。GTFを運営する人々とは異なり、ストリートアートを設置する観光事業者のなかに学問的にアートを学んだ人は誰もいなかった。しかしストリートアートが発展を続けるにあたり、彼らは町中の作品を評価するようになっている。調査のなかでストリートアートへの認識を尋ねた際、事業者たちは作品を絵の得手不得手や色彩などの質の面で評価する一方、観光客がいかにインタラクトできるかという点を重視していた。後者に関しては、壁に描かれた絵のサイズが大きすぎると観光客が一緒に写真をとって創造性を発揮することができないため批判される傾向がある。

観光客が作品と一緒に写真を撮るとはどういうことか。たとえばジョージタウンを訪れる多くの観光客は、単にストリートアートと一緒に写真を撮るだけでなく、作品とともにパフォーマンスし、写真を「創作」している（図4）。観光客は写真撮影のために列を作り自らの出番を待ち、出番が来たら、自転車の椅子に寄りかかる、自転車を後ろから（あるいは前から）押す、自転車に轢かれるなどのポーズを瞬時に表現し、2、3枚の写真を撮って次の撮影者と入れ替わる。観光事業者は、観光客が行うこれらの行為を「ストリートアートとのインタラクション」と呼ぶ。観光客は写真を撮る際に、ストリートアートのテーマを理解したうえで、自らがどのようなポーズを取るか決めることで創造性を発揮しているというのだ。したがって、壁に大きく描かれた作品や高い位置に描かれる作品は、観光客がパフォーマンスする機会を与えないという意味で望まれないものになる。

図4　ストリートアートと一緒に写真を撮る観光客
（2016年8月30日　筆者撮影）

このような観光客目線の評価は観光事業者が独自に考えたものであり、GTFの方針にある評価軸とは異なる。前述したように"Mirrors George Town"は地域のストーリーをアートで表現しているという観点から評価された。しかし現在、観光事業者たちが作り出している作品あるいは評価軸は、アートを美学的な観点からではなく、観光客の様子を日々目の当たりにする日常的な経験から理解した結果生まれたものである。彼らは「ストリートアートが面白い」、「観光客に喜んでもらえる」と感じたため積極的に事業に取り込んでいる。言い換えれば、観光事業者による作品の評価においては、当初ストリートアートがGTFによって期待され実行された、ペナンのストーリーを表すという価値や役割は消え、「観光のため」という新たな目的が付け加えられているのである。

最後に、観光客の様子である。ジョージタウンにおいてストリートアート観光はどのように行われているのか。現地での観察では、ストリートアートを求める観光客は平日・休日を問わず確認された。観光客の多くは、国内とシンガポールから訪れる華人やマレー人などであり、自転車を借りてジョージタウンのストリートアートをめぐる。前述したように、町中において観光客は、ストリートアートの写真を撮影したり、一緒に写真を撮ったり、それをSNSに投稿したりしてアートツーリズムを楽しんでいる。これら一連の、写真撮影からネット上での写真共有までの流れは、観光客がストリートアートを通じて新たなアート作品を創出していくパフォーマティヴなプロセスとして捉えることができる。観光客は壁に描かれた絵を自らのカメラで「切り取り」、また各々が好きなように作品に「参加」して写真を撮り、それをネット上に「拡散」させていくことで、壁に設置された絵とは異なる作品を新たに創出していく。こうした行為は、まさに観光事業者やアーティストが「ストリートアートとのインタラクション」と口にする、観光客と作品との関係が築かれて生まれる二次創作的な行為である。それに対して、事業者やアーティストは、それぞれの観光客の読み解きや反応を楽しみ、観光の文脈に合わせて作品を評価し制作していくことになる。

観光客によるストリートアートの撮影は、たしかにそれだけでは経済的効果を生み出さない。しかし、観光客が食事・宿泊・買い物などの基本的な観光を楽しむことによって、ジョージタウンの観光はより活発になっていく。さらに、観光客がストリートアートを二次創作することによりネット上での情報拡散が進み、再帰的にジョージタウンはアート観光地としてよりいっそう有名

になっていくのである。

このようにジョージタウンにおいては、作品の設置理由・評価軸の設定と、観光客によるストリートアートの消費が、常に再帰的に影響を与え合っている。観光事業者たちは観光客の様子や実際の経済的効果に日常的に接することにより、その影響を実感することで、さらなる事業の活発化を求めるようになる。ここにおいてGTFがストリートアートに期待する役割は無効化され、観光の論理のもとにストリートアートが増殖していることが分かる。

2. アートとして消費されるストリートアート

前節において、観光の有用性によってストリートアートが生み出されていく構造を明らかにした。ここでは、地域社会に置かれるアートと美学的アート概念との関係性を明らかにしたうえで、実際にストリートアートがどのように消費されているのかを論じる。

まず、地域で展開されるアート活動について、美学的にいかなる議論がなされているのかを確認しておきたい。II章であげた「協働のアート」は、西欧を中心とした美学的な批評において、その社会的意義が評価される一方、アートの質の側面から批判的に論じられる傾向がある。C. ビショップやP. エルゲラのような美学者は、社会的課題の解決やコミュニティの融和を目的に行われる倫理的なアートを批判している。その理由は、ビショップらが人の生や日常に揺さぶりをかけるようなアートの批判性や敵対性にアートの意味や存在意義を見出しているからである（Bishop, 2012 大森訳 2016）。したがって美学的な基準に従うならば、世界各地で拡大しているアートプロジェクトのなかには、美学的に評価される批判性を持った作品や活動が成立していることもあれば、社会的調和という目的が先行しアートが道具化したような作品が制作される場合もあり、プロジェクトごとのアートの質はさまざまであるとみなされる。

しかし、本稿が注目したいのは、実際のアートプロジェクトの現場においてはそういった美学的に対象となる作品（評価の良し悪しにかかわらず）の外に、アート・ワールドの制度や規則[19]を共有しない「アート的なもの」が生まれているということである。地域住民はしばしば、プロジェクトに便乗しつつもアーティストの手を借りずに好きなものを作ったり、来訪者に自らの活動を見せたりする機会を持つ。それは住民にとって生き甲斐やコミュニケーションの場を作るという意味で重要な役割を果たす。

しかし、アートを分析の対象とする美学においては、そもそもアートの概念が批判性の有無やアート・ワールドの制度などの基準によって判断されているため、その外にこぼれ落ちる実践に目が向けられてこなかった。加えて、前述したアートプロジェクトに関する人文科学的な研究もまた、アートをめぐる人々の交渉を描き出してきた一方で、議論の対象となるアートは美学と同様のアート概念から捉えられてきた。しかし、アートの種類や目的が拡張した現代社会において、狭義のアート概念に固執し、その社会的影響を考察することには限界がある。むしろ、アートという枠組み自体を問題視し、アートとアートの非専門家の接触によって新たに創出されている、脱制度化したアートの広がりとその社会的意味を捉える視座が求められている。

ジョージタウンの例に話を戻すと、観光客の存在を前提とするストリートアートの増殖に対して、GTFやPHTは批判的な態度をとっている。たとえば、シディックはGTFの目的として、場所性に加えてアートが人々にもたらす刺激にも重点を置いている。彼は筆者による2度の聞き取りに対し、「アートを通して人々の目を見開かせたい」と述べていた。そう述べる背景についてシディックは2つの例をあげる。1つは、現在マレーシアのアートが欧米のアートのコピーアンドペーストの状態に陥っていることである。もう1つは、マレーシアが多民族国家であるがゆえ抱える政治的対立や宗教的問題などを背景に、日常の文化・社会的状況においてしばしば閉塞的な考え方に陥りがちだということである。このような、文化的活動に創造性が欠けてしまうようなマレーシアの状況を憂慮し、彼は、アートを通じて、日常的に遭遇しないものに出会うチャンスを人々に与えることを意識している。

このような観点から、シディックは拡大するストリートアートを、ストーリーを持たない単なる「ペインティング」、あるいは消費主義に傾倒した「コマーシャル・アート」であると批判する。なぜなら、経済的な利益や単に絵の「面白さ」にしか興味がない観光事業者の実践には「ハート」がなく、GTFが求めるアートの刺激的な側面とは明確に動向を異にしているからである[20]。

ここでシディックのいうアートの刺激をもたらす力や、ストーリーという考え方が、欧米を中心とするアート・ワールド的な基準に依拠していることを指摘しなければならない。シディックが唱道するアートを通して人々に日常を相対化する契機を与えたいという意見は、ビショップらに通じるアートの批判性や敵対性を意識し

ている。彼は自身の役割について以下のように述べる。

> ペナンの人々がしばしば、なぜ地元の演劇やショーをやらないのか？地元の作品が足りないのではないか？と質問することがあるのだが、彼らがすでに見てきたものを見せる必要があるだろうか。または見ることができるものを見せる必要があるだろうか。フェスティバルはチョコレートのようなもので、異なる部分を試しに食べてみると酸っぱいとか甘いとか…違う味があることが分かる。だから、私は若い人たちの選択肢を増やして、さまざまなことを見せなければならない。

ここから、シディックは単に地域の文化をアートプロジェクトに含めたり、鑑賞者に好ましいアートを見せたりするだけでは意味がなく、アートを通して人々に考えるきっかけをもたらすことが重要だと考えていることが分かる。これは、社会的問題の解決を促したり、地域活性化を前提にアートを手段としたりするようなアートプロジェクトのあり方とは異なる、現代アートの批判性に価値を置いた考え方であるといえる。また、ストーリーという考え方からも、彼が現代アートの主要なテーマである、地域性や作品のコンセプトを重んじる方針を踏まえていることが分かる。ここから、GTFが持つアートに対する価値観は、極めて欧米中心の美学に近く、鑑賞者になんの刺激も与えないストリートアートは「アート」ではなく、単なる「絵」として批判の対象になっていることが明らかになる。

また、シディックは、ジョージタウンの観光のあり方に関しても、観光客数の増加による町の喧騒や混雑を生むという点からコントロールの必要性を指摘する。彼に言わせれば「彼ら（観光客）は遺産や文化を見るよりも、写真を撮ってゴミを落として帰るだけ」なのである。PHTの職員も「観光客は何も考えておらず、新しいものを求めているだけ」として、ジョージタウンの消費主義的な観光空間化を批判する[21]。また、観光産業の発展にともなう外部からの資本の流入をジェントリフィケーションとして捉え、ジョージタウンの生活文化が失われていくことに危機感を示している（藤巻, 2016）。

しかし、現地調査によれば、実際の観光の現場では事業者も観光客も、誰もストリートアートが美学的に評価されうるアートであるかどうかなどは気にもとめていない。観光客は作者性を考慮することもなければ、GTFで作られた作品かどうかを気にすることもなく、美学的なアートの質には関心が及んでいない。彼らは写真を撮ったり、町歩きをしたりすることを通じて、ただ「アートツーリズム」を楽しんでいるのだ。

前述した通り、GTFやPHTは偶発的に増殖したストリートアートを「アートではない」として批判する。また、Tourism MalaysiaやPenang Global Tourism、George Town World Heritage incorporatedなどの公的な団体が発信するジョージタウンの観光情報にもそれらへの言及はなく、あたかも存在していないかのように扱われている。しかし、一方で観光客の認識のレベルにおいては、ストリートアートが個人のブログやネットニュース、SNSなどのメディアによってアートとして拡散しており、その過程を通じて「ジョージタウン＝アートの町」というイメージが構成されている。たとえば、個人のブログでは、自分で撮影したストリートアートの写真と場所が掲載され、口コミサイトでは「ノスタルジックたっぷりのアートな街」「ウォールアートが素敵な街」などの書き込みがみられ、ジョージタウンの町歩きとアートが強調されている[22]。そしてⅣ章の1で論じたように、ジョージタウンにおいては、現実にそれを消費しようとする観光客が数多く存在しており、アートの町というイメージは循環的に再生産され強化されている。観光客にとって、ストリートアートは質の高いアート鑑賞や日常の異化をもたらすものではなく、イメージ通りの写真を撮る場である。それはGTFが想定するアート概念とはずれている。しかし、観光客はメディアが作り出した表層的な記号としてのアートを消費し、ストリートアートをアートとして経験しているのだ[23]。

ここでは観光の文脈において、GTFが構想するアート概念とは異なる「アート的なもの」が生まれ、アートとして商品化され、消費されている。そこで駆動しているのは、明らかに審美的な価値観ではなく、観光客の好奇心を満足させるという商業性に特徴づけられた観光の論理である。つまり、観光の場において、アート概念はアート・ワールドの制度や規則に守られたものではなく、たとえ批判性やストーリーが喪失してもアートであり続けてしまうような、揺らぎのなかに置かれる。美学において見落とされてきた「アート的なもの」は、観光の文脈においてアートとして受け止められてしまうのだ。

Ⅴ. おわりに——観光によるアート概念の揺らぎと再編成

本稿では、地域社会におけるアート概念の動態を観光客の移動性に注目して明らかにすることを試みた。

Ⅱ章とⅣ章で論じたように、これまで地域社会におけ

るアートについて論じてきた先行研究は、アートプロジェクトや地域に置かれるアートへの外部からの影響について、アーティストやボランティアの影響には目を向けてきた。その一方で、プロジェクトへの一時的な参与者である観光客の存在は射程に入れてこなかった。また、分析においては制度的なアート概念が無批判に前提とされてきた。

それに対し本稿では、観光客の存在を考慮してジョージタウンにおけるストリートアート増加の実態を明らかにした。ジョージタウンでは、観光客数の増加に呼応するように、アート・ワールドの制度や基準に必ずしも依拠しない「アート的なもの」としてのストリートアートが増殖している。これらの作品はGTFやPHTに商業主義的だとして批判される一方で、観光客はメディアによってつくられたイメージを通して、それをアートとして経験している。このようなジョージタウンにおけるストリートアートの生成と消費は、美学の論理によってのみ作られているのではなく、観光の論理によって突き動かされている。ここから、観光の場における批判性をともなわない「アート的なもの」の出現が、従来の研究で想定されてきたアート概念を揺るがしていることが明らかになる。

また、特にIV章で論じたように、ジョージタウンにおいては、ストリートアートがストーリーを持たず消費主義的であるという意味で、美学的な観点からは「アートではない」と批判されている。しかし、観光の場においては、ストリートアートはすでにアートとして機能してしまっている。実際、IV章の2で明らかにしたように、観光客や観光事業者はストリートアートが「アートであるか否か」を気にすることなくアートツーリズムを楽しんでいるのであり、そこでは「アート的なもの」がアートとして経験されている。したがって、観光によってアート概念が揺らぐまさにその状況においては、地域に置かれたアートが「アートであるか否か」を問う従来の枠組みがもはや意味を失ってしまう。ここでは先行研究が想定してきた、制度的で、かつ批判性を重視するアート概念は無効化し、アートは新たな枠組みのなかで作り出されている。言い換えれば、従来の地域社会におけるアート概念は観光によって刷新されており、再編成されているのだ。

観光は先行研究において想定されてきたアート概念を揺るがす「アート的なもの」を生成し、それを人々にアートとして経験させる装置となる。したがって、地域社会におけるアートの動態をめぐっては、観光は地域社会におけるアートを商業化させ、アート概念を揺るがすだけでなく、新たなアートの枠組みを再編成していく可能性を持つのである。

謝辞

本研究を遂行するにあたり、調査に協力いただいた皆様に感謝申し上げたい。なお、本研究は2016年度立教SFR大学院学生研究で助成を受けたものである。

注

1) アートプロジェクトは、各国・地域では必ずしも同様の名称を用いているわけではないが、社会的問題に焦点をあてながら、人々の関係性に関心を持つアートによる社会・文化的活動の拡大がみられることは同様である。ここでは、1つのアートイベントだけでなく、「社会関与の芸術」「地域と関わるアート」「地域重視のアート」などを総称して「アートプロジェクト」とする（小泉, 2012, p. 90）。

2) 欧米におけるアートプロジェクトの代表例としては、「ヴェネツィア・ビエンナーレ」（1895〜）、「ドクメンタ」（1955〜）、「ミュンスター彫刻プロジェクト」（1977〜）があげられる。日本国内では「大地の芸術祭越後妻有アートトリエンナーレ」（2000〜）「瀬戸内国際芸術祭」（2010〜）などの大規模なものや小中規模な地域密着型のアートプロジェクトが増加を続けている。日本では、1980年代後半から地域の場所性を意識した作品が野外に設置され、2000年代に入ってからはコミュニティやネットワークのハブを創出する媒介としてアートが用いられるようになった。熊倉他はそのようなコミュニケーションを生むアートイベントを「アートプロジェクト」と呼称する（熊倉・菊地・長津編, 2014）。これは本稿の定義とは同一ではなく、アートを媒介とした人々の協働に重点を置く日本型アートプロジェクトを指している。また20世紀後半以降、アートをめぐる場がアジア、アフリカ、オセアニア地域などの非-西洋、非-欧米を舞台に多極化していることも見落とすことができない（川口, 2013）。

3) ここでストリートアートとは、「合法／非合法にかかわらず、建物の壁に設置されたり描かれたりするアート」として広く定義する。ストリートアート

は一般的に1980年代以降のグラフィティ文化の新たな形態の一部として考えられるが（大山, 2015）、両者の違いとして、グラフィティが基本的に文字、書体、作者の名前を描くのに対し、ストリートアートはより画像的でコンセプトがあるという点を指摘することができる（コルコラン, 2017）。

4) P. エルゲラを参考にすると、地域外部からのアートツーリズムへの参加は以下の4つの形態が考えられる（Helguera, 2011 アート＆ソサイエティ研究センター SEA研究会訳 2015, pp. 50-51）。①作品を鑑賞することによる参加。②作品への指図されたシンプルな協力・参加。たとえば旅先でワークインプログレスの作品に参加する。③パフォーマンスなどの作品における創造的な参加（②よりもアーティストの意図が強く反映されている場合が多く、作品の一部になる場合もある）。④来訪者がアーティストと直接的な対話を通じて、作品やプロジェクトの構成・運営を展開させる責任を持つ。たとえば、アートプロジェクトの運営スタッフやボランティアとしての参加、アーティストとの対話を土台としたプロジェクトへの関わりなどである。以上の4つの参加形態のうち、①②は、ほとんど一度きりの出会いで終わる。本稿で扱うジョージタウンのストリートアート観光では、特に①②の形態がみられる。

5) 「コンタクト・ゾーン」はM. プラットの提示した概念である。プラットはコンタクト・ゾーンをまったく異なる文化が出会い、衝突し、格闘する場所として、植民地主義や奴隷制度などの、支配と従属という極端な非対称的関係において生じる社会空間と定義する（Pratt, 1992）。J. クリフォードはプラットの概念を拡大し、非対称のものが出会い相互行為が行われる場として博物館を位置づけた（Clifford, 1997 毛利・有元・柴山・島村訳 2002）。アートプロジェクトも人やモノ、イデオロギーなどが絡まり合う文化政治の場として位置づけることができる（小泉, 2012）。

6) 本稿執筆にあたっては、文献資料の検討に加え、筆者がジョージタウンにおいて行った現地調査のデータをもとにしている。現地調査では、地域住民のストリートアートや観光産業への認識を明らかにするために、聞き取り調査と観察を行った。現地調査は計4回行っている（2015年3月12日～3月25日、2015年8月25日～9月3日、2016年3月10日～3月20日、2016年8月25日～9月5日）。聞き取り調査ではストリートアートを設置している観光事業者（土産物屋・レンタサイクルショップ・ホテル・ゲストハウス・レストラン・カフェなどの店舗主）やアートフェスティバル（George Town Festival）のファウンダー、遺産保護を謳うPenang Heritage Trustなどの団体の職員、非観光産業従事者の住民4名を対象に、特にジョージタウンの観光産業の急激な発展に関する意見を調査した。観察では、ストリートアートが集中している地区で観光客や観光産業従事者の行動を調査した。また、2015年と2016年のGeorge Town Festivalに参加した。

7) 現在、ペナン州の知事はLim Guan Engが務めている。彼はマレーシアの与党政権であるBN（Balisan National）に対する野党のDAP（Democratic Action Party）に属している。2008年に州知事となり、現在は2期目である。

8) ファウンダーとしての職に就く以前、シディックはもともと繊維用薬品を製造する実業家であった。GTFに携わる前にもオペラ、演劇、展覧会などアートに関わる仕事をしていたが、当時彼にとってアートは仕事ではなく情熱を注ぐ対象のひとつであったという（国際交流基金, 2013）。

9) 筆者による聞き取り調査による（2016年3月14日、アルメニアンストリート路上にて実施）。

10) ザカレビッチは、ジョージタウンでストリートアートを描いたことをきっかけに、ストリートアーティストとして国際的に活躍するようになった。マレーシア国内ではクアラルンプールやジョホールバル、イポーに作品を描いており、隣国のシンガポールでは、ブギスに位置するスルタン・モスクの近くに作品がある。また欧米各地でのアートプロジェクトにも参加している。

11) 筆者による聞き取り調査による（2015年9月2日、GTFのオフィスにて実施）。

12) ただし、2013年以降もGTFのなかでストリート（地域の公共空間）を利用したアート制作と展示は継続して行われる。たとえば、同様にストリートアートを描いた"All Animals Need a Home"(2013)や公共空間の一部を作品化した "Secret Gardens"(2014)、さまざまな椅子を屋外に設置した"Chairs"(2014、2016) などの企画がある。

13) 筆者による聞き取り調査による（2016年3月13日、店舗にて実施）。

14) 筆者による聞き取り調査による（2016年3月14日、店舗にて実施）。

15) 筆者による聞き取り調査による（2016年3月14日、店舗にて実施）。
16) 観光事業者に聞き取りを行った際、GTFに実際に参加する人はほとんどみられなかった。レンタサイクルショップの事業者は、ザカレビッチの友人であり、当時ジョージタウンで彼が制作を行っていた様子について詳しく語ったが、一方で彼の作品をわざわざ見に行くこともないし写真も撮ったことがないと述べた。また、GTFのストリートアート作品の1つが描かれているジョージタウンのレストランを実家とする男性は、普段の自分の生活が忙しく、GTFに参加したこともないしパンフレットなどを見たこともないという。さらにストリートアートが描かれている壁面のすぐ隣で釣り具店を経営する地元住民は、GTFの名前を聞いたことがないと述べた。マレーシアが目指す「イヴェントツーリズム」（藤巻、2010）という名前にふさわしく、ペナンでも年間60を超える「フェスティバル」が行われている。そのため、ジョージタウンで暮らす住民にとってGTFは多くのイベントのうちのひとつにすぎない。
17) そもそも「芸術家」という仕事の概念はルネサンス期に萌芽したと言われている（吉澤、2011）。そのなかで西欧におけるアート作品の個性および作者性を重視する考え方は、ロマン主義における「個性の美学」や18世紀の市民革命以降の社会における芸術の位置の変化によって生まれた（高階、1974）。
18) 筆者による聞き取り調査による（2016年9月2日、GTFのオフィスにて実施）。
19) ここでアート・ワールドとは、欧米を中心とする近代以降の美術史を共有した、アートの制作・評価、および市場から成るシステムの総体を指す。
20) 筆者による聞き取り調査による（2015年9月2日、2016年9月2日、GTFのオフィスにて実施）。
21) 筆者による聞き取り調査による（2015年9月2日、Armenian Street Heritage Hotelにて実施）。ただし、GTFもPHTも観光やストリートアートそのものを否定しているわけではなく、観光やアートはジョージタウンの歴史や場所性を提示する際の手段となるとも考えている。彼らが警戒するのはあまりにもストリートアートが増加しすぎた現在の状況なのである。
22) Trip AdviserのGeorge Townの項を参照した。
23) ジョージタウンの町歩きマップにおいても「ペインティング」や「サイン」ではなく、「アート」という言葉を用いてストリートアートが紹介されている。

参照文献

白リナ・十代田朗・津々見崇（2014）「韓国におけるパブリックアートによる観光まちづくり」『観光研究』26(1)：33-46.

Bishop, C. (2012). *Artificial Hells*. London: Verso books. ［大森俊克訳（2016）『人工地獄——現代アートと観客の政治学』フォルムアート社］

Bourriaud, N. (1998). *L'esthetics and Relationalle*. Dijon: Les presses du reel. [(2002), Relational Aethentics. Dijion: Les presses du reel]

Clifford, J. (1997). *Routes: travel and translation in the late twentieth century*. Cambridge: Harvard University Press. ［毛利嘉孝・有元健・柴山麻妃・島村奈生子訳（2002）『ルーツ——20世紀後期の旅と翻訳』月曜社］

Department of Statistics Malaysia. (2011). *Population Distribution and Basic Demographic Characteristic Report 2010 (Updated: 05/08/2011)*, Retrieved 2016, October 27, from https://www.statistics.gov.my/index.php?r=column/cthemeByCat&cat=117&bul_id=MDMxdHZjWTk1SjFzTzNkRXYzcVZjdz09&menu_id=L0pheU43NWJwRWVSZklWdzQ4TlhUUT09

———(2016). *Malaysia*, Retrieved 2016, October 27, from https://www.statistics.gov.my/index.php?r=column/cone&menu_id=dDM2enNvM09oTGtQemZPVzRTWENmZz09

藤巻正己（2010）「ツーリズム［in］マレーシアの心象地理——ツーリズムスケープの政治社会地理学的考察」『立命館大学人文科学研究所紀要』95：31-71.

———（2016）「世界遺産都市ジョージタウンの変容するツーリズムスケープ——歴史遺産地区の観光化をめぐるせめぎあい」『立命館文学』645：137-163.

George Town World Heritage Incorporated. (2014). *George Town World Heritage Site*. Retrieved 2017, September 12, from http://www.gtwhi.com.my/introduction/george-town-world-heritage-site.html

Gibby, M. (2016). *Street Art Penang Style*. Penang: Entrepot Publishing.

Helguera, P. (2011), *Education for Socially Engaged Art: A Materials and Techniques Handbook*. Malyland: Jorge Pinto Books.［アート＆ソサイエティ研究センター SEA研究会訳（2015）『ソーシャリー・エンゲイジド・アート入門――アートが社会と深く関わるための10のポイント』フィルムアート社］

川口幸也（2013）「非西洋の美術――多文化共生の時代」林洋子編『芸術教養シリーズ8 近現代の芸術史 造形篇Ⅱ アジア・アフリカと新しい潮流』（pp. 107-118）幻冬舎

金善美（2012）「現代アートプロジェクトと東京『下町』のコミュニティ――ジェントリフィケーションか、地域文化の多元化か」『日本都市社会学会年報』30：43-58.

工藤安代（2008）『パブリックアート政策――芸術の公共性とアメリカの文化政策の変遷』勁草書房

熊倉純子・菊地拓児・長津結一郎編（2014）『アートプロジェクト――芸術と共創する社会』水曜社

小泉元宏（2010）「誰が芸術を作るのか――『大地の芸術祭・越後妻有アートトリエンナーレ』における成果物を前提としない芸術活動からの考察」『年報社会学論集』23：35-46.

―――（2012）「地域社会に『アートプロジェクト』は必要か？――接触領域としての地域型アートプロジェクト」『地域学評論』9（2）：77-93.

国際交流基金（2013）「Presenter Interview: Born in a World Heritage Town, the George Town Festival 世界遺産の町から生まれたジョージタウンフェスティバル」最終閲覧日2016年9月30日、http://performingarts.jp/J/pre_interview/1302/1.html

Lacy, S. (1995). Cultural Pilgrimages and Metaphoric Journeys. In Suzanne Lacy. (Ed.). *Mapping the Terrain* (pp. 19-20). Seattle: Bay Press.

松尾豊（2015）『パブリックアートの展開と到達点――アートの公共性・地域文化の再生・芸術文化の未来』水曜社

宮本結佳（2013）「住民の認識転換を通じた地域表象の創出過程――香川県直島におけるアートプロジェクトを事例にして」『社会学評論』63（3）：391-407.

越智郁乃（2014）「芸術作品を通じた人のつながりの構築と地域活性化の可能性――新潟市における芸術祭と住民活動を事例に」『アジア社会文化研究』15：95-119.

大山エンリコイサム（2015）『アゲインスト・リテラシー――グラフィティ文化論』LIXIL出版

Penang Global Tourism. (2017). *Culture and Heritage: Street Art*. Retrieved 2017, September 27, from http://mypenang.gov.my/culture-heritage/street-art/

Pratt, M. L. (1992). *Imperial Eyes: Travel Writing and Transculturation*. London: Routledge.

信藤博之（2012）「コミュニティ・アートによる社会的包摂の実践――タイ・ナイロンコミュニティを事例として」『都市文化研究』14：26-41.

ショーン・コルコラン（2017）「Curator Interview 01 ニューヨーク市立博物館キュレーターSean Corcoran［ショーン・コルコラン］」『美術手帖――SIGNALS! 共振するグラフィティの想像力』69（1054）：68-71.（中野勉翻訳・構成）

須藤廣（2017）「観光者のパフォーマンスが現代芸術と出会うとき――アートツーリズムを中心に、参加型観光における『参加』の意味を問う」『観光学評論』5（1）：63-78.

高階秀爾編（1974）『文化の発見　人間の世紀第3巻』潮出版

竹田茂生・陳那森（2012）「観光アートの現状と展望」『関西国際大学研究紀要』13：77-90.

Tourism Malaysia. (2017). *Penang*. Retrieved 2017, September 27, from http://www.malaysia.travel/en/ay/places/states-of-malaysia

Trip Adviser. (2017). *George Town*. Retrieved 2017, September 28, from https://www.tripadvisor.jp/Attraction_Review-g298302-d1652102-Reviews-or20-George_Town-Penang.html

Urry, J. (2007). *Mobilities*. Cambridge: Polity.［吉原直樹訳（2015）『モビリティーズ――移動の社会学』作品社］

山口裕美（2010）『観光アート』光文社新書

吉川浩（2011）「観光地の立地店舗における『ミュージアム化現象』の要因――『尾道傾斜地域』における古民家利用による複合店舗形成のメカニズム」『観光研究』22（2）：33-42.

吉澤弥生（2011）『芸術は社会を変えるか？――文化生産の社会学からの接近』青弓社

萌芽論文

スポーツ自転車によって顕在化する空間
──大阪府南河内郡を事例に

The Embodied Space by Sportive Bike Activity:
A Case of Minami-kawachi District, Osaka Prefecture

新田　康博

大阪府立大学　経済学研究科　博士後期課程

Yasuhiro NITTA

Graduate school of Economics, Osaka Prefecture University

キーワード：レジャーの空間、ツーリズム・モビリティーズ、スポーツ自転車、日常・非日常

Keywords : Spaces for leisure, Tourism mobilities, Sportive bikes, Ordinary and extraordinary

I.　はじめに
II.　研究の枠組み
III.　研究対象と事例地域
　1.　アクティビティとしてのヒルクライム
　2.　大阪府南河内郡の位置
IV.　スポーツ自転車によって顕在化する空間
　1.　走行経路からみた空間の特性
　　(1)　属性および走行経路
　　(2)　走行空間の特性
　2.　身体的かつ感覚的に経験される空間
　　(1)　自動車・路線バス
　　(2)　スポーツ自転車（ヒルクライム）
V.　おわりに

要約：

　都市近郊の中山間地域における自転車アクティビティ（とりわけヒルクライム）を取り上げ、既存の場所がその意識的な働きかけによっていかに捉えられているかという問いに答えつつ、モビリティ（移動性）の身体的な経験や空間性について考察する。人と自転車の組み合わせによって生み出されるサイクリングの経験は、物質的な景観のみならず、その時どきの身体の状態とともに場所の印象が構成され、身体的な動きと場所を通した感覚的な経験により、場所に関する具体的な地理感覚が認識されている。身体が経験する異なる感覚によって呼び起される場所という視点は、空間・場所・景観を研究し、解釈する方法を考えるうえで重要な意味を持つ。静的に「存在する」だけでなく、積極的に参加するなかで様ざまに変化し、様ざまな経験により内在的に構成されるものなのである。

Abstract:

　Using the framework of 'tourism mobilities,' this article analyzes the spatial feature of cycling as a sport (especially, hill-climbing). It also consciously pays attention to a change of 'physical state' as well as 'place.' Through this analysis, I answer the following: It is an embodied, multi-sensuous experience and different modes of transport produce different embodied geographies and affective experiences of places. Such understandings have important implications for the ways in which we research and interpret space, place, and landscape. Spaces for cycling can be considered what it offers inwardly from an embodied and active participation.

I. はじめに

　中山間地域においては自転車を生活の足として利用する頻度は高くないと思われるが、近年になってヒルクライム（自転車による登坂）を楽しむ人を見かけるようになった。自動車による移動が道路空間の日常となるなか、色鮮やかなサイクルジャージと高機能なスポーツ自転車は、既存の空間イメージに新たな差し色となって目に留まるとともに、今や一つの風景として認知されるほどに定着しつつある。

　自転車は身近な移動手段として通勤・通学等に利用されるほか、サイクリングをはじめとするレジャー活動や競技スポーツの対象でもある。「自転車で移動する」という行為は同じでも、その場所や状態が異なれば、日常的な空間も非日常のものとして経験される。この日常・非日常性は景観とも密接に関わっていて、ファッションやモノと結びつきながら時代感覚を反映したアクティビティによって「まちの魅力を再発見する」実践が各地で見られる[1]。

　ヒルクライムを目的としたスポーツ・アクティビティは、「移動する」アクティビティであり、重力に逆らって上るため身体の負荷が大きく、機材の軽量化をはじめとする技術的な要件も加わる。既往研究では、「移動する」アクティビティを積極的に取り上げてこなかった。場所を構成するものの理解については静的な視点から捉えられる傾向にあるが、場所への積極的な参加を可能にする移動の形態（ここではスポーツ自転車）によって、人びとが空間を認識する方法は様ざまに変化するはずである。本稿では、都市近郊の中山間地域における自転車アクティビティ（とりわけヒルクライム）を取り上げ、既存の場所（暗黙のうちに了解している空間利用）が、その意識的な働きかけによっていかに捉えられているのかという問いに答えつつ、スポーツ自転車によって身体的に取り組まれ、知覚され、経験される空間性を明らかにすることを目的とする。

II. 研究の枠組み

　「移動する」とは、単に「目的地まで到達するためのもの」ではない。モビリティーズ（移動性）研究が提起する視点は、これまで等閑視されてきた移動について問い直し、それが輸送や到着にとどまらず身体的かつ感覚的な経験を有しており、その形態が場所に関する具体的な地理感覚や感情的経験をもたらすという点にある（Urry, 2007 吉原・伊藤訳 2015）。

　とりわけツーリズム・モビリティーズ研究（Sheller & Urry, 2004）のアプローチは、観光のパフォーマンスに注目し（Urry & Larsen, 2011 加太訳 2014）、その身体性や物質性に光をあててきた。例えば、列車や自動車による移動中の身体や視覚に注目することで、身体的には「肘掛椅子」に座り、視覚的には車窓から「ムービング・ランドスケープ」を鑑賞するものとして、その経験を映画のメタファーを用いて論じたものがある（Larsen, 2001）。また、遺産観光のバスツアーを例に、通過したり立ち寄ったりしながら視覚や言説によって接続・切断されるリズムの重要性を指摘し、バスツアーのリズミカルな性質には身体性や物質性の絡み合いが含まれることを実証したものもある（Edensor & Hollaway, 2008）。さらに、個人旅行者の視点から「オートモビリティーズ」（Featherstone, 2004）の概念に注目し、パーソナルな交通手段が旅の本質的な特徴となり、公共交通とは対照的にオルタナティブな感覚経験を享受していることを明らかにしたものもある（Butler & Hannam, 2012）。多くの個人旅行者にとって自律的な旅（程）は、訪れた目的地以上に重要なものと考えられているのである。これらの研究はいずれも、移動がそれ自体の意味内容で点Aと点Bによって説明され、「ライン」が調査されないままである（Cresswell, 2006）という問題意識とひびき合うものと言えよう。

　このように旅行は何らかの移動を伴うものだが、いずれもさまざまな輸送手段の使用を前提としている。自転車のモビリティーズについては、都市の道路空間において支配的な自動車に対して、自転車通勤（Jones, 2005）や自転車便（Fincham, 2006）の経験が検討されてきた。一方、ツール・ド・フランスの山岳ルートでトレーニングを行うアマチュアのサイクリストを対象とした調査（Spinney, 2006）では、レースの伝説的なエピソード[2]への関心ではなく、実践を通して得られる身体的な経験に関心を向け、運動感覚的（kinaethetic）に訴える経験を通して構成される空間性を読み解こうとしている。観光のコンテクストにおいては、長距離自転車ツアーの参加者の経験から（自動車への抵抗ではなく）場所とモビリティの新たな概念「vélomobilities」（Pesses, 2010）の提示を試みるものや、より一般的な観光旅行者によるサイクリングの経験を異なる都市間で比較した研究（Larsen, 2014; Larsen, 2017 遠藤訳 2017）等が展開されている。いずれも自動車を意識しつつ、より身体化された多感覚な経験を伴うものとして自転車に注目してい

るのである。

　オートモビリティーズの議論を踏まえつつ、異なる輸送モードの比較において自転車に注目する意味を整理すれば、公共交通機関による移動との違いは、自ら「運転する身体」としての主体性・自律性を持つ点にある。徒歩による移動（例えば、Lorimer, 2011）との違いは、機材を身体化し、機材に身体化される「運転者－自転車（自動車）」という集合体のハイブリッド性を有するという点に見出すことができる。また、自動車の運転は、ハンドルとアクセル・ブレーキペダルの組み合わせ操作といった最小限の身体的資源を必要とするのみで、エンジンとガソリンのテクノロジーによって速く、長距離の移動が可能となる。一方、自転車は肉体的な資源に大きく依存するため、トレーニングされた身体とメンテナンスの効いた高機能な自転車の組み合わせにより、長く、遠くまで移動することができる。ゆえに、自動車では経験できない多感覚な実践ということができ、その経験によって顕在化する空間性の指摘が期待できるのである。

　最後に方法論として、Sheller & Urry (2006) が示唆するように、ますます移動する社会においては、社会生活の根本的かつ有用な説明を提供するために、モビリティの空間を探索する新しい方法を見つける必要がある。先に挙げたSpinney (2006) やLarsen (2014; 2017 遠藤訳 2017) は、（目に見える物質とは異なり、位置づけることが難しい）身体的に取り組まれ、知覚される経験について、インタビューや自らの実践を書き留めた手記などによる描写から考察している。具体的な経験を通して構成される空間性に迫るうえで、エスノグラフィックな分析方法が有効なものとなっているのである。

　本稿で事例とする都市近郊の中山間地域（大阪府南河内郡）は、ツール・ド・フランスの山岳ルートのように「聖地化」した場所でもなく、都市空間でもない。そのような表象なしに、ヒルクライムによる意識的な働きかけによって既存の空間利用と異なるアクティビティの空間が顕在化しつつある場所であり、この点において既往研究が対象としてきた空間との違いを見出すことができる。

III. 研究対象と事例地域

1. アクティビティとしてのヒルクライム

　ヒルクライムとは「主に自転車競技で、山道や丘陵の上り坂を走る速さを競うレース」（広辞苑第6版）で、重力に逆らって上るため、筋力よりも軽量であることが有利とされ、機材の軽量化も重要となる。また、平地のレー

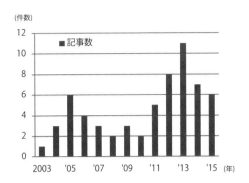

図1　新聞におけるヒルクライム関連記事の推移
　　　──見出しに「ヒルクライム」
（朝日新聞記事データベースより筆者作成）

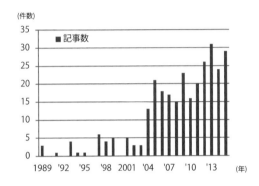

図2　新聞におけるヒルクライム関連記事の推移
　　　──本文に「ヒルクライム」
（朝日新聞記事データベースより筆者作成）

スでは集団走行となることが多いのに対し、上り坂では実力に応じてタイム差が大きくつく。ヒルクライムは他車との接触の危険性が少なく、競技のみならずマイペースで走るレジャー・アクティビティとして注目されているのである。

　サイクル・ツーリズムの場として認知されている地域は既にいくつも存在する。また、今日の東京マラソンをはじめとするランニング・ブームほどではないにせよ、サイクルイベントは山間部を中心に多く開催されるようになっており、登坂を目的としたヒルクライム・イベントはマスメディアでも取り上げられる機会が増えている。朝日新聞記事データベースによると、見出しに「ヒルクライム」の表示があるものは63件[3]で、内訳は図1のとおりであった。見出しに登場するのは2003年からで、2010年に入ると一般的な認知を得ていくことが読み取れる。また、2010年までの記事は、富士ヒルクライム（山梨県）、大台ヶ原（奈良県）についての内容であるのに対し、2010年以降は、那須岳（栃木県）、赤城

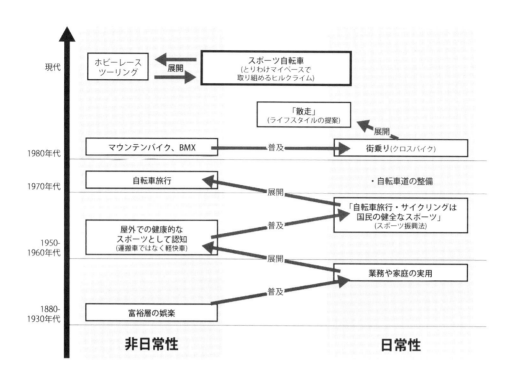

図3　自転車アクティビティの研究対象領域
（筆者作成）

山・榛名山（群馬県）、浅間山（長野県）、立山（富山県）、菰野（三重県）、比叡山（滋賀県）、若草山（奈良県）、養父ハチ高原（兵庫県）、石鎚山（愛媛県）など、各地への広がりが見られる。一方、本文に「ヒルクライム」の表示があるものは318件[4]で（図2）、1989年に栃木県において世界選手権コースを使用したタイムトライアルのイベント案内記事があることから用語自体は決して新しいものではない。こちらも2004年からイベント案内記事を中心に数字が伸びている。

このように関心の高まりを見せるヒルクライムだが、それは（モノとしての）自転車製造技術の進展と、その時どきの社会的状況による利用形態に密接に関わっている（図3）。欧州から日本に持ち込まれた自転車（1880年代）は、まず富裕層の娯楽として受け入れられ、その普及が本格化すると業務や家庭の実用に供されるようになる。1950年代には自転車が屋外での健康的なスポーツとして認知され、運搬車ではなく軽快車、スポーツ自転車の普及が進み、自転車旅行やサイクリングへと展開していく。1970年代には各地で自転車道の整備が進められるようになり、1980年代には山間部を走るマウンテンバイク、BMXへと展開し、その走行性能を街乗りに取り入れるかたちでクロスバイクの普及を見るようになった。近年は、「散走」やスポーツ自転車（とりわけマイペースで取り組めるヒルクライム）へと展開しており、地域おこしと結びついたレースイベント（非日常性）と日常的なレジャーの間で空間利用が進んでいる。神田（2009）によれば、レジャーをめぐる関心は主に時間や活動の側面から探求されており、空間という視点からアプローチする際、レジャーの持つ特徴としての非日常性、とりわけ（観光と異なり）レジャー一般を考えた場合、生活空間も対象となることから「場所」に加えて「状態」を変えることによる非日常性に着目する必要があると指摘している。炭素繊維などの軽量フレームや、よりスムーズな変速を実現するギアなどのコンポーネンツの技術（とコストパフォーマンス）、これに加えて情報技術、レジャースタイルの変化など、さまざまな要因が組み合わさることで、全国的に知られたエリアのみならず都市近郊の中山間地域もアクティビティに適した空間の対象となるのである。このように、場所に加えて状態を変えることによる非日常性というレジャー・アクティビティの特徴に着目し、日常性と非日常性のあいだで展開されるスポーツ自転車の空間を研究対象に据えることとする。

2. 大阪府南河内郡の位置

　事例地域として大阪府南河内郡を取り上げる。関西では大台ヶ原（奈良県）をはじめヒルクライムのイベント開催地として知られた地域がある。しかしながら、本稿ではレジャーの持つ特徴としての日常性に注目するため、都市近郊であることを選定条件とした。

　大阪府南河内郡は、大阪市内（天王寺）から車で約30～45分（25～30km）の距離にあって、後述する金剛山は健康登山（回数登山）の山として知られており、朝の出勤前や夕方の退勤後に登山することも可能な立地となっている。また、大阪府における最高峰は大和葛城山（959.2m）だが、これが属する金剛山地（北に二上山、東に大和葛城山、南に金剛山）の主峰である金剛山（1,125m）は、大阪府側からのアクセスが良く、研究目的を達成するうえで適当と判断した。

　金剛山は、奈良県御所市と大阪府南河内郡千早赤阪村との境界に位置し、ロープウェイで山上まで結ばれているため気軽にアクセスできるほか、山頂付近まで林道が整備されており、奥河内観光のひとつとして位置づけられている。ロープウェイへのアクセスは、河内長野駅、富田林駅からそれぞれ路線バスが接続しており、いずれもロープウェイ前の停留所が終点となる。隣接して大阪府営金剛登山道駐車場があり、金剛登山の起点となっている。近年は、登山者に加え、自転車による登坂（ヒルクライム）を楽しむ人が増えている[5]ことから、本稿では当エリアを基点として調査を進めることとした。まず、聞き取り調査[6]によって属性・走行経路等を把握し、次いでエスノグラフィーの手法を用いて、自動車・路線バスによる移動経験と比較しつつ、スポーツ自転車によって身体的に取り組まれ、知覚され、経験される空間性について分析を行った。

IV. スポーツ自転車によって顕在化する空間

1. 走行経路からみた空間の特性
(1) 属性および走行経路

　聞き取り調査によって取得したデータの集計結果を以下に示す。まず、性別は9割が男性である。年齢は30～40歳代が50％を占め、50歳代が20％、20歳代が15％と続く。単独、グループ走行の別でみると、単独での走行者は65％を占め、複数の場合は2～4名による走行であった。また、女性の単独走行は1件のみで、ほとんどは複数人による走行である。装備については、9割がサイクルジャージにレーサーパンツ（ともにスパンデックス繊維）、ヘルメット、グローブ、アイウェア、ビンディングペダル対応シューズ等、フル装備であった。残り1割は、マウンテンバイクによる走行、ないしバックパックを身につけたカジュアルな走行であった。また、自転車は高価格帯のロードレーサー（自転車の重量は10kgを切る）がほとんどであるほか、パーク＆ライドでマウンテンバイクを楽しむ人は2件のみ確認された。走行目的については「健康維持を目的としたトレーニング」との回答が80％で、その他は「近日開催されるレースイベント出場に向けた調整」、「金剛山の登坂が主たる目的」などであった。走行頻度は、「毎週末」が60％を占め、「週2～3回程度」を合わせると75％にのぼる。自転車歴は、「10年程度」が35％、「5年程度」が40％、「1～2年」が25％であり、経験豊富な者のみならず、ここ数年で始めた者が一定数存在している。

　属性は多様であることを前提としつつ、各指標で顕著なものから浮かび上がる形態として、30～40歳代のアマチュア・サイクリストによる健康維持を意識した活動が挙げられる。例えば、平日勤務からのリフレッシュを目的として、また、家族サービスにも時間の確保に努めつつ、午前中を当該活動に充てるなど時間を区切りながら取り組んでいる。また、モノ（スポーツ自転車）に少しばかり高価な投資を行いつつ、自分の時間をスポーツに充てている。活動の状態についても、自転車によるヒルクライムといったやや負荷の大きい運動により、健康的な身体の維持・強化に取り組んでいるのである。

　聞き取り調査によって得られた走行経路は図4に示すとおりである。南河内サイクルライン（八尾河内長野自転車道線）で大和川から石川沿い、もしくは東から南河内グリーンロード（広域農道）を経由して森屋交差点（千早赤阪村役場前）から府道705号線、あるいは河内長野駅から観心寺へ出るルートがある。ここから金剛山ロープウェイのほかに、水越峠を越えて奈良県御所市（国道309号）あるいは金剛トンネルから奈良県五條市（国道310号）へ抜ける道路があるが、いずれもトンネルがあるため手前での折り返しとなる。

　このルートはサイクリストのあいだで「金剛山ロープウェイ」ルートと呼ばれ、起点は森屋交差点、終点を金剛山ロープウェイ前とし、主にヒルクライムを目的としたルートとして認知されている。大阪府道705号（富田林五條線）は金剛山ロープウェイ前で行き止まりとなっており、サイクリスト達はここで休息をとり、折り返しのダウンヒルへと向かう。なお、当該ルート自体は新しいものではなく、大阪府立金剛登山道駐車場管理事務所

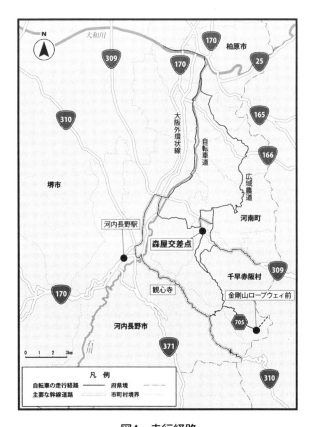

図4　走行経路
（聞き取りにより筆者作成）

に、自転車もまた、既存の空間利用に対して意識的に働きかけることによって、そのアクティビティに適した空間として読み替えられていると捉えることができる。ここでは、走行空間の共通点と相違点、ならびに活動（登山と自転車）による空間利用の比較といった視点から、走行空間の特性について検討する。

聞き取り調査において挙げられる頻度の高かった自転車道、広域農道、「金剛山ロープウェイ」ルートは、いずれも信号機が少ない点で共通している。河川敷に展開する自転車道は言うまでもないが、「金剛山ロープウェイ」ルートを成す千早赤阪村内の信号機は6基のみで、これらは全て村の北部、河南町との境界部に設置されている。信号機の少なさは、ヒルクライム・タイムトライアルを実施する上で魅力的であることはもちろん、停車と発進を繰り返すストレス[7]を回避する上でも重要なポイントとなっている。また、路面のコンディションが良く、車の通行量が多くない点も共通している。一方、相違点としては起伏が挙げられ、自転車道、広域農道、「金剛山ロープウェイ」ルートでそれぞれ大きく異なる特徴を示している。自転車道は、大和川から石川にかけて河川敷に沿って整備されているため、おおむね平坦な路面

が続いている。それに対して広域農道は、地域の名産であるブドウ畑が広がるエリアであって、アップダウンの大きな点が特徴である。「金剛山ロープウェイ」ルートは、ヒルクライムのタイムトライアルに利用されることもあり、ゴール地点の休憩所まで緩斜面が続く。この10.2kmに渡る登坂距離（標高差540m）が確保できるルートは多くなく、また信号待ちで立ち止まることなく走行できることがポイントとなっている。

自転車道や広域農道は、大阪市内方面から「金剛山ロープウェイ」ルートという目的地に向かう上で利用されている側面があり、いわゆるバイパス道として機能している。ヒルクライムのトレーニングを兼ねたサイクリストであれば、自転車道よりも広域農道を好むとの意見が確認された。路面コンディションの良さと交通量の少ない環境が確保されていれば、起伏のある（本来は自転車走行のために供された道路ではない）空間が好んで選ばれることを示している。

スポーツ自転車によるヒルクライムのアクティビティは、坂に対象を向けることでその場所が新たに意味づけられている。サイクリストたちは、アクティビティに適した空間をスキャニングしながら、それが固有名詞の「金剛山ロープウェイ」ルートとして特定の「場所」となっている。先に見たとおり、森屋交差点はヒルクライム・タイムトライアルの起点となっているが、その場所は旧街道（千早街道・富田林街道）の結節点でもある。新しい道路も通じ、建て替えの進んでいる所も見られるため、往時を偲ぶ景観を見ることは難しいものの、千早街道に集まってくる山間部の物産が富田林街道を経て流通していくかつての分岐点は、スポーツ自転車によるヒルクライム・タイムトライアルの起点として読み替えられ、現代的なアクティビティによる創造の場[8]が展開されているのである。

次に、活動空間の視点から、登山とスポーツ自転車の特徴を比較する。登山者は、登山口まで「移動」したうえで活動を行う。登山口には大阪府立金剛登山道駐車場があり、路線バスの停留所（終点）がある。それぞれの移動手段で当該登山口までアクセスしたうえ、登山というアクティビティがスタートする。従って、駅などで登山者と思わしき装備の人を見かけることがあるが、登山という活動自体は自らも同じ環境に身を置かない限り、その（人による活動の）景観を見ることはない。一方、スポーツ自転車は、「移動」それ自体も含めてアクティビティとなっていて、活動範囲が広い点が特徴と言える。登山者にとっての（登山口に至る）移動空間は、自転車

にとっての活動空間となっていて、自転車にとってのゴール地点（登山口）から登山者の活動は始まるのである。聞き取り調査に応じてくれた者のなかには、共通の趣味を持つ家族の一人とともにヒルクライムを楽しんだ後、再び自動車で折り返し、先ほどとは異なる家族の一人とともに登山する事例が確認された。稀なケースではあるが、同じ空間にあってもアクティビティによって異なる経験がなされることを示す好例である。

また、公共性の極めて高い道路空間で展開されるため、別目的で当該空間を共有する者にとっても、スポーツ自転車による光景が目に留まりやすい（利用空間の「ぶつかる場所」がある[9]）。このような場所がいわゆる「自転車の人が多い」という印象につながっていて、自転車による現象が一定のボリュームで前景化してくると、その場所におけるコンフリクトも見られる（図5）。「金剛山ロープウェイ」ルートには、同様の道路標示が集落の入口を中心に4箇所設置されており、いずれも比較的新しい時期のものである。自動車交通のための路面に自転車に向けた具体的な注意喚起がなされるのは、（地域住民あるいは他の目的で利用する者からの）何らかの指摘・要望がない限り行われないものであろう。一方、擦り切れた従来の表示はいずれも「速度落せ」、「カーブ注意」といった自動車に対する注意喚起である。

図5　道路標示「自転車スピード落せ」
（府道705号水分地区にて筆者撮影）

2. 身体的かつ感覚的に経験される空間

人と自転車の組み合わせによって生み出されるサイクリングの経験が、特定の場所の性格や意味をどのように構成しているのか。聞き取り調査によって得たコメントに加え、エスノグラフィーの手法を用いた自らの実践[10]により、自動車、路線バスによる経験との比較を通してその特徴を分析する。対象地域は、ヒルクライム・タイムトライアルの経路として位置づけられている「金剛山ロープウェイ」ルートである。

(1) 自動車・路線バス

まず、自動車の経験について記述する。起点となる交差点「森屋」を右折して旧道に入ると、信号のない片側一車線の道路が終点「金剛山ロープウェイ前」まで約10km続く。路肩に余裕のない旧道と整備された広域農道を継いで、それぞれの分岐点で標識を確認しつつ上っていく。

「森屋交差点を抜けると交通量が減った」、「路線バスの後ろに付いてしまった、……後ろの車にプレッシャーを感じる」、「対向車に注意してセンターラインを外れないように」（フィールドノートより）

ワインディングロードで思うほど見通せず、対向車の有無に気を配りながらコーナリングに注意を払う。前を走行する（低速に感じる）バス、追い立てるような後続車に多少のストレスを感じつつ、前方、サイド、バックミラーに視線をこまめに動かす。交通量は多くない。歩行者を見かけるのは千早地区のバス停「金剛登山口」と「金剛山ロープウェイ前」のみである。時おりサイクリストを見かけ、追い越すために慎重に徐行する。

「山の緑、……無人駐車場、……鱒釣り場や登山口は賑わう雰囲気がある」、「ラジオから流れていた楽曲、……同乗者の話」（フィールドノートより）

視覚的にはフロントガラス越しの「ムービング・ランドスケープ」であり、近景は車のスピードとともに流れていき、見通しの良い場所に出ると遠景に山並みが感じられる。身体的には運転席に座って、ハンドルとペダルワークが最小限必要なだけで、路面やカーブで「揺れ」を感じる程度である。他の感覚としては、運転に神経を使っているものの空調は安定していて、ラジオを聴くことも同乗者との会話も可能だ。

一方、路線バスは自ら運転する必要がなく、その感覚を他に向ける余地がある。

> 「登山スタイルの人のにぎやかな会話、……停留所を知らせる車内アナウンス」、「サイドウィンドウからの眺めは、近すぎて流れてしまう」、「復路で眠ってしまった」（フィールドノートより）

視覚的には、見晴らしで評判の高原等と異なり、一般的なワインディングロードにおけるサイドウィンドウからの眺めは、景色が近すぎるためか流れてしまい、よく捉えられない。大きな窓と、運転する必要がない環境にあっても自動車とさほど変わらない。身体的には、サスペンションによる「揺れ」が自動車と比べて大きく、復路では眠気に誘われている人を複数見かけた。他の感覚としては、停留所を告げる車内アナウンス[11]と乗客の会話が聞こえる点が、プライベートな空間の自動車とパブリックな空間の路線バスとの違いでもある。なお、自動車・路線バスともに所要時間は約20分。往路・復路とも感覚的に大きな違いは見られない。

(2) スポーツ自転車（ヒルクライム）

自転車での所要時間は、個人差があるものの30分弱から1時間程度（下りのダウンヒルは自動車での所要時間に迫る）である。起点となる森屋交差点は、サイクリストにとって特別な場所となる。自動車をはじめ他の空間利用者には一般的な交差点の一つとして認識されるものであっても、そこがヒルクライム・タイムトライアルのスタート地点として位置づけられている。

> 「森屋の交差点には気を引き締めて入る」、「10kmの緩斜面が続くコース」、「交通量が減って登りに集中できる」、「自転車道よりも路面状態が良い」（聞き取りより）
> 「少し開放的になって、静かになって、吸い込む空気が楽になった」（フィールドノートより）

スタートラインが引かれているわけではないが、ここからタイムトライアルのストップウォッチが押されるという切り替えの意識が働く。当該交差点は河南町から千早赤阪村への玄関口にあたり、人通りはもちろん交通量も少なくなる。斜面地でY字路の交差点は、二段階右折を要するため自動車に注意しつつ、かつ上りのため勢いをつけて旧道側に入っていく必要がある。また、交差点を抜けると排気ガスの生温かい空気が和らぐ。空気の変化を感じることができる点もまた自転車の特徴である。

> 「渓流沿いを走る爽快感」、「木に囲まれていて気持ちいい」（聞き取りより）
> 「地面が近い、空も広い」、「少しきつくなった、……少しフラットになった」、「暗くなって（木陰に入って）涼しくなった」（フィールドノートより）

視覚的には、いわゆる窓枠がなく視界が広い。自動車や路線バスでは感じられなかった小さな勾配の変化が、直にペダルの負荷に反映される。側道に沿って走るため、グレーチングやマンホールに注意を払う。接地面積が小さく細いタイヤを履くロードバイクは、路面の凹凸に影響を受けやすい。物理的な景観は変わらないが、景色がゆっくり流れる。徒歩ほどではないにせよ、いわゆる「スローな輸送モード」による「ムービング・ランドスケープ」である。自動車では気づかなかった（河川の）水の気配、風になびく樹木、湧水の取水場や自動販売機が目に留まるなど、（上りのため）5〜10km/hほどの速度と視界の広さが、周辺の環境に目を向ける余地を広げる。ルートに展開する景観要素としては、流れる景色のなかで得られる感覚がほとんどであり、個別具体的な景観を評価するコメントは得られない。むしろ、照り返しの強い道路面にあっても木陰に入ると涼しさが感じられるなど、視覚のみならず他の感覚が加わって得られる経験がある。

> 「ギア選択とケイデンスに気を配って、……勾配の緩い序盤は突っ込み過ぎず、……緩急をつけて（ペダルを）回す」、「この辺りのギアは52×23Tで」、「アップダウン区間の変化にうまく対応できるかがポイント」、「軽めのギアで80rpmのケイデンスを保つ」（聞き取りより）

身体的には、「人－自転車」という集合体のハイブリッド性（機材を身体化し、機材に身体化される）が強調される。ギア選択は、自転車の装備に個人差があるものの、例えば「52×23Tで走る場所」など、経験に基づいた空間認識がなされている点に特徴がある。熟練者の多くはサイクルコンピューターを装備しており、○km地点の△％の勾配をどのような状態で走るか、といった視点でそれぞれの場所について説明する。また、コンピューターで設定した一定のテンポ（ケイデンス）で登っていく。

> 「無駄に脚を削られないように（こまめに）ギアチェンジ」、「下りはフロントをアウターに入れて、一定の負荷をキー

プ」、「じわじわ脚が削られる」、「ペダリングフォームが崩れてくる」、「一段重いギアを同じケイデンスで回す（負荷がかかる）」、「腰を入れて、体重を乗せて」、「斜度が上がるところはシッティングで、緩むところはダンシングで」、「ペダルを踏む感覚……、脚が削られていく」（聞き取りより）

肉体的な資源に大きく依存している点が強調される。疲労による身体の乱れを自制しつつ、それぞれの目標タイムに対して、人と自転車の組み合わせによる身体能力の最大化が、このアクティビティの特徴として表れている。

「勾配が強くなるのは、広域農道に入る分岐点辺りから（2.0km地点）」、「旧道との合流点から7〜8%の勾配が金剛登山口の手前まで続く（3.5km地点から7.5km付近）」、「（新千早隧道の）トンネルとの分岐点（7.0km地点）」、「金剛登山口から1kmほど勾配が緩む、……ラップを確認する、……残り10分あまり」、「終盤は鱒釣り場付近から7〜8%の勾配がゴールまで」、「ロープウェイ前バス停からはラストスパート」（聞き取りより）

前述の脚にかかる負荷の程度とともに、経験に基づく感覚が場所と結びつきつつ語られる。目立ったランドマークがなくても、分岐点や合流点、橋、勾配の変化が特徴的な場所を走行ラップ確認地点とするなど、既存の空間にそのアクティビティならではの意味を持たせている。サイクリストの語りからは、どの地点をどのように漕ぐか、周到に考えながらコース攻略に向けた戦略を立てている様子がうかがえる。ここで注目されるのは、体力を消耗していく身体との対話に加えて、身体の状態に合わせて機材を適切に選択しながら、自らのパフォーマンスを最大化させようとする点である。ギア選択やケイデンス管理に用いられるサイクルコンピューター、GPS等が、拡張された身体という状態の魅力を象徴している。自転車による登坂という肉体的に負担のかかる行為を、自らの身体との対話を通して、また、継続することが難しい「リズム」を、機材を自在に操りながら維持していくことで、走行タイム（自己ベスト）という計量的な成果として実感しているのである。このような経験を通して深い達成感を獲得していると見ることができよう。

「視線が下がる、息が上がる、脚がジワジワ熱を持ってくる（2.0km地点）」、「（アップダウン区間に入って）爽快に走る、……木々の緑、風が気持ちいい」、「（旧道との合流3.5km地点から）一向に上り坂が終わらない……、自転車がフラつく、背後から迫る自動車の音」、「歩いたほうが楽に感じられるほど、……記憶にある光景はアスファルトの路面」（フィールドノートより）

一方、同一空間における同一アクティビティにあっても、（一般的な自転車利用者である）調査者と熟練したサイクリストの経験は同じものではなく、印象の違いが認められる。勾配が強くなってくると、自動車・路線バスでは難なく過ぎ去った場所が、長く、なかなか通過できないと思わせる場所になる。登りきると少しだけアップダウン区間になって先ほどの苦しさが一転、下りはペダルを回さずとも爽快に走るようになる。風を感じて、周囲の景観に目を向ける余裕も生まれる。また長い上りに入ると、脚が重く、視線は下がり、音は自らの荒い呼吸だけになる。そのような場所では、確かに自動車・路線バスと同じルートを走っているが、具体的な景観がどのようであったか視覚的に思い出せない。

ここまでの視覚的・身体的な経験から分かるように、自転車による経験は他の感覚が加わって得られる経験（いわゆる感覚経験）があり、その組み合わせによる印象が際立っている。

「セミの鳴き声、空気を切る音、……自分の呼吸が荒くなっていく音」、「誰もいないような、でも見られているような感じ」、「背後から迫る車の気配と、必死にペダルを踏む自分を対比しつつ、それでも道路幅の広がった地点で側道に寄って先に行くよう促すと、返答のクラクションとともに優しい速度で追い越していった、……少し和んだ」、「（再び旧道に入ると）一段と涼しい空気になった、……高度が上がっているためだろう」、「登りきって到着したときの達成感！」、「休憩所での他のサイクリストと言葉を交わす」、「折り返しのダウンヒルは格別で、風を切る音に包まれる」（フィールドノートより）

視覚のみならず他の感覚も連動しながら多感覚な経験が開かれていく。対向車や背後から追い越す自動車の音（気配）にも意識的になる。このような輸送モードの「切り替え」による、日常とは異なる感覚を享受している点が魅力の一つとなっている。

聞き取りによれば、緩斜面が続く当該ルートを好む者のみならず、苦手としつつも仲間とともに走っている者も確認された。それぞれが場所に持つ印象は異なり、ま

たその時どきの実践によっても異なるだろう。場所の性格や意味は、「脚の筋肉や心肺」の経験、季節や気候によっても異なる「肌に触れる空気」の経験、他のサイクリストや自動車との「偶発的でその場かぎり」の経験、そして特に自動車による移動との違いを認識する「自転車ハイブリッド」の経験などが複合的に組み合わさった感覚経験により、場所に関する印象（地理感覚）が構成されているのである。

V. おわりに

事例として取り上げた大阪府南河内郡は、都市近郊にあって府内最高峰を擁する中山間地域としての特徴を持ち、当地で見られる自転車アクティビティの実態把握から以下のことが明らかとなった。

まず、属性および走行経路から「レジャーの日常性」が確認された。週末にヒルクライムのトレーニングを兼ねた自転車アクティビティが展開されており、半日圏の都市近郊にある中山間地域が選択されている。また、場所という点では既に走った経験があり、自宅から出発して目的地へ至り、再び折り返す「ルーティン」である。もちろんその活動は当地に限らず、地方で開催されるレースイベントや観光地においても展開され、場所を変えることによる非日常を経験している。走行空間の特徴としては、自転車道はもちろん、本来は自転車走行のために供されたものではない空間（広域農道など）が、そのアクティビティに適した空間として読まれ、新たな活動空間として創出されている。

次に、人と自転車の組み合わせによって生み出されるサイクリングの経験が、特定の場所の性格や意味をどのように構成しているのかについては、脚にかかる負荷の程度とともに、経験に基づく感覚が場所と結びつきつつ語られることが明らかとなった。物理的な景色ではなく、その時どきの身体の状態とともに場所の印象が構成される。単に自転車から見るのではなく、身体的な動きと場所を通した感覚的な経験により、場所に関する具体的な地理感覚が認識されているのである。

スポーツ自転車を楽しむ者たちは、自転車の構造、地理的空間認識の向上といったテクノロジーを巧みに使いこなしつつ、自らの身体能力を最大化させる取り組みに関心を持っている。このようなアクティビティは、中山間地域という農村的な空間を享受しつつも、極めて現代的かつ都市的な「移動の遊び」と言えるだろう。既往研究が言及してきた「非日常空間における『快適で安全な』日常性」という指摘以上に、この点が強調されてよい。身体が経験する異なる感覚によって呼び起される場所という視点は、われわれが空間、場所、景観を研究し、解釈する方法を考えるうえで重要な意味を持つ。静的に「存在する」だけではなく、積極的に参加するなかで様ざまに変化し、様ざまな経験により内在的に構成されているのである。言い換えるなら、見えている景色は固定化されたものではなく、「サイクリスト－自転車」の数だけ経験され、様ざまに変化しながら多様な差異を伴って風景になっていくのである。

付記

本稿は大阪府立大学経済学研究科に提出した2016年度修士論文に加筆修正したものであり、その一部は2017年度観光学術学会第6回大会（於神戸山手大学、7月2日）において発表した。

注

1) 例えば「OVE散走」がある。OVEとは㈱シマノが展開する活動および店舗名で、散走を「何かを見たり、食べに行ったり、探したりすることを、自転車「で」行うアクティビティ、あるいはライフスタイル」（LIFE CREATION SPACE OVE, 2014）と定義している。
2) 自転車ロードレースの最高峰ツール・ド・フランスで最高難度の山岳ステージの舞台として知られる「モン・ヴァントゥ（Mont Ventoux）」は、幾多の伝説に彩られている。著名なレーサーがレース中に死亡したことから、「死の山」「魔の山」と形容され、そのレーサーの記念碑が建つ山頂は自転車ファンの聖地となっている。
3) うち2件はアーティスト名のため除外している。
4) うち29件は自動車レースやアーティスト名のため除外している。
5) 千早赤阪村役場への聞き取りによる。なお、この動向に呼応するような自転車レジャー振興等の取り組みは調査時点において行われていない。
6) 走行中のサイクリストへの聞き取りは困難なため、上りから下りへの折り返し地点にて調査票に基づき実施した。期間は2016年9〜10月の週末3日間で、得られたサンプルデータは29件である。

7) 自転車専用シューズは、足を固定する機構を備えたビンディングペダルを使うことが前提となっており、靴底に固定用具を取り付けることで、いわゆる「引き足」でもペダルを回せるようになり、効率よく漕ぐことができる一方、停車と発進時の着脱が伴う。

8) 情報技術の進展によって、インターネットに代表される情報発信は双方向性を持っているが、自転車アクティビティについても、ウェブ上で走行経路が紹介されたり、サイト管理者によって設定されたルートの走行レコードを互いに書き込むことで獲得標高や走行距離・時間のランキングが行われたりするケースが見られる。聞き取り調査においても特定のウェブサイトを挙げる回答が複数確認されており、一定の認知と影響力を持っていることがわかる。一方で、公開されない場所も存在する。舗装された公道を対象とするロードバイクではなく、マウンテンバイクのアクティビティにその様相が見られる。山道を対象とするマウンテンバイクは、（競技会などの特設会場である場合を除いて）ウェブ上においても走行の様子を撮影した画像はあるものの、その所在地等は明示されない。これはマウンテンバイクを楽しむ人の共通認識となっていて、そのコミュニティに深く入り込むことでしか知り得ない情報という特徴を持っている。

9) 具体的には、広域農道の出口にあたる河南町白木南交差点（ここに位置するコンビニエンスストアはサイクリストにとって便利な休憩場所となっている）、自転車道と国道309号の共用橋となっている富田林市の川西大橋（国道を横切るために自転車が信号待ちをする）、自転車道の起点に隣接する柏原市役所前の安堂交差点などである。

10) 調査は2017年8月に実施した。実践には（ハイスペックではないものの）完成車として量販されたロードバイクを使用し、走行後に自らの経験をフィールドノートに書き留めた。なお、自動車・路線バスについても同様の手法によった。

11) 停留所は、（始発：富田林駅前〜森屋までは省略）森屋・千早赤阪役場前・赤阪中学校前・村民運動場前・東阪・千早小学校前・上東阪・岩井谷・千早大橋・金剛登山口・鱒釣り場前・千早ロープウェイ前（金剛山ロープウェイ前）である。車内アナウンスには山間部の走行に特徴的な「これよりバスが左右に揺れますのでご注意ください」というものがあった。

参照文献

朝日新聞社（1985-2015）「朝日新聞記事データベース 聞蔵Ⅱビジュアル」最終閲覧日2016年5月10日, http://database.asahi.com/index.shtml

Borden, I. (2001). *Skatebording, Space and the City: Architecture and the Body (1st Edition)*, London: Bloomsbury.［斎藤雅子・中川美穂・矢部恒彦訳（2006）『スケートボーディング、空間、都市――建築と身体』新曜社］

Butler, G., & Hannam, K. (2012). Independent tourist's automobilities in Norway. *Journal of Tourism and Cultural Change*. 10(4): 285-300.

Cresswell, T. (2006). *On the move*. Oxford, London: Routledge.

Edensor, T., & Hollaway, J. (2008). Rhythmanalysing the coach tour: the Ring of Kerry, Ireland. *Transactions of the Institute of British Geographer*. 33(4): 483-501.

Featherstone, M. (2004). Automobilities: An Introduction. *Theory, Culture & Society*. 21(4-5): 1-24.

Featherstone, M., Thrift, N., & Urry, J. (Eds.). (2005). *Automobilities*. London: Sage.［近森高明訳（2010）『自動車と移動の社会学――オートモビリティーズ』法政大学出版局］

Fincham, B. (2006). Bicycle messengers and the road to freedom. *Sociological Review*. 54: 208-222.

Jones, P. (2005). Performing the city: a body and a bicycle take on Birmingham, UK. *Social & Cultural Geography*. 6: 813-830.

神田孝治（2009）「レジャーの空間について考える」神田孝治編『レジャーの空間――諸相とアプローチ』(pp. 3-16) ナカニシヤ出版

Larsen, J. (2001). Tourism Mobilities and the Travel Glance: Experiences of Being on the Move. *Scandinavian Journal of Hospitality and Tourism*. 1(2): 80-98.

―――― (2014). (Auto)ethnography and cycling. *International Journal of Social Research Methodology*. 17(1): 59-71.

―――― (2017). Leisure, Bicycle Mobilities and Cities. ［遠藤英樹訳（2017）「レジャー、自転車のモビ

リティーズ、都市」『観光学評論』5(1)：49-61.]

LIFE CREATION SPACE OVE(2014)『散走読本——自転車の新しい楽しみ方』木楽舎

Lorimer, H. (2011). Walking: New Forms and Spaces for Studies of Pedestrianism. In Cresswell, T. & Merriman, P. (Eds.), *Geographies of Mobilities: Practices, Spaces, Subjects* (pp. 19-34). Farnham: Ashgate.

Pesses, W. M. (2010). Automobility, vélomobility, American mobility: an exploration of the bicycle tour. *Mobilities*. 5(1): 1-24.

Sheller, M., & Urry, J. (2004). *Tourism Mobilities: Place to Play, Places in Play*. London: Routledge.

——— (2006). The new mobilities paradigm. *Environment and Planning A*. 38: 207-226.

Spinney, J. (2006). A place of sense: a kinaesthetic ethnography of cyclists on Mont Ventoux. *Environment and Planning D: Society and Space*. 24: 709-732.

Urry, J. (2007). *Mobilities*. Cambridge: Polity.［吉原直樹・伊藤嘉高訳（2015）『モビリティーズ——移動の社会学』作品社］

Urry, J., & Larsen, J. (2011). *The Tourist Gaze 3.0*. London: Sage.［加太宏邦訳（2014）『観光のまなざし　増補改訂版』法政大学出版局］

基調講演

Travelling People and Things:
The Creation of Differentiated Mobilities in a World on the Move

旅する人と事物
——世界の中の差異化された移動性は作られつづける

Mike CRANG
Professor, Department of Geography, Durham University
マイク・クラング
ダラム大学　地理学部　教授

Keywords : affective unity, materiality, dwelling, mass travel
キーワード：情動的統一性、物質性、住むこと、マス・トラベル

To say we live in a mobile world is a truism. It is also clear that if we simply say 'everyone and everything' is on the move then we both evacuate the concept of mobility of most of its conceptual specificity, and we occlude the fact that mobility varies in terms of speed, ease and control – the last in the sense of how much is under the choice of travellers and how much they are constrained. To think about this I suggest we need to attend to the materialities of mobility. That is we need to see how movement is enabled and hindered by a physical objects and indeed by digital flows and objects. There is an all too easy tendency to make a hierarchy of digital flows – perhaps exemplified by the global financial trading system or media images via the Internet as 'real time', 24/7 instantaneously abolishing distance. The friction of distance, that old 'law of geography' is overcome to give what Bill Gates once called 'friction free capitalism'. Somewhere behind this comes the speed of motion enabled by jet aeroplanes enabling same day transcontinental travel. We can immediately see two social hierarchies the moment we think of this aeromobility. The first relates to the comfort of this travel. Here the industry appeals to an ideal type of the unencumbered (by dependents or largely by luggage), male able-bodied business traveller (Small, Harris, and Wilson, 2008). For this passenger the focus of the industry is upon their comfort, in an almost infantilising way that they are 'looked after' (Rosler, 1998) – and tended to in a heavily gendered and sexualised form of affective labour (Williams, 2003). One might set this free moving globally ranging figure against the actuality of the mass tourist. Most tourists do not experience the world of destinations at global hub airports but instead the directed flows of chartered flights, or budget airlines, from regional airports to resort airports, where the priority of all is to get as many travellers onto planes as possible and move them with the least cost. The second hierarchy relates more directly to income and speed where a 'kinetic elite' can pay for fast travel regularly, joined by occasional honorary members of the club (which might well include academics), followed by those for whom travel is earth bound. There we might look to the car, train and bus in terms of the differential speeds not only from air travel but amongst different forms of land travel (Crang, 2007). If we push beyond the literature on tourism then we find that most of the stuff on the planet moves by ship – it is too easy to forget then that 'Large scale material flows remain intractable. Acceleration is not absolute: the hydrodynamics of large-capacity hulls and the power output of diesel engines set a limit to the speed of cargo ships not far beyond that of the first quarter of this century… A society of accelerated flows is also in certain key aspects a society of deliberately slow movement' (Sekula, 1995: 51).

This short paper will just try and pick apart a couple of examples to reveal how mobilities are both differentiated and differentiate among people. That is they are both a function of social status but also help enact social status. Slightly against the implication above I will also show that it is not just that digital is fast and moving materials are slow, but rather that all speeds depend upon material things that come to shape them, and that all forms of movment increasingly interact with forms of data and informational realms. For the sake of symmetry the paper will look at two flows of people each of around 220 million persons per year: the movement of the 'floating population' of migrant workers in China, and the mass tourism market of the Mediterranean. In so doing with will ask about how we think about 'dwelling' in a mobile world – what changes with our senses of self and place as the world is on the move. It will look at the assemblage of materials, media and bodies that enables mobility and also comes to define relative subject positions. It will suggest we can see emotional or 'affective unities' grouping travellers together.

Chun Yun Spring Rush: Bodies, Bags and Tickets

My first example is the crowd that marks the Chun Yun or Spring Festival Rush at the Lunar New Year new year in China. There is a great movement of migrant workers from cities of industrial production back to homeland villages that are now marked as sites of leisure and longing, rather than agruicultural labour, with adverts such as "A Belated New Sweater" (迟来的新衣) which features migrant workers motorcycling home to rural areas for a warm Spring Festival celebration. And at the end of the advert the strapline is "China. Let your heart go home." Migrancy here is not about a forgotten over and done with movement from one place to another, but about continuing inbetweenness and thus about mobility in the strongest sense, not in an attenuated philosophical sense but the actual practices of being mobile. Second, we highlight for sure the emergence of a mobile population marked by that very mobility. But this is not a beneficial marking, nor a free floating mobility innocent of status but rather one where the materiality of social reproduction is enacted through, but also constrained by a particular form of mobility. Chinese workers are increasingly produced by mobility, but do not travel in conditions of their own choosing. Third, then we point to the practices of mobility and the sites of travel as very much the crucible forging class identity.

The great movement of bodies of workers from the mighty industrial cities that are the workshops of the globalised world, back to visit their kith and kin in rural heartlands is usually encapsulated in the picture of the massively overcrowded railway station. If, as Bourdieu (1984: 466) suggested, 'one's relationship to the social world and to one's proper place in it is never more clearly expressed than in the space and time one feels entitled to take from others; more precisely, in the space one claims with one's body in physical space,' then nothing expresses the social status of the floating population as clearly as the stations and the hard seat carriages of the spring festival rush. This is a population born of new-found mobility on a massive scale, yet their mobility is disadvantaged, confined, and comes at a high price for their dignity.

Business people can afford the so-called 'soft-sleeper' berths on bullet and express trains, with two or four sharing a lockable compartment, even with TV in luxury classes; middling sorts travel on 'hard' sleepers, that is bunks in open plan carriages, on special express trains or second-class seats on bullet trains; all are set above 'hard seats' on slow trains that are the lot of most rural migrant laborers. The 1,463 mile Beijing to Shanghai route, a common one for migrants, takes just under 5 hours on the bullet train costing ¥1,870 ($297) for a soft seat return, or for a 13 hour trip on the 'fast' service, with a 'soft sleeper' cabin it costs ¥499 ($79), whilst a hard sleeper comes in from ¥306 ($49) up to ¥327 ($52; for the lower bunk). The slow service on that route takes more than 22 hours with a hard seat costing ¥158 ($25). The kinetic elite thus travels in comfort and speed for 12 times the cost of the hard seats on the slow train. Or the 2,153 mile Shanghai to Chendgu

(Sichuan) route, the largest source region for migrants from Western China, the distance can be covered in 15 h in a luxury soft sleeper for ¥2,075 ($329), on a train with no hard seats. The slow train takes 38 hours with hard seats costing ¥281 ($45).

This train type links to the absence of electronic flows too, since there are two main ways of booking tickets on Chinese railways—advance telephone booking with an identity card number and buying tickets in person. Online booking is mostly confined to bullet trains. Telephone booking has problems due to suspicions about fraudulent identity cards. So buying tickets in the station ticket hall or at ticket agencies is still the most prevalent and reliable way, and so to ensure they get one of the limited number of seats, rural migrant workers have to queue at railway stations overnight before the tickets are officially on sale.

And yet to describe the festival travel requires us to look to how people actually inhabit these trains. Beyond the hold ups and queues beyond the station, then further queues within there is the actual inhabitation of the trains. Travellers rush and compete to secure space, and they learn the tactics of inhabiting these spaces standing in passageways and toilets, or precariously perched on hand basins, the backs of seats, or even the luggage rack. These are then close the 'desperate passages' rather than leisurely travel so often imagined in tourism (Martin, 2011). There are advice manuals and products, such as anti-theft trousers/pants to enable the carrying of cash remittances home. But remittances and memories are the only things being carried. The swift bullet trains have prescribed slots for luggage – anticipated in the form of suitcases with rollers. And yet this is not the luggage of these migrants - even if the luggage racks are not being used by people –. who repurpose checked, robust plastic bags – known as snakeskin bags. The relationship of traveller and plastic bag is neatly encapsulated in Wan Jianping's *My Woven Bag*

> the cumbersome bag becomes a sentimental image, a loyal traveling companion:
> I carry a snow-white woven bag on my back
> To leave my hometown and work in the city
> This bulging bag
> Filled with spring blessings from countryside and my dreams
> In this strange city
> It is my stool when I am tired
> My pillow when I am sleepy
> My comfort when I am sick
> I carry a woven bag which is no longer white
> Wading on my working journey
> This bulging bag
> Now has added to it so much joy, sorrow, snow, rain, wind and frost
> In these drifting days
> Hardships are my instant noodles when I am hungry
> Grievance is my tap water when I am thirsty
> Humiliation is my wine to numb my soul
> A new year is coming; I carry a woven bag which is so anxious to go home
> Squeezed myself into a returning train
> This bulging bag
> Filled with happiness without any hint of sorrow
> Thinking of the surprise that my family has always been longing for
> Will overflow from this woven bag
> I wave to the city out of the train window
> While those resentments in former days vanish from my fingers

The bag becomes the holder of not only possessions but emotions. We might see the migrant as a person-bag assemblage. The bag imposes a characteristic gait on the traveller stooping forward to carry it. As the spring festival has become a visible phenomena then bodies bearing bags become faceless; it is not faces but bags that identify them. The affective unity binds material, body and emotion into one of hope yet suffering, discomfort along with an intense mixture of joy and sadness.

The Mediterranean summer rush: beaches, bikinis and bodies.

The flip side of the desire form home by industrial workers in China, is a desire to be elsewhere by post-industrial societies in Europe. If there is a 'global factory' of linked production, then one might see a 'global resort' of stratified destinations: where 'Capitalist production has unified space, which is no longer bounded by external societies. This unification is at the same time an extensive and intensive process of banalization. The accumulation of commodities produced in mass for the abstract space of the market, which had ⋯ destroy the autonomy and quality of places' (Debord 1969/1983: 165). Each of these banalized places is ascribed a niche in the tourist market, where somewhat facetiously MVRDV thus predict a Norway turned from a forest to a super-village, the Alps becoming a park with hotel cities, France changing into a "'Guide du Routard' landscape, in which the agricultural products became the instrument for a gastronomically oriented zone penetrated by hotels and restaurants according to special nostalgic rules," and Tuscany as an "international villa park" where "gigantic private gardens are maintained by the former farmers" (MVRDV, 2000: 57) other places become set up for 'territorialised hedonism' (Löfgren, 1999) with MVRDY suggesting the Iberian coast becomes 'a space that has become the most effective substitute for the time of the breaking-up party, that countryside festival that industrialisation eliminated from the calendar of Europeans" (page 107).

As such the 220 million visitors or so mean that the 'Mediterranean is a major cultural laboratory for the production of bodies, feelings and subjectivities in Western Europe [playing a critical role in] the formation of postmodern consumer sensibilities' (Obrador, Crang & Travlou 2009 -b: 7). A part of this is playing across the North African littoral and the 'Near East' where Orientalists fantasies are restaged and recommercialised. Part of it plays across the notion of collectivity. In mass beach resorts, like Benidorm, density and proximity produce an affective charge. In short crowding together here too has an emotional productivity. Academics may highlight the out the horrors and boredom of actually existing tightly packaged trips, the mutual exploitation of tourist and native' (Inglis, 2000: 5) but that tight packaging and crowding is much of the appeal as Urry (1990) noted for mass tourism. There is then the culture of the beach such as:

> '[t]he carefully curated resorts of the French and Italian Riviera [which] parcel out the beach with the precision of Mondrian painting. [Where] in tiny plots staked out by private clubs and hotels, paying guests recline on color-coded chairs laid out with graph-paper rectilinearity in front of brilliantly painted cabanas. The beach fairly sizzles with the erotic voltage of bare-breasted, bare-buttocked beauties and virile stalwarts, but strict decorum the sensual stew at a steady, socially acceptable simmer'(Lencek & Bosker, 1998: xxiii).

But this beach culture is not always benign, with ambient forms of power and norms Martina Löw unpicks an economy of sly glances at exposed flesh, arguing that 'The price paid for the naked bosom in our cultural context is the body's immobility. Without the stabilizing effect of a bra the entire body is brought into a state of rigidity' (Löw, 2006: 130). Women she argues end up fixed and trapped, desperately avoiding moving that might create attract sexualised attention to their more exposed anatomy. Sun-beds, parasols and bikini bottoms come together to form an assemblage along with heightened emotions.

More broadly then if the great historian Braudel argued for the Mediterranean as 'an ecological unit', and anthropology has seen it as a unified 'cultural region' area, one might argue that in the current era it has a renewed unifying element. It is now less united by rhythms of olive, grain and wine cultivation, shared trade and Roman legacies than the fortnightly pulse of the package tour, the circulation of resort types and the shared culture of sunseeking tourism: the same hotels, the same golf courses, the same marinas, the same low quality foods, the same disputes for sun beds, the same 1.5 litre plastic bottles of still water buried in the sand, the same smell of sun cream (Obrador, Crang& Travlou, 2009 a). Tourists learn how to fit families and selves into standardised hotel rooms, they learn the rituals of beach life, they learn the fine distinctions of clothing and resort types, there are crazes and activities that sweep across the Mediterranean basin (be they novel water sports or that season's favourite music).

Conclusion

There are four points of conclusion to draw from the preceding examples. First, both these examples of travel are Mass tourism that is thin on meaning and ideological narratives and very dense on physicality and sensuality; and yet scholars with an interest in cultures of tourism have chosen overwhelmingly to examine discourses, meaning and ideological structures at the cost of physicality. It is in many ways easier to turn to the poems of migrant labourer literature than the actual ways of being in transit.

Second, both these examples are about a social formation born out of shared experiences of and relationships to mobility. There is the production of shared feelings and relationships – which is not to say they are about equality or without exploitation, or antagonisms. In this sense one might start with the unity of emotions rather than the individual figures of the travellers.

Third, the term figure I have used to highlight how much critical analysis of travel has used the ideal type of the individual be they traveller or tourist to look at the experience of mobility. But much work on mass travel focuses of figures – as in the numerical scale of mobility. We surely need a language that can speak to the productivity of 'quantity' into experience without reducing it to ideal types or opposing it to the variation of individuals.

Fourthly, each example ties forms of mobility to relationships with material artefacts and imaginings. After Deleuze and Guattari (1987)who unpick the Mongolian Empire's rise through the coming together of forms of technology round mobility (the humble stirrup), alongside governance, and types of social ordering, might we look at the assemblage of things creating a world in motion. These forms of mobility rely on mutually supporting configurations of bodies, technologies, things, media, imaginaries and places. Rather than seeing mass tourism as exemplifying an abstract rationality capitalising upon social desires, might we see an 'abstract machine' that combines economic, technological, symbolic, emotive and bodily registers to produce and regulate spaces, affects and practices. Material objects are pressed into service to form assemblages for a form of transient dwelling.

References

Bourdieu, P. (1984) *Distinction : A Social Critique of the Judgement of Taste*. London: Routledge.

Crang, M. (2007). Speed= distance/time: chronotopographies of action. In R. Hassan and R. Purser(Eds) *24/7: Time and Temporality in the Network Society* (pp.62-88). Stanford, CA: Stanford University Press.

Debord, G. (1969/1983). *Society of the Spectacle*. Detroit: Black & Red Books.

Deleuze, G., & F. Guattari. (1987). *A Thousand Plateaux*. Minneapolis: University of Minnesota Press.

Inglis, F. (2000). *The Delicious History of the Holiday*. London: Routledge.

Lencek, L., & Bosker, G. (1998). *The Beach: The History of Paradise on Earth*. London: Secker & Warburg.

Löfgren, O. (1999). *On Holiday: a history of vacationing*. Berkeley, CA: University of California Press.

Löw, M. (2006). The Social Construction of Space and Gender. *European Journal of Women's Studies* 13 (2):119-33.

Martin, C. (2011). Desperate passage: violent mobilities and the politics of discomfort. *Journal of Transport Geography* 19 (5):1046-1052.

MVRDV. (2000). *Costa Iberica*. Barcelona: Actar.

Obrador, P., Crang, M. & Travlou, P. (2009a). Corrupted Seas: the Mediterranean in the Age of Mass Mobility. In P. Obrador, M. Crang & P. Travlou (Eds) *Cultures of Mass Tourism: Doing the Mediterranean in the Age of Banal Mobilities*, (pp. 157-74). Farnham: Ashgate.

———. (2009b). Taking Mediterranean Tourists Seriously. In P. Obrador, M. Crang & P. Travlou (Eds) *Cultures of Mass Tourism: Doing the Mediterranean in the Age of Banal Mobilities*, (pp. 1-20). Farnham: Ashgate.

Rosler, M. (1998). *In the Place of the Public: Observations of a Frequent Flyer*. Frankfurt: Cantz.

Sekula, A. (1995). *Fish Story*. Dusseldorf: Richter Verlag.

Small, J., Harris, C., & Wilson. E. (2008). A critical discourse analysis of in-flight magazine advertisements: The "Social Sorting" of Airline Travellers?. *Journal of Tourism and Cultural Change*. 6 (1):17-38.

Urry, J. (1990). *The Tourist Gaze: Leisure and Travel in Contemporary Societies*. London: Sage.

Williams, C. (2003). Sky Service: The Demands of Emotional Labour in the Airline Industry. *Gender, Work and Organization*. 10 (5):513-50.

特集論文

スマートなるものと確率化される現実社会
――人と物のデジタル的管理への批判的視角のために

Smart Devices and Bio-Political Governmentality

森　正人

三重大学　人文学部　准教授

Masato MORI

Associate Professor, Faculty of Humanities, Law and Social Sciences, Mie University

キーワード：スマートなるもの、セキュリティ、市民性、アルゴリズム、統治性、ビッグ・データ

Keywords : smart devices and technologies, security, citizenship, algorithms, governmentality, big data

I.　「スマートなるもの」の氾濫
II.　日本における「スマート」な余暇の展開
　1.　事例1――ポケモンGO
　2.　事例2――スマート・ゲート
　3.　事例3――スマート・シティ
III.　スマートなるものの物質文化―リズムと空間
　1.　ポケモンGOと移動
2.　生体認証とセキュリティ
3.　スマート・シティとビッグ・データ
IV.　計算される社会
　1.　時間・空間のコード化とアルゴリズム
　2.　ジオポリティクスからバイオポリティクスへ――ビッグ・データ、セキュリティ、シチズンシップ
V.　おわりに――ポスト人間中心主義的な行為能力

要約:

　本稿は、日本における「スマートなるもの」の流通が、人間の行為を物質化しプログラム化すること、それによって特定の空間性と時間性が形成されること、さらにそれがそこに存在しうる人としえない人を作り出していく可能性があることを検討する。「スマートなるもの」の例としては、ポケモンGO、スマート・ゲート、スマート・シティを取り上げた。これらの分析により、「スマートなるもの」はデジタル技術によって「非人間」的に人間の動きを作り出すことを指摘した。特定の空間をコードでプログラムすることで、時間性と空間性が作られる。このコード／空間は、現実の空間が仮想的に管理されることを意味し、アルゴリズムが自動的かつ自律的にビッグ・データを解析するのである。ビッグ・データは日常の様々な場面で「スマートなるもの」をとおして集積される。アルゴリズムはリスクを確率化しながら、セキュリティの観点からそこに存在すべき人間を決定する。とりわけ生体データによる統治は生政治的な社会の統治が、デジタル的になされていること、すなわち、人間の身体がデジタル化されながら、その生身の身体が統治されていることを意味する。

Abstract:

　Current world has witnessed the diffusion and circulation of buzzwords, global slogans and global ideas about "smartness" and its technologies. People's mobility and temporality of daily life being reshaped by systems and infrastructure that capture, process and act on real-time data through the use of smart technologies. City-scale Internet of Things infrastructures that the smart devices and technologies rely on, and their associated networks of sensors, meters, transponders, actuators and algorithms, are used to measure, monitor and regulate the mobility of people in city space and the polymorphic temporal rhythms of urban life. This paper is driven by an attempt to map out how smart devices' technologies have reconfigured the production of space, spatiality and mobility, as well as temporality, and how urban space is governed, in contemporary Japan, particularly focusing upon social, spatial and temporal effects given by Pokémon GO, smart borders and smart cities. Drawing on the three smart technologies and devices, the paper proposes three central themes of the politics of "smartness". First, it is described that they control and regulate users' mobility and temporality: it guides users to particular place at particular time with particular rhythm. Also the technology enables some firms to capture the users' move through accumulation of personal GPS data: the mobility and temporality are calculated through the accumulation of big data collected through usage of the individual devices. Finally smart devices and technology employ the exercise of biopower such that the bodies of migrants and travellers themselves become sites of multiple encoded boundaries to increase security levels in multiple scales of space. The smart devices such as Pokémon GO, smart borders and smart city, automatically and autonomously profile the big data to identify "citizens" who can be in the space and "non-citizens" who can not. Through this paper I argue that the smart technologies and devices which are ubiquitous in Japan are pivotal to the governmentality of the society

>　法務省といたしましては、諸外国の実施状況、これも参考にしながら、観光立国の推進、そして二〇二〇年のオリンピック・パラリンピックの東京大会の開催に向けまして、日本人の出国、帰国の審査へのこの顔認証技術の実用、導入につきまして速やかに検討を進めてまいる所存でございます。
>　　上川陽子法務大臣（2014年11月18日第１８７回国会　法務委員会にて）

I.「スマートなるもの」の氾濫

　ドイツ語に語源を持つ「smart」という語が近年、スマート・フォン、スマート・キーというように日本社会の多くの場面で用いられている。現代のsmartは知性の意味から派生し、コンピューター化され、情報化されている様を指す。コンピューターによって自動的に判断され、自律的に機能していることをスマートという言葉で表しているのである。なお、smartが知性を意味するのは北アメリカの英語である。

　このスマートを冠したスマート・ツーリズムという語もまた現れる（Gretzel, Sigala, Xiang & Koo, 2015）。単にインターネットを活用したE-tourismと呼ばれる範疇を超え、スマート・ツーリズムはデータの作成、処理、交換によって推進される観光の様態を指す。このツーリズムでは、「スマート」なICT（Information and Communication Technology：情報通信技術）が旅行者とサービス提供者の両方に適切な情報を流通させ、よりよい意志決定を可能にするとともに、より快適なモビリティとより楽しめる観光の経験を旅行者に提供する。ICTはまた旅行者のニーズをデータとして蓄積し、それに基づいて必要とされる情報を算出し、その一覧を作成し、さらにこれからの旅行者にそれを提供することで旅行者数の増加にも寄与するという。スマート・ツーリズムにおけるICTとは社会的インフラストラクチャーなのであり、それによってリアルタイムのニーズとそれの分析を人びとに提示することでスマートな意志決定を促すものでもある。

　このようにデジタル技術を採用し、正確かつ迅速で、さらに自動的に作動するものが「スマート」と呼ばれる。そしてこのデジタル技術によって生産される地理、それを通しての地理、そしてそれの地理に関する研究はデジタル論的転回digital turnと総称される（Ash, Kitchin & Leszczynski, 2018）。

　この「スマートなるもの」は日本にも偏在している。しかしこのスマートなるものがつねに賞賛の対象であるわけではない。たとえばスマート・シティを批判的に分析する政治・経済地理学者のアルベルト・ヴァノロは、スマート・シティという語がスマート（知性）とそうでない物とを分けるほかに、次の三つの問題を含んでいると指摘する（Vanolo, 2014a）。このことは都市に限らず「スマート」という概念そのものに対する批判でもあるために、ここで取り上げておきたい。

　第一にスマート・シティは都市間の格差を増幅させるという問題がある。スマート・シティの建設は民間企業によって行われ、それは基本的に利益を上げるためのビジネスである。このことは都市のインフラストラクチャーが民間企業によって提供されることを意味する。それによってスマート・シティと利益を上げられないと判断され投資されない他の都市との間に都市インフラの大きな格差を生み出すことになる。

　第二にスマート・シティは、人びとの間の格差を増幅させる点が挙げられる。つまりスマート・シティは新しいテクノロジーを使いこなすことのできる教育を受けた中間層の世界観や野望を反映しているのである。たとえば「インフォーマルシティ」と呼ばれる都市空間に居住する貧しい人たちのための空間はそこには存在しない[1]。

　第三にスマート・シティはテクノロジーによる問題解決を強調する一方、それは社会問題の根本的な解決にはならないということがある。たとえば、スマート・シティを賞賛する語り口では、都市のエコシステムの複雑さが、後に見るようにモニター化され管理されるデータの束に還元される。そのため都市問題はテクノロジーの問題とされ、社会的・政治的課題とはみなされないのである。しかもその問題を解決するのは民間企業によるテクノロジーのおかげだとされる。こうして都市は均質な空間とされ、そこでの問題は技術発展に向かう都市の単線的な

深化の道筋に単純に位置づけられるのである。

　本稿は、日本において近年普及してきたICTを用いるスマートな機器とテクノロジーが、ヴァノロの指摘する「スマート」の第三の問題、すなわち社会のデータ化による管理をどのように行っているのかを考える。デジタル技術による社会の管理を検討することは、第一に筆者がこれまで行ってきた人と事物との複雑な関係性に注目するポスト人間中心主義や物質性の議論の延長にある（森, 2009; 森, 2012）。つまり、人間が作り上げたプログラミングや人工知能といったデジタル技術は単なる受動的な客体ではなく、人間の社会を人間とともに作り出す行為能力を持っているのである。第二に、筆者は資本による都市の監視および国民の選別について検討してきたが、デジタルによる「スマートな」社会の管理はこの二つの交点を見せている。すなわち、日常生活のあらゆる場面においてデジタル技術を用いたセキュリティ管理を行うことで、そこに住まうことのできる人間を規定する、すなわち市民性citizenshipの選別を行うことで空間を統治するのである。第三に、このデジタル技術を用いた社会の管理は生体認証を採用しており、都市の統治のための生政治（Foucault, 2004 高桑訳 2007）の技法を示している。それゆえスマートな機器を通したデジタル技術が日本においてどのように人間に影響を及ぼしているのかを検討することは意義のあることだと考える。

　本稿は娯楽や旅行に関わりを持つ事例を紹介しながら、英語圏地理学の議論をもとにしてそれらを考えることを目的とする。というのも、生体認証とセキュリティや監視（Amoore, 2013; Amoore & de Goede, 2005）やスマート・シティにおける都市のコード化の問題（Hollands, 2008; Hollands, 2015; Marvin, Luque-Ayala & McFarlane, 2016; Kitchin, 2014; Thrift, 2014; Vanolo, 2014a; Vanolo, 2014b）などは、先に述べたようにポスト人間中心主義やセキュリティの生政治の文脈で2000年代に入ってから活発に議論されてきたのだが、日本の地理学や観光学においても十分に紹介されていないからである[2]。日本の3つの事例を通して、まずは日本の観光空間で、あるいは都市空間でどのようなことが、人間とデジタルとの間で生じつつあるのか、それによって都市がどのように統治されているのかを確認したいと考える。

　本稿が取り上げるのは、ポケモンGO、スマート・ゲート、スマート・シティである。2016年に発売されたポケモンGOは娯楽のゲームであり、余暇時間を構成する。これについてはすでに監視社会との関わりを検討したが（森, 2018）、本稿では「スマート」な他の機器や制度と比較することで、デジタルの力を明らかにすることができると考える。スマート・ゲートは空港での入国管理やテーマパークおよびコンサート会場での入場口において採用されている。このゲートは虹彩や指紋、静脈といった生体認証を行う。スマート・シティはオフィスという生産領域と家庭という再生産の両方でデジタル技術による管理を行う。それは日常生活そのものがセキュリティや監視に巻き込まれていることを意味する。

　上記を達成するために本稿は質的分析を行う。筆者は2017年2月27日に、千葉県柏市の柏の葉スマート・シティにて、開発業者である三井不動産に聞き取りを行った。聞き取りでの情報のほか、既往の刊行物やウェブ・サイトにおける言説の分析をしたい。

　以下では、まずこの3つの事例を概説し、その上でこの3つそれぞれを用いることで特定の空間性と物質性が確認できることを指摘する。そのうえでこうした空間性と物質性がどのようにデジタル技術と関わっているのか、人間の管理を行っているのかを考える。

II. 日本における「スマート」な余暇の展開

1. 事例1——ポケモンGO

　2016年7月に発売されたポケモンGOは、アメリカ合衆国のナイアンティック社が開発した、GPS機能と拡張現実（AR）を組み合わせた位置情報ゲームである。開発プロジェクト立ち上げから株式会社ポケモン、任天堂株式会社などがパートナーとして参加した。このゲームやアニメで人気の「ポケットモンスター」（通称ポケモン）を題材とするもので、初めてのスマート・フォン向けのゲームで、プレイヤーは現実世界に潜む野生のポケモンを捕獲し、育成・対戦などを楽しむ。

　ポケモンを捕獲するポケモンGOは位置情報ゲームの一つである[3]。「トレーナー」と呼ばれる使用者は自らの所在地の周辺にいるポケモンを発見すると、モンスターボールを投げつけて捕獲する。モンスターボールは「ポケストップ」と呼ばれる場所で入手しなければならない。しかも、こうして捕獲したポケモンを一定度育成すると、「ジム」という場所で戦闘することができる。このジムも地図上に位置情報で示される。またARモード機能を使うことで現実世界にポケモンを表示させることができ、その現実の風景に移ったポケモンをSNSで投稿することも出来る。

　ポケモンGOは位置情報ゲームであるためGPS機能、地

図アプリケーション、地図検索サービスを必要とする。そのためにスマート・フォンに「サーチアプリ」や「レーダーツール」と呼ばれるポケモンやアイテムの所在地と自らの場所とを確認するアプリをダウンロードする。それによって地図やGPS機能を利用したりすることで、自分の位置とアイテムやモンスターの位置を確認させるのである。

モンスターを捕獲するポケストップやジムは、民間企業との「コラボ」で特定の店舗にも設定されている。日本では、2017年現在、ジョイフル、セブンイレブン、伊藤園（自販機）、タリーズコーヒー、イオングループ、ソフトバンク（Yモバイル）、TOHOシネマズ、マクドナルド、アメリカ合衆国ではスターバックスも提携することでポケモン・ストップやジムになっている。2017年のゴールデンウィーク期間限定で、日本マクドナルドは店舗のポケストップで、ルアーモジュールが使用できるキャンペーンを催した。

鳥取砂丘の例はポケモンGOのこの特性が観光活動にも応用できることを示している。ポケモンGOの発売前、ポケモンGOの開発元であるNiantic, Inc.の別の位置情報ゲーム「Ingress」の拠点「ポータル」が鳥取砂丘に多量に設定されていた。このポータルが後発のゲームであるポケモンGOのポケストップに引き継がれている。このことに気付いた鳥取県が鳥取砂丘を「スナ（砂）ホ・ゲーム解放区」というゲーム解放区に指定し、多くのポケモンGOユーザーが鳥取県を訪れることとなった。

また、2017年11月から「レイドバトル」が始まった。これはジムに出現する「レイドボスポケモン」と戦い、勝利を収めると貴重な道具が手に入るというものである。レイドバトルに登場するポケモンは決まっておらず、卵から孵化するまでに2時間、孵化してから45分で消滅する。卵が出現するとポケモンのゲーム画面において、ジムの上に巨大な卵の画像が示される。あるいはユーザーは「通知」機能を設定しておくことで、近隣で開始されるレイドバトルを自動的に知ることもできる。このレイドバトルに参加するためには「レイドパス」が必要であり、入手するためはジム内のポケストップで1日1枚のみ無料で入手するか、あるいはポケモンGOショップ内で購入する。レイドパスを使用し参加すると、最大20名のグループに入り、自らの所有するポケモン6匹を選出し、グループでボスポケモンを倒すものである。

ポケモンGOは空間を移動しながら自ら所有するポケモンを戦わせてレベルを上げるゲームである。この空間移動はたとえばポケモンGOのホームページに「相棒と一緒に旅をしよう！」とあるように、「旅」に喩えられる。

2. 事例2――スマート・ゲート

2017年10月18日より、羽田空港の出入国審査手続きで顔認証技術を使った自動の「顔認証ゲート」が導入された。法務省によれば2018年度からは成田、関西、中部、福岡の各空港でも、日本人出入国手続きに使用される予定である。これはパスポート読み取り機でICチップを読み取ると同時に顔写真を撮影し、読み出した画像とカメラで撮影した画像を照合するものである。こうしたデジタル技術を用いた生体認証などによって素早く、確実に入国管理や入定管理を行う様態をここでは「スマート・ゲート」と呼ぶ。

日本の入国管理は4つの「S」を実現することを目指してきた。すなわちsmart便利、smooth円滑、strict厳格、security安全である。そのために顔認証に先駆けて2007年に導入されたのが指紋照合システムであった（君塚, 2007）。さらに2016年6月には成田空港で、保安検査の際に通るセキュリティーゲートでの顔認証システムの実験も実施された。セキュリティ技術の高度化を推進する国際航空運送協会（IATA）が実施したこの実験は、NECの開発したウォークスルー顔認証システムと、自動改札機などを製造する日本信号が開発したゲート内蔵型爆発物探知システムを組み合わせたものである。ここを通過するときは立ち止まる必要がない。

なぜなら、事前登録された顔写真をもとにカメラが顔認証し、同時にIDカードを読み取り部にかざすと、高速の気流が流れて手に付着した微粒子を採取し爆発物の有無を探知するからである。これにより担当者は「なりすましの防止に有効で、20～30秒かかっていた検査が2～3秒で可能となる」と話している（『毎日新聞』2016年6月16日）。

法務省は2014年4月に成田空港と羽田空港で5つの事業者（サクサ株式会社、グローリー株式会社、日本電気株式会社、株式会社東芝、パナソニックシステムネットワークス株式会社）を選定し、顔認証システム導入の実験を行っている（顔認証技術評価委員会, 2017）。この中からから法務省はパナソニックの開発した顔認証システムを羽田空港に導入した（図1）。これは正式にはパナソニックの社内分社のコネクティッドソリューションズ社の開発したもので、「抵抗感なく間違わない・迷わない『簡単で安心・安全な顔認証ゲートソリューション』」（パナソニック, 2017：傍点は引用者）と、使用が容易であること、法務省が目指してきた4つの「S」に適うもの

図1 羽田空港に導入された顔認証ゲート
（パナソニック, 2017）

であることが強調されている。

実験に参加した5つの事業者の一つ、日本電気株式会社（NEC）は顔認証システムの技術で高水準を維持してきた。この会社が開発してきた顔認証システム「NeoFace」は世界の多くの国で出入国管理やID管理に採用されている。2010年に実施された米国国立標準技術研究所主催の技術評価コンテストでは世界最高精度を獲得しているだけでなく、2017年には動画の認証でも一位を獲得している。こうした評価を受けて、2016年6月、NECの顔認証システムは、米国を代表する大規模空港であるジョン・F・ケネディ国際空港の入国審査のために採用されている。

空港を離れても、日本においてたとえば大阪のユニバーサルスタジオのゲートにこのシステムが、2007年に導入されている。しかも顔情報による生体認証システムを集客施設のゲートシステムに採用するのは国内初の事例であった。先に記したように2007年に出入国管理に導入された指紋照合システムが採用されたが、このシステムはNECのものであった。

ジョン・F・ケネディ国際空港での顔認証システム採用を知らせるNECのホームページには次のように記してある。

> 米国では、セキュリティの向上とスムーズな入国審査の実現を目的として、国土安全保障省 税関・国境取締局（CBP）が全米の国際空港における出入国管理を強化しており、本プロジェクトはその活動の一環です。
> NECは社会ソリューション事業に注力しており、中でも海外の成長戦略の柱として「セーフティ事業」を強化しています。今後も先進技術の開発や実証を進め、安全・安心で豊かな社会の実現に貢献していきます。（日本電気株式会社, 2016）

3. 事例3──スマート・シティ

2010年ごろからスマート・シティという言葉が日本で使われるようになった。これはそもそもヨーロッパで展開してきた環境に配慮した都市開発の様態であり、これを積極的に日本に導入しようとしたのは経済産業省である。

経済産業省は2010年4月に二酸化炭素の排出量削減やエネルギーの効率利用をはかる「スマートコミュニティ事業」を神奈川県横浜市、愛知県豊田市、京都府（けいはんな学研都市）、福岡県北九州市において展開した。また、2011年には政府が「環境未来都市」構想を発表し、環境や高齢化対応などの課題に対応しつつ、持続可能な経済社会システムを持った都市・地域づくりを目指している。こうしたコンセプトによって作られる都市が「スマート・シティ」と呼ばれ始めるのは2011年ごろである。

当初のスマートコミュニティ事業は、環境対策や効率性、利便性、快適さをテーマとしていた。しかし、2011年の東日本大震災を経て、環境型だけでなく、自然災害に強い都市、あるいは傷ついた都市の回復が「レジリエンス」なる言葉とともに強調され、そのためにデジタルな都市インフラの管理が重視されるようになる（岡村, 2011）。実際、柏の葉スマート・シティでの聞き取りにおいても、2011年の震災に際して都市機能の確保、とりわけ電力供給が困難であったことが反省点であり、非常時の「スマート」な電力融通がその後の都市開発で活かされていることを強調していた。

スマート・シティは都市のインフラストラクチャーをデジタルで管理する。すなわち、道路や水道、電力網といった既存の社会的インフラストラクチャーとデジタルの「スマート」な技術が結び付き、社会的インフラストラクチャーそれ自体が判断力と問題解決力を持つ。それによって、たとえ交通渋滞を道路自体が予測し交通管理を行うことも可能になるのである。

経済産業省のスマート・シティのモデルを見れば、「EMS（Energy Management System）」が都市に複数存在していることが分かる（経済産業省, 2013）。ビルのエネルギー管理をするBEMS、家庭のエネルギー管理をするHEMSなどを「グリッド」と呼ばれる一定の領域で管理するのがCEMS（Cluster/Community Energy Management System）であり、さらにこのCEMSの中心がコントロールセンターである。コントロールセンターはエネルギーだけでなく、交通システム（高速道路、路面電車、電気バス、電気自動車）の移動性もデジタル技術を通して管理する（図2）。

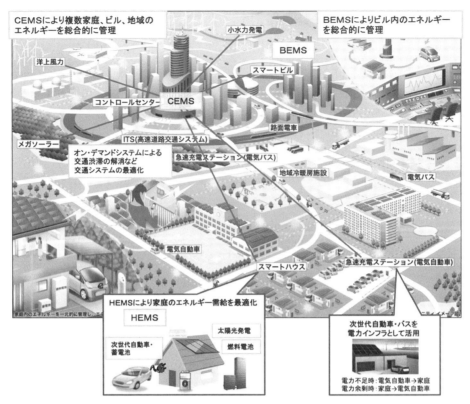

図2　経済産業省の示すスマート・シティの理念図
(経済産業省, 2013)

　2000年代はじめからヨーロッパを中心に温室効果ガス対策としてスマートな電力利用が行われており、現在のスマート・シティの萌芽を見ることができる。しかしスマート・シティが世界的なビジネスとして見なされるのは2008年にアメリカ合衆国のIBMが「スマータープラネット」を提唱したことに端を発する。経済産業省のスマートコミュニティ事業実証地域に選ばれた京都府は2014年より京都スマートシティエキスポを毎年開催し、そこでは日本に先駆けて取り組まれてきた世界各国の事例が紹介されている。こうした系譜に日本のスマート・シティ・プロジェクトを位置づけられるだろう。京都府は2016年にスマート・シティ事業で先端を走るスペインのバルセロナ市と経済協力に関する覚書を交わした。

　こうした経済産業省主導の、いわば官製のスマート・シティばかりでなく、2011年5月にパナソニックが二酸化炭素排出量を7割削減した千戸規模の住宅を「スマートタウン」として横浜市に建設することを発表している。また同年の7月から三井不動産は千葉県柏市で工事が進む国内最大級のスマート・シティーの中心区画の建設を開始し、2014年に完成させた。すなわち2011年は日本におけるスマート・シティの記念碑的な年であると言える。

　柏の葉スマートシティは約2万4千平方メートルのこの中心区画を持つ。ゲートスクエアと呼ばれる区画にはホテルや住宅、ホール、商業施設、オフィス棟が建設され、投資額は170億円にのぼった。エネルギー需給を一元管理して住民がいつでも確認できるようにし、節電を促すシステムを導入した。地熱や太陽熱などの未利用エネルギーも使うエコタウンをめざしている。このエネルギー一元管理のネットワーク（AEMS: Area Energy Management System）は、株式会社日建設計と日立製作所が開発した。当初は二酸化炭素削減や自然エネルギーの活用を掲げていたが、東日本大震災発生を受けて災害時のエネルギーの適正利用やBCP(Business Continuity Plan)やLCP(Life Continuity Plan)をスマート・シティに欠かせない要素と強く認識された（日立製作所, 2015）。こうして作られた「柏の葉AEMS」はオフィスビルや商業施設、住居などから収集した情報をもとにして、電力や水やガスなどの供給をこのエリア全体で可視化すると同時に、適正な供給と運用を促す。

　この都市が「スマート」であるのは、未来のテクノロジーや「知性」が生み出される場所であることを強調し

図3　柏の葉スマート・シティのKOILの様子
（2017年2月27日　筆者撮影）

ているからでもある。ゲートスクエアのなかには東京大学や千葉大学などが超高齢化や次世代交通、エネルギーに関する社会実験の研究拠点を設けている。またベンチャー企業を支援したり、ラボでの実験を促進したりするための柏の葉オープンイノベーションラボ（KOIL）もある（図3）。

すでに述べたとおり、スマート・シティは当初、日本では環境型都市として立案されたものであり、よりICTによる管理の側面を強調するものへと2011年頃から変化した。デジタル技術を積極的に用いるスマート・シティは自らの技術の未来性を前面に押し出している。

スマート・シティを謳う柏の葉スマート・シティのウェブ・サイトには、この都市の「あゆみ」が「世界の未来像につながっている」とある（三井不動産, 2017）。この街の基本的なコンセプトとして、環境、健康、新産業の創造であり、とりわけ未来像という言葉はこの都市が最先端の形であることを主張する。

そもそも三井不動産は「いい街には、物語がある」「暮らすひと、働くひと、訪ねるひと、すべてのひとに物語をつくろう」というコンセプトのもとに、特定の物語を基にして住宅地や都市開発を行っている。広告は女優の蒼井優を起用し、柏の葉スマート・シティのほか、日本橋、湾岸（東京オリンピックに合わせた未来都市）と都市開発の物語を提示している。

柏の葉スマート・シティのテレビコマーシャルでは女優の蒼井優が妹役として登場し、柏の葉スマート・シティに引っ越した姉を訪ねる。姉と一緒に市民農園で野菜を収穫し、話したこともない隣人たちと笑顔で挨拶したり、収穫した野菜を隣人にあげたりする。蒼井優は何度も「エステかなんか行った？」と問いかる。もう一つのビジネス編はこのスマート・シティのゲートスクウェアの中で働く姉を訪ねるものである。スマート・シティのラボでは様々な創造的な仕事が行われている様子が映し出される。「みんな何かを始めている」とナレーションが入り、姉は妹に「あなたも始めていいのよ」「何でも」と話しかける。それに対して妹はやはり「エステかなんか行った？」と問いかけ、「姉がキレイになった」とサブタイトルが入る。畑は環境都市、近所の人への野菜のお裾分けは「スマート・コミュニティ」、ラボでの実験やプレゼンテーションは先端性を示している。蒼井が何度も尋ねる「エステか何かに行った？」は姉の美的な変化を含意する。むろん、美しくなったわけであるが、それは外見の変化ではなく、自分らしさの実現、最先端の技術と自然の豊かさの「近さ」による内面の変化である。

III. スマートなるものの物質文化――リズムと空間

1. ポケモンGOと移動

ポケモンGOは都市のなかに隠れるモンスターを捕獲し戦わせるゲームであるが、現実の世界にモンスターが存在するわけではもちろんなく、あくまでスマート・フォンのアプリが日常生活のなかにモンスターがいる風景を作り出す。つまり、都市の視覚的な見え方をこのスマート・フォンとアプリが変化させるのである。しかしまた、現実世界との連動性を強調することで、仮想と現実との区分をぼやけさせもしている。このように実在する風景をコンピューターによって仮想的な視覚情報を重ねて表示し、現実世界を「拡張」する技術を拡張現実（Augmented Reality：AR）と呼ぶ。

2017年に発表された第三世代のポケモンGO『ポケットモンスター ルビー・サファイア』では、現実の天気とポケモンGOが連動し、天候によって現れるポケモンの種類や使える技やその効果が異なるとされる。またゲーム中のバトルの様子も現実の天候と同じとなる。開発チームは「皆さんの身の回りの現実の世界とデジタルの世界がつながることは、私たちが目標にしている『現実世界でポケモンを捕まえる』ということに一歩近づくことができるのではないかと感じています。現実の天気の変化とあわせて、トレーナーの皆さんの普段のゲーム体験がより豊かになってほしいと願い、この機能を開発しました」（Pokémon GO チーム, 2017）と、現実と仮想とを連動させる目的で開発していることを記している。

ポケモンGOは仮想の世界をスマホやアプリといった

装置がこの社会に特定の時間、特定の空間に作り出す。そしてそれによってユーザーの動きは作られ、あるいは操作される。このユーザーの動きは時間的かつ空間的である。すなわち、ユーザーは特定の契機に特定の場所がポケストップやジムとしてデザインされることで、その場所へと空間的に移動し、ポケストップやジムが解除されると移動も終了する。ポケットストップやジムはポケモンを捕獲する道具を手に入れ、ポケモンを捕獲し、戦わせ、さらにレイドバトルのレイドパスを手に入れるために、必ずその周辺に移動する必要があるからだ。先に挙げた鳥取砂丘の「砂ホ」はこれを自治体が観光振興に利用した例である。また「レイドバトル」では、午前5時から午後8時までという限定された時間帯に、ボスモンスターがユーザー周辺の特定の場所で特定の時間だけ現れる。それに参加するという営為は、ポケモンGOによって人びとの身体が特定の時間、特定の場所の周辺で動かされる、つまり物質化されることを示している。

問題はポケモンGOのポケストップやジムが特定の企業との「コラボ」によって設置されていることである。というのも、これによってポケモンGOのユーザーは特定の店舗周辺に存在し、場合によってはそこで商品を消費する可能性もあるからだ。こうしてポケモンGOは潜在的な消費欲を刺激することに成功するのである。

またポケモンGOは位置情報ソフトであるため、使用者の移動経路はつねに、GPS機能地図アプリケーション、地図検索サービスをとおして地図上に現れる。地図アプリの一つがアメリカ合衆国のテクノロジー企業Googleである。しかも、ポケモンGO開発社によれば利用者が本アプリを利用して、位置情報サービスを使用するゲーム上のアクションを行った際には、使用者の位置情報を収集し保存している。さらにサービス改善及びカスタマイズを行うという理由で、この使用者の位置情報が使用されている。こうして人の移動経路と時間は視覚化され、データ化されるのである。

2. 生体認証とセキュリティ

スマート・ゲートは、人間の生体を物質化する。なぜならここで採用される生体認証（biometric）は、指紋や顔のほか肉眼では見ることのできない静脈、虹彩などといった人間の身体の特徴で個人を認証するものだからである。機械であるがゆえに肉眼では識別できない身体の一部を認証し、それによってその身体そのものが入場するに適するかどうかを判断する。つまり可視的であれ不可視的であれ、「生体」を特定の装置で物質化するのである。しかも指紋、顔、虹彩などは個々人で異なることから、いわば個人データを集積し、それに適合するかどうかこのシステムは認証する。生体認証は時間性と空間性を作り出す。特定のリズムと空間の外壁を物質化するのである。

入国管理であれコンサート会場のゲートであれ、そこを通過する人間の速度は一定であり、入国管理官やゲートキーパーの恣意性の入る余地はない。認証はすべて機械化、自動化され、「シームレス」という言葉の示すとおり途切れることなく人間を一定速度で移動させながら管理するのである。成田空港の出入国ゲートの実験において、事業者各社の機械で認証に要する時間が異なったように、ゲートを通過する身体のリズムと速度は、機械の性能によって左右される。この実験では認証に要する時間は最短で1秒であるという結果が出ている（顔認証技術評価委員会, 2017）。このときこの身体は動かされている、つまり身体の移動性が管理されている。いや、止まることは許されないとも言えるだろうか。

しかも、認証は機械によって作られているために、もし認証に失敗して通過できなくなった場合、機械の故障でなければそれは「客観的」に通過するにふさわしくない人物と同定される。ゲートは非人間的に、機械的に人間を振り分けていく。後述するように、この通過の可否の判断は生体認証によってなされるのだが、それは蓄積されたデータを相互に組み合わせて、リスクの蓋然性を算出した結果である。そこでしばしば不問に付されるのは、誰がどれとどれのデータを組み合わせることでリスクの蓋然性を算出するようにプログラミングしたのかということである。

データの組み合わせを下敷きに、生体を認証しながら通過する人間の適正を判断するのがスマート・ゲートであり、そこではゲートの外側と内側が厳格に区分されている。すなわちゲート内の空間のセキュリティをスマート・ゲートは物質化するのである。入国管理で最もこれを示しているのはアメリカ合衆国が2004年に導入した「US VISIT（Visitor and Immigrant Status Indicator Technology）プログラム」であろう。このプログラムでは査証を所持して米国に入国する渡航者に対し、指紋のスキャンと顔写真の撮影による個人情報を含めた出入国手続を行う。移民局は、その情報をもとに、FBIや国土安全保障省からの警告・逮捕令状、さらに移民法上の違反などの情報を検索することができる（Amoore & de Goede, 2005）。しかし国土安全保障省（Department of Homeland Security）が2017年、出国するアメリ

人を対象とする顔認証システムを導入し、格安航空会社ジェットブルーやデルタ航空も顔認証で搭乗できる新たなプログラムをスタートした。つまり航空会社によるチケットレスのスマート・ゲートは、国家の国土安全保障省と結びついた「生体認証出国」を意味しているのである。

　この一連のプログラムの制度化自体は2001年以降の「テロとの戦い」において促進された。しかし見逃してはならないのはビル・クリントン元大統領時代の1996年に成立した移民法の時点で、旅行者を追跡するための生体認証システムの導入が求められていたことである。これはまさに1980年代から加速するグローバル化の進展にともなう国境の再制度化と歩みをともにしている。この再制度化において外側と内側を隔てる境界が管理を通して強化され、そこを通過する人に厳格な審査が加えられる。こうして国境の新たな地理的想像力が立ち上がる（Newman, 2001）。

3. スマート・シティとビッグ・データ

　ここまで述べてきたようなテクノロジーが日常生活を物質化しているもっとも顕著な例はスマート・シティである。あるいは「スマートなるもの」を集積して都市としたものをスマート・シティと呼ぶことができるだろう。ここでは移動の物質化、電力消費や二酸化炭素排出量など環境負荷の視覚化が行われている。

　スマート・シティにおいては人工知能や通信ネットワークによって車両のハンドルやアクセル、そしてブレーキの操作を行う。バスや電車などの公共交通機関であれば車内での運賃や目的地への行き方案内もすべて人工知能が担う。実際、国立大学法人九州大学の伊都キャンパスでは「スマートモビリティ推進コンソーシアム」が2016年に設立され、実験が繰り返されている。デジタルの判断する公共交通は、人間の移動の経験を変える。すなわち、運転という身体運動、運転手との人的コミュニケーションから、オートメーション化され、さらにデジタルによってプログラムされた間隔、すなわちリズムで、特定の空間移動を行うのである（スマートモビリティ推進コンソーシアム, 2017）。それは人間身体のデジタル的な物質化である。

　また電力消費や二酸化炭素排出量はコントロールルームにおいて視覚化され、さらにそれが各家庭においても視覚化される。柏の葉スマート・シティではゲートスクエアの中にコントロールルームがあり、そこでは巨大なスクリーンに都市の各所で使用される電力が「ダッシュボード」で視覚化されている。ダッシュボードは都市内のシステムやデータベースから集められたエネルギー情報を表やグラフとして表すものである。

　柏の葉スマート・シティのコントロールルームに集積されたデータは一定の変数で処理され、スマート・シティ内の各事務所や家庭に使用電力や二酸化炭素排出量として数値で視覚化される。さらに、外出先からスマート・フォンやタブレットで冷蔵庫の中身の確認や家の中の温度などの制御が可能になる。

　また柏市は市内の道路に設置されている路側ライブカメラやナンバープレート識別センサなどを活用した交通流動状況のモニタリングを行い、車両からの二酸化炭素排出量を算出する社会実験「KASHIWA SMART」を行った。このプロジェクトではスマート・フォンのGPS機能を利用し、自身の交通行動を記録し、実際の移動にともなう二酸化炭素排出量と、排出量の最も少ない経路を比較することができた。これによって都市内での動きと二酸化炭素が視覚化されるのである。

IV. 計算される社会

1. 時間・空間のコード化とアルゴリズム

　ポケモンGOはスマホという装置を持ち、そこにアプリをインストールし、しかもつねにWi-Fiに繋がっていることが条件である。そのうえで、ポケモンGOを使用するためには、アカウントが必要となる。事前にグーグル、ポケモン・トレーナークラブ又はフェイスブックのいずれかのアカウントを保有していれば、ポケモンGOのアカウント作成が可能になる。スマート・ゲートの生体認証の場合も事前に指紋や顔を登録しそれを認証する。スマート・シティにおいては住民の個人情報がやはり登録されている。

　このように事前に登録しておいた情報をもとに、先の章で述べたようにその空間の様々なものがスマートな機器とテクノロジーをとおして物質化される。個人情報の登録はスマートな世界に入るためのコードである。インターネットの世界において人びとの行為を規制する「アーキテクチュア」の役割を指摘したのはレッシグ（Lessig）である。レッシグはインターネットの「アーキテクチュア」が特定の「コードcode」によってプログラム化されたものであり、アクセスするためパスワードやIDを要求し、アクセスするにふさわしい人を振るいにかけ、しかもこの空間で可能なことと可能でないことを決定することを指摘する（Lessig, 2000山形・柏木訳

2001)。デジタルによって構築された「スマート」の世界もまたコードによって形づくられている。すなわちコンピューターのプログラミングがコードによってなされ、それによってソフトウェアが完成されるように、スマート・シティ、スマート・ゲート、ポケモンGOの現実／仮想の諸空間はコードによって作られるのである。

Kitchin & Dodge (2011) はこのデジタルによって管理される空間を「コード／空間」と呼び、そこではコードに応じてインフラストラクチャーを組み合わせて配置することで、人間の行動様式に深甚な影響を与えるとする。都市はコードで構築されたソフトウェアであり、それが時間的側面においても空間的側面においても人間と事物の動きを制御し管理するのである。

むろん、コードは人間によって書かれる。そこで問われるべきは、誰が誰に対して、どのようなプログラミングを施したのかということだ。スマート・ゲートの場合、事前に登録しておいた個人情報が、そこを通過するのに相応しい人間であるかどうかを判別するようにプログラミングするようになっている。あるいは、スマート・シティの場合は電力消費や二酸化炭素排出量を特定の方法で視覚化するようにプログラミングされたり、都市内の交通量を計算し、経路や出発時間を変更するようにプログラミングされたりしている。しかしデジタル技術が前面に押し出されることによって、誰が誰に対してどのようなプログラミングをしたのかという問いが提出されがたくなる。しかも、スマート・シティのコントロールのように、このプログラムの遂行状況は空間を隔てた場所から遠隔操作されたり監視されたりしている。すなわち、デジタルな世界はAIやプログラムが「正確」かつ「客観的」に判断したかのように装うのである。このようにスマートな様々な事物は、社会の、そして都市の認知の新たな方法を展開するのである（Marvin, Luque-Ayala & McFarlane, 2016）。そのためスマートなるものの「客観的」な振る舞いは、官僚主義的となる。

より重要なことは、いったん空間がデジタルにコード化されると、この空間は自動的に管理されることである。ここで言う自動的な管理とは、技術的に自動化されていること、自動制御されていること、そして自律していることを意味する（Kitchin & Dodge, 2011）。この自動的な管理の動きを作り出すのが「アルゴリズムalgorithm」である。コンピューターのプログラミングにおいて、アルゴリズムは問題を解決するための方法や手順のことを意味し、すなわち「何を」「どのような順番で」「何に対して行うのか」を決定する。つまりある程度、人間がコードによってスマートな空間をプログラミングすれば、それ以後は機械なるものが自動的、自律的にプログラムを更新しながら人間のように振る舞い、特定の空間の人間の行動をプログラム化する。つまり、アルゴリズムが人間や物事を区分し、優先順位を決め、結びつけ、フィルタリングするのである。「スマート」なデジタル世界では、人間の主体的な決定の幅は限りなく狭くなるのである。

このアルゴリズムの「リズム」の側面を強調するために、Miyazaki（2012）は「アルゴ-リズムalgorhythm」を造語した。それは移動の時間に基盤をおいた秩序のリズムを意味する。つまり、特定の空間の時間を特定のアルゴリズムで制御可能にし、一定のリズムで人間を移動させるのである。ポケモンGOのユーザーは「レイドバトル」のために特定の時間に、特定の空間へと移動する。スマート・ゲートでは、一定の規則で生体認証が機能することである空間から別の空間へと一定のリズムで人を移動させる。スマート・シティの自動運転の公共交通機関も同様である（Coletta & Kitchin, 2017）。スマートなるものの偏在は、このようなアルゴ-リズムが日常生活の時間を自動的管理することを意味する。

2. ジオポリティクスからバイオポリティクスへ──ビッグ・データ、セキュリティ、シチズンシップ

アルゴリズムは、ビッグ・データと呼ばれる巨大な情報の集積体からデータを引きだし、解析し、認証する。それと同時にデータをビッグ・データに集積してもいく。このビッグ・データに集積されるデータは、個人を特定できないように加工することで無垢を装う。そして、匿名性によって正当化されたビッグ・データの集積は、古くはレンタルビデオの顧客データやコンビニのレジでの性別や年齢のデータ入力から、クレジットカードの利用やオンライン検索などに至るまでに行われている。しかも通常、個人情報を同意なくデータが集められている。

個人情報が匿名化されたとしても、特定のアルゴリズムがビッグ・データを解析しながら、社会的不平等を再生産し、また人間をコントロールする（Shorey & Howard, 2016）。つまり、アルゴリズムはビッグ・データを解析しながら、今後に起こるであろうことの確率を予測し、それに伴い、空間管理のソフトウェアを更新する（Introna, 2016）。こうして都市空間のコードはつねに作り替えられる。

真に問題なのは、ビッグ・データの匿名性ではなく、この匿名性ゆえに性別、年齢、生体情報などあらゆるものが、特定のアルゴリズムで結びつけられ、特定の人物

像が「プロファイリング」されることである。たとえば、インターネットの通信販売会社のAmazonは購入履歴や閲覧履歴から、「おすすめ」商品をプロファイリングする。あるいは2015年9月3日に、株式会社ブイシンクは高機能なデジタルサイネージ自動販売機「スマートベンダー」を発表し、acure（アキュア）と称される自動販売機が首都圏を中心にJR東日本の駅の中に設置された。この中のある種類には顔認証のカメラが搭載されており、自動販売機で購入しようとする人物の顔を認証し年代や性別に応じて「おすすめ」の商品を提示する。これらはビッグ・データに集積された年齢や性別、顔貌などの情報をアルゴリズムが解析し、使用者や閲覧者の行動を予測していることを示している。

森（2018）で強調したように、ビッグ・データを用いたアルゴリズム解析はアメリカ合衆国の大統領選挙やイギリスのEU脱退の国民投票において有効に機能してきた。それは年収や年齢、性別やエスニシティから、政治的行動の蓋然性を計算し、それに基づいた選挙戦略を可能にしたのである。そうすると、民主主義の根幹である選挙という政治行為が、計算され、操作される。そう考えるなら、パスポートのICタグに入っている情報、生体認証データ、コンサートやテーマパーク入場の顔認証データ、ポケモンGOの位置情報から、遺伝情報に至るまで、スマートな機器を使用することで収集されるあらゆるデータは、特定の空間のコード化に貢献するし、そのデータと解析に基づいた社会福祉政策などの変更が行われるのであれば、社会的不平等の再生産に関わることになる。さらに遺伝データによって、疾患、寿命、生殖能力などの蓋然性が計算され、特定の政治的立場の人たちの数を制限したり調整したりすることも可能になる。こうした人間の生命を「生物の生命bios」として客体化し、物として管理しながら、その積分である国家や社会なるものの危機管理のためにその数を調整する権力は生権力である（Foucault, 2004 高桑訳 2007）。

アルゴリズムは可能性ではなく、蓋然性（何パーセントという確率）を計算する。つまり、ビッグ・データを組み合わせて、特定の人物がどのような行動をどれくらいの確率で行うかを計算するのである。こうしてデジタル技術を通して社会と人間は確率化される。とりわけ、2001年以降、セキュリティ防護の名目で、リスクの蓋然性の計算が促進されてきた。生体のデータが国家や社会のリスクの蓋然性を計算するためのプロファイリングの対象になる。すなわち「テロ」を引き起こす蓋然性が計算され、その人たちを事前に立ち入れなくすることもできる。ただし、何を「危機」や「テロ」とするのかという判断は恣意的であるし、蓋然性がすなわち確実性と同一であるわけでもない。

イギリスの政治地理学者のAmoore & de Goede (2005) はビッグ・データを組み合わせて、特定の人物像をプロファイリングし、それを監視するシステムを、データヴェランスdatavellanceと名付ける。すなわち、監視カメラによる一望監視という次元を現代の監視社会はすでに越え、ビッグ・データをもとにした計算に至っているのである（Lyon, 2001）。Amoore (2013) が注目するのは、すでに紹介したアメリカ合衆国の出入国管理システムUS VISITである。生体認証から警察、健康、金融、旅行歴といった20以上のデータをもとに瞬時にプロファイリングを行い、出入国者がもたらすリスクの度合いを算出して、ビザ申請の際にはじいていく。彼女はこうしたシステムを用いて、航空券を予約したり旅行会社に申し込んだりするような、実際に空港に到着するはるか以前に、リスクを持つ個人が同定されることを強調する。移動の管理をするスマートな境界管理はリスクを持つ程度を割り出していく「データヴェランス」のシステムによって支えられている。

もちろん、リスクの計算自体は決して目新しいものではない。アメリカのイアン・ハッキングは、19世紀のヨーロッパにかけて広範に見られた人間や社会に関するさまざまな数字の集積から、社会の現象が持つ決定論が崩れ去り、偶然chanceの規則性を計算するべく統計学が生まれる過程を詳述する（Hacking, 1990 石原・重田訳 1999）。これをとおして偶然が飼い慣らされ、社会が確率化されるのだが、この描出は本稿においては次の二つの意味を持つ。一つは、ハッキングが見出す偶然の飼い慣らしが、フーコーの主張する「統治性」（Foucault, 2004 高桑訳 2007）の概念を強く支えること、もう一つは、統計を通して発見される平均値やデータといった数値は現実には存在しないにもかかわらず、それらは社会においてリアリティを持つことである。つまり統計の物質性である。

このデータによる監視は、日常生活の隅々にまで至っている。とりわけ、「テロ」が国外からの外国人だけでなく、自国民によっても履行される状況においては、日常生活の様々な場面で集積されるデータをもとにしたプロファイリングがセキュリティ能力を高めるためには欠かせないと考えられる傾向にある。そのため、アメリカ合衆国のトランプ大統領は、イスラム教徒が多い国からの入国を一時禁止する大統領令を出した時、生体認証に

よる出入国管理システムの完成を早急に進めると明記したのである（Strutner, 2017）。

スマートな都市や国境管理はこのように、生体認証のデータをもとに、誰がそこに存在することが許されるのか、許されないのかといった市民性citizenshipに大きく干渉する（Marvin, Luque-Ayala & McFarlane, 2016）。そのため、たとえば国境の内側と外側の境界は限りなく「内側」に引き寄せられていく。すなわち、国境の内側で、そして日常生活のあらゆる場面で、内側にいるにふさわしい人間であるかどうかがデジタル的に「認証」されるのである。たとえば、先に紹介したJR東日本の駅構内に設置される自動販売機acuraにはカメラが設置されており、テロリストを認証する機能を有している。それが「テロリスト」の顔と一致することを意味するのか、それとも年齢、肌の色、性別の認証をもとにプロファイリングし、テロリストであることの蓋然性を計算することなのかは不明である。しかし、アルゴリズムを設定すれば技術的に可能である。

そう考えるならば、日常生活のあらゆる場面でのデータの収集もまた、「市民性」をそのつど定義していることになる。たとえば、2013年11月に独立行政法人情報通信研究機構（NICT）は、JR大阪駅一帯に設置された防犯・監視カメラによる顔識別の実証実験を発表したが、これはまさに日常生活におけるセキュリティ管理の可能性を示している。この実験はJR西日本・大阪ターミナルビルの協力の下、大阪ステーションシティに90台のカメラを設置し、災害時の安全対策などへの利用を目的に、顔認識技術を用いて人の流動などを把握することを目的とするものだった。この実験にはプライバシー保護の観点から問題が指摘され、結果として2014年の11月に規模を縮小して実施された（宮崎, 2014）。先述のようにユニバーサル・スタジオ・ジャパンではすでに顔認証による入場管理システムが採用されているし、2020年から東京ディズニーランドもメイン・エントランスでこれを採用する予定である。

また、生体認証を用いたゲート管理で最先端を行くNECは2018年の初頭にイギリスのIT企業ノースゲート・パブリック・サービス社の買収を発表した（日本電気株式会社, 2018）。この企業は単なるソフトウェア開発社ではなく、NECが説明しているように警察業務、税徴収・社会保障給付、公営住宅管理で実績を挙げてきた。ノースゲート・パブリック・サービス社のウェブ・サイトには警察向けのアプリケーションCONNECT Core Police Applicationsの説明があり、それによればこれは様々なデータを照合しながら自動的かつ瞬時にリスクや脅威を探し出す（Northgate Public Service, 出版年不詳）。つまり人工知能を用いて犯罪リスクの察知を行っていくものである。NECはこの会社を買収することによって、「警察業務や行政手続き時におけるNECの生体認証技術を活用した本人認証の強化・利便性向上、最先端AI技術群「NEC the WISE」[4]を活用した社会保障の不正受給検知・給付漏れ防止、NECの顔認証や侵入検知・置き去り検知といった映像解析技術を活用した不審者や異常のリアルタイム検知」（日本電気株式会社, 2018）を実現していくとする。すなわちそれは、警察だけでなく日常的な行政手続き一般が生体認証をともない常にデータ照合され続け、かつそのデータがビッグ・データ化されていくことを意味している。こうして日常生活が生体データとともにデータ化されていくのだ。

生体認証によるこうした入場管理は、いわば持ち運び可能な国境管理である。それは空港や港での入国管理だけでなく、鉄道駅から、地下道や都市の通り、さらにはオフィスや地区会に至るまで押し広がっているのだ。セキュリティと国際関係を論じるディディエ・ビゴーは内部と外部のセキュリティが「移民」という言葉と結びつき「内部にいる敵」という形象に埋め込まれていることを、内部・外部セキュリティの「メビウスのリボンMöbius ribbon」（Bigo, 2001, p. 112）と呼ぶ。メビウスの輪のように内側と外側が連続している状況を、現代の国境管理と町中の生体認証に見ることができる。

これはフランスの思想家のミシェル・フーコーが指摘する「統治性」である。フーコーは統治の目的を「統治によって導かれるプロセスの完成・最適化・強化のなかに求められ」、「統治の道具は法ではなく、さまざまな戦術になる」と指摘する（Foucault, 2004 高桑訳 2007, pp. 122-123）。統治はさまざまな戦術によって完遂されようとする。そう考えるならば、日常生活のあらゆる場面がによって政治化され、それによって統治の対象となる市民が定義されることになる。そしてその戦術の一つが「スマート」なる機械やテクノロジーであり、ここではデジタル技術を用いて自動的に統治の対象を定義しながら管理するのである。しかも9.11以降の「テロとの戦い」において、誰が都市のなかに市民として居住しうるかという定義と管理は、日常生活の監視をとおしたセキュリティ化によってはっきりと目に見える形で推し進められている。

とりわけスマートな技術が生体のデジタルな認証によって人間の身体を物質化し、統治のために日々の生き

方がセキュリティ化されている。すなわち、国境の管理と国民の選別というジオポリティクスは、人間身体の生の情報に基づくバイオポリティクスへとシフトしているのである。

V. おわりに——ポスト人間中心主義的な行為能力

本稿は、日本における「スマートなるもの」の流通が、人間の行為を物質化しプログラム化すること、それによって特定の空間性と時間性が形成されること、さらにそれがそこに存在しうる人としえない人を作り出していく可能性があることを検討した。「スマートなるもの」は日常生活のあらゆる場面でデータを集積し、解析することで、社会を確率化する。とりわけ生体データの認証と解析は、統治が生政治的になされていることを意味する。

ポケモンGOはユーザーの動きを時間・空間的に作り出し追跡する。そこではデジタルの世界が現実世界に拡張されていく。ユーザーは愉楽をとおして自己のデータを差し出す。

スマート・ゲートは生体データをもとにして、一定のリズムで人間を空間的に移動させる。のみならず、そこではビッグ・データに生体データを蓄積させることで、セキュリティの空間がプログラミングされる。ゲートは空港やコンサート会場などの「入り口」だけでなく、日常生活のあらゆる場面に持ち運ばれ、消費や移動をとおして統治可能な市民性を作り出す。

スマート・シティにおいては電力消費や二酸化炭素排出量が特定のプログラムで視覚化される。また道路交通状況が解析され、自動的に交通移動のリズムが形成されるのである。

このように「スマートなるもの」は、デジタル技術によって「非人間」的に人間の動きを作り出す。特定の空間をコードでプログラムすることで、時間性と空間性が作られる。コード／空間は現実の空間が仮想的に管理されることを意味するのだ。そこではアルゴリズムがビッグ・データを解析しながら、自動的かつ自律的に振る舞う。そしてそれは日常の様々な場面であらゆるデータを集積しては組み合わせて、社会を確率化するのである。とりわけ生体データによる統治は生政治的な社会の統治が、デジタル的になされていること、すなわち、人間の身体がデジタル化されながら、その生身の身体が統治されていることを意味するのだ。

「スマートなるもの」の管理の側面を強調すれば、人間あらざるものの行為能力がせり出してくる（森, 2012）。そこでは人間はあまりにも弱い。一方、イギリスの地理学者Rose(2017)は、デジタル的管理において人間がそれでも有する行為能力を考慮することで、ポスト人間中心主義的な人間の行為能力が見えてくることを強く主張する。あるいはCrang(2015)は人間とデジタルが関わりながら織りなす空間性や場所性といった「地理」をdigital geohumanitiesと呼ぶ。こうした人間とデジタルの間での複雑な関係は、科学技術社会が主張する「協同生産co-production」という人と物、科学技術との絶えざる生産プロセスとも関わるだろう（森, 2012）。

あるいは、フランスのマルクス主義者アンリ・ルフェーブルが資本とブルジョアによって機械化され一定のリズムを刻むように生産された都市空間を奪還するために、「リズム分析」を主張したように（Lefebvre, 1992 Elden訳 2004）、スマートなるものが生産する「アルゴ-リズム」を脱臼させるあらたなリズムの生成もまた議論されるべきであろう。

注

1) ただし、ヴァルノの指摘から離れるが、Crang, Crosbie & Graham(2006)はニューカッスルでのICTの使用状況に関するエスノメソドロジー調査から、都市の中の富裕層とそうでない層との間で、デジタル・インフラストラクチャーの差異がそのままネットへのアクセスの差異へと単純に結びつくわけではないことを指摘している。使用の契機や目的、地区の社会的ネットワークや家族構成がデジタルへの格差をその都度、構成し直していることを彼らは強調する。

2) 日本では、デジタル化されたデータベースの積極的活用という意味合いで「デジタル人文学digital humanities」が提唱されている。本稿はdigital humanitesを人間とデジタルの交差する様態として用いる。

3) この位置情報ゲームについてde Souza e Silva(2009)は移動性mobility、社会性sociability、空間性spatiality の三つの新しい側面を持つと指摘し、それがポケモンGOにも表れていると指摘する。

4) NECの最先端AI技術群の名称。

参照文献

Amoore, L. (2013). *The politics of possibility: Risk and security beyond probability*. Durham: Duke University Press.

Amoore, L., & de Goede, M. (2005). Governance, risk and dataveillance in the war on terror. *Crime, law and social change*. 43(2-3): 149-173.

Ash, J., Kitchin, R., & Leszczynski, A. (2018). Digital turn, digital geographies?. *Progress in human geography*. 42(1): 25–43

Bigo, D. (2001). The Möbius ribbon of internal and external security(ies). In M. Albert, D. Jacobson, & Y. Lapid (Eds.), Identities, borders, orders: Rethinking international relations theory. Minneapolis: University of Minnesota Press.

Coletta, C., & Kitchin, R. (2017). Algorhythmic governance: Regulating the 'heartbeat' of a city using the Internet of Things. *Big Data & Society*. 0(0): 1-16.

Crang, M., Crosbie, T., & Graham, S. (2006). Variable geometries of connection: Urban digital divides and the uses of information technology. *Urban Studies*. 43(13): 2551-2570.

Crang, M. (2015). The promises and perils of a digital geohumanities. *Cultural Geographies*. 22(2): 351-360.

Crawford, K., Miltner, K., & Gray, M. (2014). Critiquing big data: Politics, ethics, epistemology. *International Journal of Communication*. 8: 1663–1672.

de Souza e Silva, A. (2009). Pokémon GO as an HRG: mobility, sociability, and surveillance in hybrid spaces. *Mobile Media & Communication*. 5(1): 20-23.

Foucault, M. (2004). *Securite, territoire, population*, Paris: Seuil.［高桑和巳（2007）『ミシェル・フーコー講義集成〈7〉安全・領土・人口』筑摩書房］

Gretzel, U., Sigala, M., Xiang, Z., & Koo, C. (2015). Smart tourism: foundations and developments. *Electronic Markets*. 25(3): 179-188.

Hacking, I. (1990). *The taming of chance*, Cambridge: Cambridge University Press.［石原英樹・重田園江訳（1999）『偶然を飼い慣らす──統計学と第二次科学革命』木鐸社］

日立製作所（2015）「「世界の未来像」をつくる街「柏の葉スマートシティ」」『はいたっく』2015(9)：5-6.

Hollands, G. (2008). Will real smart: City please stand up?. *City*. 12(3): 303-320.

────（2015). Critical interventions into the corporate smart city. *Cambridge journal of regions, economy and society*. 8(1): 61-77.

Introna, L. (2016). Algorithms, governance, and governmentality: On governing academic writing. *Science, Technology & Human Values*. 41(1): 17–49.

顔認証技術評価委員会（2017）『日本人出帰国審査における顔認証技術に係る実証実験結果（報告）』最終閲覧日2017年11月21日, http://www.moj.go.jp/content/001128805.pdf

経済産業省（2013）「スマートグリッド・スマートコミュニティ」最終閲覧日2017年11月21日, http://www.meti.go.jp/policy/energy_environment/smart_community/

君塚宏（2007）「ボーダー・コントロール（国境管理）におけるバイオメトリクスの活用」最終閲覧日2017年11月21日, http://itpro.nikkeibp.co.jp/article/COLUMN/20070312/264575/?rt=nocnt

Kitchin, R. (2014). The real-time city? :Big data and smart urbanism. *Geojournal*. 79(1): 1-14.

Kitchin, R., & Dodge, M. (2011). *Code/Space: software and everyday life*. Massachusetts: The MIT Press.

Lefebvre, H. (1992). *Éléments de rythmanalyse*, Paris: Éditions Syllepse.[translated by Elden, S. (2004), *Rhythmanalysis: Space, time and everyday life*. London: Continuum]

Lessig, R. (2000). *Code: and other laws of cyberspace*, New York: Basic Books.［山形浩生・柏木亮二訳（2001）『CODE──インターネットの合法・違法・プライバシー』翔泳社］

Lyon, D. (2001). *Surveillance society: monitoring everyday life*, Buckingham: Open University Press.［河村一郎訳（2002）『監視社会』青土社］

毎日新聞社（2016）毎日新聞（引用箇所は本文に記載）

Marvin, S., Luque-Ayala, A., & McFarlane, C. (Eds.).

(2016). *Smart urbanism: utopian vision or false dawn?*. New York: Routledge.

三井不動産（2017）「柏の葉スマートシティとは」最終閲覧2017年12月24日, http://www.kashiwano-ha-smartcity.com/concept/whatssmartcity.htm

Miyazaki, S. (2012). Algorhythmics: Understanding micro-temporality in computational cultures. *Computational Culture Issue* 2. Retrieved 2017, December 15, http://computationalculture.net/algorhythmics-understanding-micro-temporality-in-computational-cultures/

――― (2013a). AlgoRHYTHMS everywhere: A heuristic approach to everyday technologies. In H. Hoogstad & B. Stougaard (Eds.), *Of Beat: Pluralizing Rhythm* (pp. 135–148). Amsterdam: Rodopi.

宮崎崇（2014）「JR大阪駅周辺で防犯カメラによる顔識別実験が再開される」最終閲覧日2017年12月11日, https://www.rbbtoday.com/article/2014/11/10/125275.html

森正人（2009）「言葉と物――英語圏人文地理学における文化論的転回以降の展開」『人文地理』61(1)：1-22.

――― (2012)「変わりゆく文化・人間概念と人文地理学」中俣均編『空間の文化地理』(pp. 113-140) 朝倉書店

――― (2018)「ポケモンGOと監視社会――人間の終わりの始まり？」神田孝治・遠藤英樹・松本健太郎編『ポケモンGOからの問い』(pp. 139-150) 新曜社

Newman, D. (2001). Boundaries, borders and barriers: Changing geographic perspectives on territorial lines. In M. Albert, D. Jacobson & Y. Lapid (Eds.), *Identities, borders, orders: Rethinking international relations theory*. Minneapolis: University of Minnesota Press.

日本電気株式会社（2016）「NEC、米国のジョン・F・ケネディ国際空港に入国審査用の顔認証システムを納入」最終閲覧日2017年12月1日, http://jpn.nec.com/press/201606/20160613_03.html

――― (2018)「NEC、英国のITサービス企業Northgate Public Services社を買収――海外でのセーフティ事業拡大を加速」最終閲覧日2018年1月22日, http://jpn.nec.com/press/201801/20180109_01.html

Northgate Public Services. (n.d.). *Product Summery CONNECT-based applications that form an integrated police information systems*. Retrieved 2018, January 12, from https://marketing.northgateps.com/acton/attachment/17827/f-0261/1/-/-/-/-/CONNECT%20Policing.pdf

岡村久和（2011）『図解ビジネス情報源　スマートシティ』アスキー・メディアワークス

パナソニック（2017）「法務省様がパナソニックの「顔認証ゲート」を採用」最終閲覧日2018年1月20日, http://news.panasonic.com/jp/press/data/2017/12/jn171215-1/jn171215-1.html

Pokémon GO チーム（2017）「Pokémon GO 開発チームより――「天気との連動」、「バトルパーティ」など新機能について」最終閲覧日2017年11月12日, https://pokemongo.nianticlabs.com/ja/post/decdevupdate-weather

Rose, G. (2017). Posthuman Agency in the Digitally Mediated City: Exteriorization, Individuation, Reinvention. *Annals of the American association of geographers*. 107(4): 779–793.

スマートモビリティ推進コンソーシアム（2017）「スマートモビリティ推進コンソーシアム」最終閲覧2017年12月25日, http://www.smpc.jp/

白井信雄（2012）『図解　スマートシティ・環境未来都市――早わかり』中経出版

Strutner, S. (2017)「アメリカの空港で、生体認証システムによる個人データ収集がさらに拡充される」最終閲覧日2017年5月11日, http://www.huffingtonpost.jp/2017/05/09/biometric-scanning_n_16523404.html

Shorey, S., & Howard, P. (2016). Automation, big data, and politics: A research review. *International Journal of Communication*. 10: 5032–5055.

Thrift, N. (2014). The promise of urban informatics. *Environment and Planning A*. 46: 1263-126.

Vanolo, A. (2014a). Whose smart city? *Open Security*. Retrieved 2017, Novenber 24, from https://www.opendemocracy.net/opensecurity/alberto-vanolo/whose-smart-city

――― (2014b). Smart mentality: the smart city as disciplinary strategy. *Urban Studies*. 51(5): 883-898.

特集論文

移民たちの船の物質性とモビリティ
――地中海・ランペドゥーザ島の「船の墓場」からの問い

Materiality and Mobility of Migrants' Boats and Belongings:
On the 'Graveyards of Boats' at the Island of Lampedusa in the Mediterranean

北川　眞也

三重大学　人文学部　准教授

Shinya KITAGAWA

Associate Professor, Faculty of Humanities, Law and Economics, Mie University

キーワード：モビリティ、物質性、ランペドゥーザ、移民、境界スペクタクル

Keywords : mobility, materiality, Lampedusa, migration, border spectacle

I. はじめに
II. 地中海のランペドゥーザ島
　1. 観光と移民
　2. 「船の墓場」の可視性
　3. 「船の墓場」のなかのモノ
III. 移動空間へのまなざし
IV. ランペドゥーザに移民博物館を？
　1. 移民博物館というアイディア
　2. 「地中海の信頼と対話のための博物館」
V. 境界スペクタクルと「船の墓場」
　1. 「悲劇」のスペクタクル
　2. 「人間化」される移民と島民
VI. 「ポルトM」の挑戦
　1. 脱スペクタクル化の筋道
　2. 客体化から解放されるモノ
　3. 移動空間を再構成するモノ
VII. おわりに

要約：

　イタリア最南端のランペドゥーザ島には、地中海を渡ってきた移民たちの船が置かれたままの「船の墓場」がある。そこには船のみならず、移民たちが有していた様々な所持品も残っている。これらのモノは、移民たちの移動を可能とした移動空間を構成していたものである。それらが移民たちの身体から切り離されるとき、これらのモノは別種の時間・空間の軌道を描いていくのではないだろうか。

　本稿では、これらのモノの物質性とモビリティが、観光地でもあるランペドゥーザの島民、さらにはヨーロッパの人々を、どのように主体化させているのかを考察する。一方には、これらのモノを「境界スペクタクル」として客体化することで、移民たち自身をも客体化、犠牲者化し、かれらの移動性を取り締まる制度レヴェルでの主権的態度がある。他方には、たとえこれらのモノを「展示」するとしても、それらの物質性とモビリティの内側に留まりながら、モノ、そして移民たちとの関係性を内在的に模索する、一部の島民の脱主権的な態度がある。後者の態度には、移民たちの自律的な移動性、移動空間の形成に対して開かれた政治的過程を、この観光空間において引き起こす潜在性があろう。

Abstract:

　The focus of this paper is the materiality and mobility of migrants' boats and belongings that are placed in the 'graveyards of boats' at the Island of Lampedusa, which is off the coast of Italy in the Mediterranean. Lampedusa is known as a small tourist site, but is also famous for the arrival of migrants. The materials in the 'graveyards of boats', together with other heterogeneous people and things, constituted mobile spaces in which mobility of migrants from the southern to the northern shore of the Mediterranean was made possible. As soon as the things were separated from the migrants' bodies 'saved' at Lampedusa or in the Mediterranean, the formers started to make their own mobile spaces without living migrants. Thus, the purpose of this paper is to consider how materiality and mobility of migrant's boats and belongings can influence subjectivities amongst the residents of the island and European citizens.

On the one hand, hegemonic sovereign subjectivities can be found at the level of constituted powers, which objectify the materials into institutional museumization and humanitarian 'border spectacles'. As a result, they objectify (living) migrants as victims who should be rescued by European sovereign subjects. Their mobility comes to be considered as an object of control. Furthermore, these border spectacles determine the subjective position of the local people of Lampedusa in an orientalistic way: Lampedusian people are 'merciful', 'hospitable' and 'humanistic'.

On the other hand, the possibility of de-sovereign and potential political subjectivities at the level of the local people are demonstrated. The local people are involved in flows of materiality and mobility of the materials and staying immanently inside of their flows, continue to search for alternative relations with the materials as well as migrants, even if exhibiting them in a space. Such people do not fetishize the materials themselves. Rather these subjectivities radically question social and historical relations behind the materials. Such relations are symbolized by European colonial and postcolonial violence.

Consequently, from the latter subjectivities, a political process in the middle of the tourist island is indicated; this is open to migrants' autonomous mobility, namely, making use of further mobile spaces potentially moving beyond border spectacles and the postcolonial border regime of Europe.

I. はじめに

イタリアのランペドゥーザ島には、夏のバカンス・シーズンになると、観光客がやってくる。イタリア半島から、ヨーロッパ大陸から、すなわち「北」からやってくる。多くの人は、飛行機でくる。しかし、ランペドゥーザには、また別の人たちが、別のやり方でやってくる。かれらは、アフリカやアジア、「南」から。いくらか夏のほうが多いとはいえ、時期を問うことなしに、船でくる。たいていは手入れの行き届いていない船に、ぎゅうぎゅう詰めになりながら。かれらは、「移民」、「不法移民」、「難民」などと呼ばれる。

「観光客」と「不法移民」。両者のモビリティの違いは、グローバル資本主義社会のもとでの空間的・社会的不均等性を如実に体現するもののひとつだろう（Bauman, 1998 澤田・中井訳 2010）。ランペドゥーザには、双方のモビリティが集中する。それはつまり、モビリティをめぐる階層性が、この島においては露骨に表出しているということである。

本稿では、このランペドゥーザ島にある「船の墓場」、さらにはそこに残された様々なモノに着目する。ランペドゥーザには、ここ20年以上にわたり、船に乗った移民たちがたどり着いてきた。しかしそれは、かれらの乗ってきた船、船の内部にある様々なモノもまたこの島にたどり着いてきたことを意味する。それらはきまって、移民たちの身体よりも遅いリズムで移動させられる。それゆえ、これらのモノが、島のなかに堆積されてきたのである。

それらは数々のやり方で、人々の欲望を引きつけてきた。「ゴミ」として処理されるのみならず、「作品」として改変され、博物館などに展示もされてきた。本稿ではそうした営為を通して、モノと人間の関係がどのように形成されるのか、さらにそこから、移民と島民、移民とヨーロッパとの関係がいかなるものとして立ち現れるのかを検討する。

IIでは、ランペドゥーザ島の歴史を、観光と移民という観点から振り返りながら、「船の墓場」の概略を述べる。IIIでは、昨今の批判的移民研究などの知見をもとに、移動空間という概念を提示し、その政治性、物質性を強調する。IVでは、主に移民たちの所持品を「博物館」化する営為について言及する。Vでは、それを「境界スペクタクル」として、主権的な関係性の再生産に力を貸すものとして位置づける。VIでは、移民たちの所持品を「博物館」とは別のやり方で見せる「ポルトM」という空間に着目する。そして最後のVIIでは、これらをふまえて、こうしたモノをあらためて移動空間との関係のなかでとらえることの重要性を指摘する。

II. 地中海のランペドゥーザ島

1. 観光と移民

地中海に浮かぶランペドゥーザ島は、イタリアの最南端に位置する。面積は20.2km²、人口はおよそ6,000人の小さな島ではあるが、そこに数多の移民が到来してきた。

大陸、半島から離れているせいか、この島は中央政府の都合でいつも「辺境」的役割をあてがわれてきた。イタリアが統一されてから、第二次大戦の終結までの間、島は政治犯などの囚人施設、要塞、基地として利用されてきた。そして現在では、移民収容所が設置されている。

このような離島が、本土で注目されたきっかけは、

1986年4月に、リビアから発射された2発のミサイルにある。ランペドゥーザの近海に落下したと言われるそれは、島の西端に位置する米軍基地ロランを狙っていたようだ。この出来事を伝えるため、本土から報道関係者がやってきた。このとき、ランペドゥーザとその海、その自然環境は「発見」されたのだ（Taranto, 2009）。

このミサイル以後に、ランペドゥーザはマスツーリズムのまなざしへと急速に包摂されていく[1]。主に漁業を生業としていた島民たちは、レストランやホテルなど観光客向けの仕事へと鞍替えしていく。2013年に口コミサイト・トリップアドバイザーで、世界で最も行ってみたいビーチに選ばれた「うさぎ島」ビーチなどに、この島は現在も多くの観光客を引きつけている。

しかし、1990年代半ばからは、移民たちもまた到来している。かれらの流入が増え、それが恒常的なものになると、国家をはじめ、EU、国際人権団体、人権NGOなどによる積極的な介入がなされるようになった（北川, 2012）。こうしてランペドゥーザは、当局による移民統治の実践へと巻き込まれるなかで、境界化（bordering）されてきたのだ。地中海を漂流する船は、だいたいの場合、沿岸警備隊によって探知され海上で「救助」＝捕獲される。つまり、移民たちは直に島へたどり着くのではなく、当局によってこの島へと連れてこられるのである。ランペドゥーザは、ここでもやはり国家によって、このような境界としての役割をあてがわれてきたのだ。

2000年頃から、イタリアまたEUは、アフリカ諸国からの正規入国ルートの制限、地中海南岸諸国への境界管理のアウトソーシング化などを通して、ヨーロッパへ向かう人々の移動を極めて困難なものとしてきた。そこにおいて、移民の存在や流入は、主にセキュリティ上の問題として位置づけられ、人種主義は激化の一途をたどってきた（Balibar, 2001 松葉・亀井訳 2008）。その結果、地中海の縦断という危険な旅、非正規な手段での移動を強いられる人が増え、この15年の間に、地中海では、少なくとも3万人が死ぬに任された、いや殺されてしまった[2]。どれほど「救助」活動がなされようとも、モビリティをめぐる根本の条件と、継続する植民地主義的不均等性が抹消されない限り、この趨勢が変わることはないだろう（北川, 2015）。

セキュリティの対象として位置づけられた移民たちの到来は、この小さな観光空間に、いかなる影響を与えてきたのだろうか。

2.「船の墓場」の可視性

ランペドゥーザはこのように、移民と分かちがたく結びついた場所として広く理解されている。しかし実のところ、下船する移民たちは、警察の管理下において、島のなかで不可視とされる。基本的には、街中において住民や観光客の視線のなかに入らないよう不可視とされる[3]。下船後、かれらは、丘の間にある移民収容所まで迅速に移送される。そこにしばらく収容されてから、本土の収容所へ移送される。これが、移民たちのたどる主な経路である。収容されている間に、移民たちには指紋押捺、身元の確認（程度は時と場合による）がなされる。

移民たちが不可視とされているがゆえに、「移民の島」というイメージとは異なり、ランペドゥーザを「イタリアの街中で唯一移民をみかけない街」[4]だと形容する人々もいた。「移民フロー」を巧みに管理運営、いわば統治するなら、この島の「観光と移民は両立する」[5]というわけである。実際、「ジャスミン革命」の過程で、冬にチュニジアから数多の若い男性が到来し、島民の数を上回るチュニジア人が島じゅうにいたことのある2011年を除いて、観光客の数は減っておらず、2016年には過去最高を記録している[6]。

しかしながら、たとえ移民の存在が可視的ではなくとも、そのモビリティに巻き込まれる過程で、ランペドゥーザの「境界景観」（Perera, 2009）は明らかに変化してきた。それは移民のみならず、かれらの対応に当たる様々な類の人やモノが恒常的に島に留まるようになってきたからである。各種警察、軍隊、さらには国連難民高等弁務官事務所（UNHCR）などの国際人権団体のスタッフ、EUの欧州対外国境管理協力機関（FRONTEX）の役人、報道関係者、そして研究者もそこには含まれよう。それに加えて、モノによってもこの島の景観は変更されてきた。漂流・難破する移民たちを「救助」にいくために、港に数隻停まっている財務警察などの船舶、人権NGOの船舶、島を巡回する警察のパトカー、報道関係者のテレビカメラ、主に移民の船を発見・救助するためとして設置される数々のレーダー。そして、本稿が焦点を当てる「船の墓場」である。

「船の墓場」とは、移民たちの乗ってきた船が、処分されるまでの間、留め置かれている場所である。筆者がはじめてランペドゥーザを訪れた2009年の時点にはすでに存在した。ほとんど残骸と化した船が集められている島の内陸部にある「墓場」に加えて、もうひとつ圧倒的に可視的な「墓場」がある。住民はもちろん、観光客の目にも必ず触れる場所にそれはある。カステッロ広場

という街の高台から港一帯を眺めたとき、その「墓場」はすぐに視界に飛び込んでくる。サッカー場のすぐ隣に位置するこの「墓場」の前は、車や人が頻繁に行き交う道でもあるのだ（図1）。

図1　「船の墓場」
（2015年9月30日　筆者撮影）

3.「船の墓場」のなかのモノ

海上での救助のなかで、またはランペドゥーザへの下船のなかで、移民たちの身体と船は引き離され、それぞれが別種の移動の軌道を描くこととなる。船はたいていの場合、移民が島を立ち去った後、なおも島に留まる。この留まり続ける物質は、ある意味では移民統治の「円滑な」時空間とは別種の時空間を、この島のなかに創出すると言える。明らかに可視的なこれらのモノは、観光地の中で移民たちの存在の痕跡を確かに示している。

現在の移民法からすれば、船は「罪体」として理解されており、それは国家による差し押さえの対象である[7]。それゆえ、「船の墓場」への接近は禁止されている。船は、容易には移送できないし、処分もできない。燃料やバッテリーもそこには残されているため、燃やすことも難しい。すべては適切に解体されねばならないのである[8]。それゆえ、船の再利用も、基本的には禁止されてきた。移送・解体にあたるのは、入札において落札した企業である。

しかしそれでも、「船の墓場」、いわば「ゴミ」のなかに入り、「ゴミ」を集める作業を行ってきた島民たちもいる。それは、ジャコモ・スフェルラッツォ（Giacomo Sferlazzo）、さらには彼が他の数人の島民とつくった「アスカーヴサ（Askavusa）」という集団に代表される。「船の墓場」には、船やモーターのみならず、他の様々な「ゴミ」が残っている。「クルアーン、聖書、貨幣、写真、文章、台所用具、クスクスの箱、紅茶の箱、靴、衣服、手紙」[9]。ほとんどのモノが、海水に浸されたせいか、長く太陽に照らされたせいか、破れていたり、剥げていたり、泥だらけになっていたりする。手紙は、英語、アラビア語、アムハラ語、ティグリニャ語など、様々な言語で書かれている。これらのいっさいは、処理を待つ「ゴミ」なのかもしれない。しかし、スフェルラッツォたちはそれを集める。これらは、移民の記憶を示すモノであり、この島に数多の移民が船に乗って到来してきた歴史的事実を示すモノなのだと。船は「ゴミ」ではないのだと。

「船の墓場」では、過去に3度、放火と疑われる火事が起こっている。「問題は記憶に対する犯罪でもある。というのは、破壊されてしまった船、モノ、文書の遺産は、それは移民の悲劇の重要な証言でもあるし、ランペドゥーザが受け入れの島として果たしてきた役割についての重要な証言でもあるからだ」（LIMEN, 2010）。「船の墓場」に火が放たれたのだとすれば、それは記憶に対する犯罪ではないのか。スフェルラッツォはこう考える。移民たちは地中海で殺される、そしてその存在の痕跡さえも焼却される。

さらにスフェルラッツォは言う。この「ゴミ」、「このモノのすべてで、私たちは…（中略）…正真正銘の学習センターを実現できたでしょう。アフリカからヨーロッパへと旅立ってきた人たちの証言も加えて、一種のアーカイヴを実現できたことでしょう」[10]。こうして、ランペドゥーザでは、これらの船、これらのモノを用いたセンター、すなわち「移民博物館」の建設へと向けた動きがはじまるのである。

III. 移動空間へのまなざし

本章では、以下の議論のために、移民の船や所持品といったモノの果たす役割とその政治性をふまえておきたい。ここではそれを、移動空間という概念によってひとまず提示しておく。

移民たちのモビリティに対して、ヨーロッパの側の様々な応答がなされるにつれ、境界研究、批判的移民研究などで、様々な研究がなされるようになった。その際、主に採用された理論は、ジョルジョ・アガンベン（Agamben, 1995 高桑訳 2003）による例外状態と剥き出しの生をつくりだす主権権力のそれと、ミシェル・フーコー（Foucault, 2004 高桑訳 2007）の統治性に基づいた一連の理論であり、異なる両者のアプローチの衝突、対話、混淆であったと言えよう。ただし、以下の議論の都合上、ここでは主に統治性に絞って言及する。

統治性概念を採用する研究は、移民たちのモビリティを根本において、抹消することも、思い通りに操作する

こともできないことを出発点とする。移民たちのモビリティはある意味で所与なのであり、問題はその規模や速度、時機、場所、経路などをいかにして受容可能なものとするか、さらに言えば、統治する側の利となるようなやり方で、それらをいかに適切に調整するかにある。そのため、モビリティに介入する行為者や諸装置が、計画的かつ戦術的に配置され、それに必要な知が生産されることとなる[11]。こうした問題意識から、国家的主体のみならず、国際人権団体などの非国家的主体の関わりや、パスポートやビザ、指紋押印を管理するテクノロジー、フェンスや壁、移民の拘禁センターのような装置の働きが、分析の対象として設定されてきた（前田, 2009; 北川, 2012; Walters, 2011; Scheel, 2013）。

しかし、この研究潮流を先導してきたひとりでもあるウィリアム・ウォルターズ（Walters, 2015）は、ここにおいて軽視されているもの、なおも背景とされているものがあると論じる。それは、移民のモビリティにおいては不可欠であるはずの、乗り物というモノであり、ならびにそれがつくりだす経路の物質性である。ウォルターズは、拘禁センターなどの不動の装置のみならず、この乗り物という物体のただなかで、あるいはそれを介して展開される移動するモバイルな統治性が等閑視されていると論じる。

本稿の問題意識のなかで、この指摘から2つの点を強調したい。1つは、乗り物と経路がひとつの空間として生産されるという点である。昨今、「移民インフラストラクチャー」（Xiang & Lindquist, 2014）、「ロジスティクス」（Mezzadra & Neilson, 2013）いう言葉を用いて、移民の移動を可能とする物質性、そのために切り開かれる経路についての研究もなされているが、それらはこうした経路自体、そしてそれと不可避に結びつく移民たちの移動自体を、物質的な空間の生産として理解するものであると言えよう。

もう1つは、この移動空間それ自体がその内側で、人、モノ、知、情動などを様々なやり方で結びつける空間の生成であるという点である。そこには、すでに言及した統治の諸装置、諸主体のみならず、「密航斡旋業者」とされる無数の運搬人たち、さらには同船する他の移民たちとの関係性、移民たちの所持品、旅への恐怖や希望、そして乗り物などが含まれよう。それらが変化しながら、様々な関係性を取り結び、そこにおいて移民たちの個々の主体性もまた形成されるわけである。

つまり、モビリティの軌跡、移動空間というのは、「すでにある幾何学的な地図の上をただ移動する線、出発地から目的地への抽象的な線では決してない。移動空間それ自体が生きられた空間であり、それはかれらが出発、経由、到着する場所を物質的に変容させる空間の生産でもあ」（北川, 2017a, p. 87; 原口, 2016; Mori, 2015）るのだ。

IV. ランペドゥーザに移民博物館を？

1. 移民博物館というアイディア

ランペドゥーザに「移民博物館」を実現するというアイディアは、2009年に提出された。アスカーヴサによって発案されたこのアイディアは、半島、大陸からそれに興味を示す様々な人、集団を巻き込むかたちで進んでいく。

当初それは、アスカーヴサと、イタリア北部・トレントにある文化団体LIMEN、またそれに協力する環境同盟（Legambiente）などのイニシアチブによって開始された。ランペドゥーザの環境同盟は、島の広大な自然保護区の管理にも携わってきた団体であり、2012年5月から2017年6月までランペドゥーザ_リノーザの市長を務めたジュジー・ニコリーニ（Giusi Nicolini）を中心的人物としてきた団体である。当初、アスカーヴサはあくまでも「下から」の博物館を考えていたが、LIMENの意見もあり、行政、国家、EUなどの既存の制度に（経済面でも）依拠するやり方で、博物館は構想されることとなった。かれらは、市行政に話をもちかけたし、シチリア自治州の文化行政担当にもこの計画を伝えるに至った[12]。

しかし、2010年夏、あるウェブニュースにおいて、ランペドゥーザ_リノーザ市の文化行政評議委員の声明が公表された。それは、市行政を中心とするかたちで、ランペドゥーザに移民博物館が建設されるという内容であった。すでにシチリア州の文化行政担当と合意しているというのみならず、ニューヨーク・エリス島の移民博物館の助言をも得ているとのことである。さらにはビルバオのグッゲンハイム美術館のようなアートの傑作とするべく、国際的名声のある建築家を巻き込んで、この博物館を実現したいとのことである[13]。

これは、アスカーヴサのあずかり知らないところでなされた。「アイディア泥棒」[14]と、かれらは強く批判する。ここにおいて、当初からあった市行政、制度に対するかれらの不信感はさらに高まり、博物館をめぐる状況は複雑なものとなっていく。

他方、アスカーヴサとは関わりのないところでも、芸術家、人権団体、主流派メディア、企業などによって、

船とそこに残された移民たちの所持品を、「記憶」のために用いる試みはなされてきた。たとえば、ランペドゥーザの職人によって、現在の「悲劇」の記憶として、船の流木、木片から十字架がつくられた。移民たちの存在と苦悩、かれらの「悲劇」を伝えるために、そして「人々の心の壁を取り去る」ために、それは制作された。かれは、「塩、海、苦悩の匂いがするこの木」[15]からなる十字架を、2015年、大英博物館に寄贈した。

2016年には、ランペドゥーザの市行政が中心となった用意された「移民博物館」が期間限定で開館した。

2.「地中海の信頼と対話のための博物館」

2016年6月3日から10月3日まで、ランペドゥーザでは、「地中海の信頼と対話のための博物館」が開館した[16]。開館が10月3日までなのは、ある「悲劇」の追悼記念行事がその日にランペドゥーザで行われるからである。その「悲劇」とは、2013年10月3日に起こった大規模な難破である。島のうさぎ島ビーチから少しばかり離れたところで、主にエリトリア出身の人々368人が死亡したのである。この博物館のプロジェクトは、10月3日の「悲劇」を受けて、その応答としてすすめられてきたとも言えよう。それが博物館であるのは、「文化は、寛容、対話、相互理解の価値を広めるための本質をなす要素に相当する」[17]からとされる。それはまた、移民たちが置かれ続けている状況への警鐘、そしてかれらを受け入れてきた島民たちへの敬意の表明だともされる。この博物館は、地中海の「悲劇」と「交流」の中心地・ランペドゥーザを出発点として、「地中海の共通かつ複数のアイデンティティを承認し合う」[18]ための「信頼と対話」を求める。

この博物館は、ファースト・ソーシャル・ライフという全国規模のNPO、エリトリア出身のタレク・ブラーネをリーダーとし、10月3日を「記憶と受け入れの日」として法制化することを目指してきた[19]「10月3日委員会」、ランペドゥーザ–リノーザ市の計画で実現された。ちなみに、このときの市長は、先ほど言及したジュジー・ニコリーニである。この博物館にはまた、他に数々の協力者、支援者がいる。イタリアの文化財・文化活動省、シチリア自治州、チュニジアの文化省、所蔵品を貸与したウッフィツィ美術館やチュニジアのバルド博物館。さらには、イタリア海軍、憲兵警察の協力、国営放送局RAIの協力。資金面について言えば、そのすべては、保険会社など、多くの私的企業の支援から成り立っていた。

この博物館には、ウッフィツィ美術館所蔵のカラヴァッジョの絵画「眠るキューピッド」、シリア難民の少女によって描かれたデッサン、2016年2月にエジプトで暗殺されたイタリア人研究者の愛読書、10月3日の「悲劇」で兄弟を亡くした男性によって描かれた、エリトリアからの逃亡者が経験した拷問のデッサンなどが展示された。さらにそれらと並んで、移民たちの所持品もまた展示された。手紙、身元確認用の写真、家族の写真、パスポート、携帯電話、腕時計、指輪、ピアス。極めて個人的なもの、親密な領域を示すものが、ガラスケースに納められて展示された。これらのモノが展示された「記憶のセクション」のパネルにはこう書かれていた。「この空間は、一方のプライベートで、不完全で、断片的で、まとまりのない、親密な個々人の記憶と、他方の最も複雑であるが、最も共有されるパブリックな記憶とを突きあわせるためのものである」(Di Matteo, 2017, p. 184)。

2016年6月3日の開館時には、セルジョ・マッタレッラ大統領も駆けつけた。ニコリーニ市長と島民たちに迎えられ、博物館前のカステッロ広場で、彼は演説を行った。そこで強調されたのは、移民たちの状況のみならず、この島とその住民の存在である。「私は博物館のため、その重要性のためにここにいます。なぜなら文化は、人々をひとつにし、国際関係をよきものとするからです。文化は、決定的な重要性をもつ出会いの場所なのです。けれども、私がここにきた本当の理由は、ここでランペドゥーザの人々に次のように言うためです。イタリアは、ランペドゥーザを誇りに思っています。人間性の感覚、つまりこの島がはっきりと示し、示し続けている文化の水準は、特別に称賛すべきものです…（中略）…イタリアとヨーロッパは、救助された命、受け入れ、応急救護、ホスピタリティのために、ランペドゥーザへの感謝の気持ちを持っています」[20]。

この博物館は、地中海の信頼と対話のために用意された。「十字路、出会いの場所、ヨーロッパの扉という役割をより担うようになった」[21]ランペドゥーザは、「歓待」の身振りを通して、まさしくそれを示してきたというわけである。島民たちは、「受け入れ精神」、「寛大さ」、そして何よりその「人間性」を通して、他者の痛みを共有するという責任を果たしてきた。地中海の信頼と対話のためには、島民たちの示してきた振る舞いこそが必要不可欠だというわけである。

V. 境界スペクタクルと「船の墓場」

1.「悲劇」のスペクタクル

ランペドゥーザは「救助」、「受け入れ」、「歓待」の島として広く知られるようになった。確かに島民たちは、当初は自力で到来することもあった移民の対応に、独力であたることもあった。また、2011年の冬をはじめ、現在に至るまでの間に、島民による自律的な受け入れ活動は様々になされてきた。

ただしおよそ20年の間に、この島の境界景観を変貌させてきた一連の変動を、IVの2で述べたような表象に還元するのは性急に過ぎよう。たとえば、ランペドゥーザは、数多の移民たちの「侵略」によって、いつも「緊急事態」下にある島としてもまた構成されてきたのだ。移民収容所への過剰収容、長期収容、劣悪な衛生状況、警官の暴力、集団的強制送還。さらに、島民と移民との間の物理的衝突（2011年9月）、北部同盟という移民排斥を唱える政党への政治家の輩出。スフェルラッツォらが（やっとの思いで）公式に手に入れた移民の船に対する「ランペドゥーザ自由武装団」なるものによる放火。当然、移民の到来に対する島民の態度は一枚岩なものではない。しかし、10月3日の「悲劇」の前後から、この島は、「救助」と「受け入れ」の島として演出されることがより多くなってきたように思われるのも確かである。

実際、10月3日の「悲劇」をめぐる一連の映像は、他にも増して、強烈な情動的刺激を供給するものであった。海から引きあげられ、緑の袋に収められた数々の遺体、数多くの棺桶が並べられた映像、それを前にするニコリーニ市長、イタリア・EUの首脳たち（Sossi, 2016）。これ以降ランペドゥーザでは、毎年10月3日に、市行政、大統領、政治家、10月3日委員会、海軍、財務警察、国際人権団体、生存者が関わる「悲劇」の追悼行事が開催されてきた（北川, 2017b）。すでに2013年7月には、新たなローマ法王が、最初の外遊先として、ランペドゥーザを訪問していたが、2016年2月には、ランペドゥーザで撮影されたジャンフランコ・ロージ監督のドキュメンタリー映画『海は燃えている（Fuocoammare）』が、ベルリン国際映画祭で金熊賞を獲得した。そして、2011年冬に当時のシルヴィオ・ベルルスコーニ首相によって提案されていた「ランペドゥーザにノーベル平和賞を」というキャンペーンが再燃していく。

これらのいずれもが、多かれ少なかれ、IVのマッタレッラ大統領のそれと同様の言説を生み出し、同様の効果を与えるものであった。これらのスペクタクルにおいて何度も繰り返される言葉は、「悲劇」、「受け入れ」、「人間性」、「寛大さ」、「犠牲者」、「感謝」であり、とりわけ、ランペドゥーザの人々への賞賛である。「祝福を行う前に、今一度、あなたたちランペドゥーザ島民に感謝したい。たとえばその愛のために、たとえばその慈愛のため、たとえば、私たちに施してくれている受け入れ、あなたたちが行ってきたし、今も行っている受け入れのために。司教は、ランペドゥーザは希望の星だと言った。この手本は、全世界の希望の星である」（ローマ法王、2013年7月8日、ランペドゥーザ島にて）[22]。

すでに市長となっていたニコリーニは、10月3日の「悲劇」の前後から、イタリア本土、ヨーロッパにおいてその名を知られるようになっていく。彼女は市長になる以前からも、イタリア、ヨーロッパの移民政策を厳しく批判してきた。しかし、マッタレッラ大統領、レンツィ首相、各種首脳など、大陸から権威ある人々が島へ来るたびに、かれらを迎える市長としてのニコリーニの形象は、その批判的な姿勢をいくぶん曖昧なものとする効果を有していたことも否めない。「ランペドゥーザは、自分を恥じる必要のない、許しを請う必要のないイタリア、ヨーロッパの唯一の場所です。それはできる限りのことを行ってきたからです」（Nicolini & Bellingreri, 2013, p. 103）。島の「受け入れ」という側面が強調されることで、ニコリーニという形象は、この島を包摂する「境界スペクタクル（border spectacle）」の内部へと位置していく。

これらランペドゥーザを舞台とする一連の出来事は、昨今の批判的移民研究にならって、境界スペクタクルとして定義できる（Cuttitta, 2012; De Genova, 2013; Casas-Cortes et al., 2015; van Reekum, 2016）。スペクタクルとは、ただのイメージというよりも、イメージによって媒介された社会関係のことである（Debord, 1967 木下訳 2003）。この境界スペクタクルにおいては、スペクタクルのシナリオ自体が、ただ一方の側によって規定されている。ランペドゥーザへ「押し寄せるボート」を、「悲劇」、「犠牲者」、「救助」、「寛大」、「受け入れ」、「感謝」という言葉で語るのは、それをスペクタクルとして創出する「受け入れ」側である。それがどれほど「救助」を強調し、移民たちの「受け入れ」を叫ぶものであろうとも、この社会関係の一方的な構図は同様である。「受け入れる」側に立つという主体位置は、決して所与ではない。それはこのスペクタクルとそれがもたらす境界化を通して生み出される主体位置であり、主権的主体へと連接されゆく（Derrida, 1998 広瀬訳 1999; 鵜飼 2008）。この構図においては、移民たちは「犠牲者」としてのみ位置

づけられ、「私たち」は、かれらを救助する／すべき「受け入れ」の人間、別様に言えば、受け入れようが、選別しようが、かれらの生命に介入できる主権的主体となる。

「船の墓場」は、この境界スペクタクルに利用されてきたと言わざるを得ないのかもしれない。2014年10月3日の追悼行事の際、国営放送局は、「船の墓場」からの中継を行った。普段は船に触れてはいけないが、追悼の日にふさわしい「感動的な」演出をするため、関係者によって、船は舞台装置のごとく移動、再配置させられていた[23]。ローマ法王のミサも、（場所の都合もあるし、偶然だろうが）この「船の墓場」が背景となるサッカー場で行われた。

この文脈をふまえるなら、「船の墓場」はこの観光空間において、いかなる位置を占めていると言えようか。「移民は路上に見えてはいけない」が、「悲劇」のスペクタクルの内部に包摂された一定のモノであるなら、それは見えてもよいということだろうか。この点においても、「観光と移民は両立する」ということだろうか。

実際、「受け入れの島」というスペクタクルは、ある意味では、観光と移民を両立させる手法であるとも言えよう。2016年、ランペドゥーザは大幅な観光客の増加をみた。「ランペドゥーザの受け入れというエレメントは、ブランドの一部となった。このいっさいが、36％以上の観光客の増加に役立っている。これは映画『海は燃えている』を通してのことでもあるが、それだけではない」[24]。「受け入れ」というアイデンティティの構築は、周縁化された離島の戦略的本質主義としてみなしうるものであるのかもしれない。

2.「人間化」される移民と島民

地中海を船で渡る人びとは、「移民」として人種化され、そして「非人間化」されている。地中海のみならず、ヨーロッパの境界レジームのなかに包摂されるアフリカ大陸においても、状況は同様である。移動過程の不安定さ、法権利とは切り離され、ヨーロッパ諸国によって建設・支援された収容所に拘禁される移民たち。トリポリの動物園のなかに収容される移民たち（Vaughan-Williams, 2015）。

なら、ランペドゥーザで展開される人道的境界スペクタクルは、この生き残った移民たち、さらには地中海で死んでしまった移民たちを、再び「人間化」しているのだとも考えられる。かれらは救助されるべき命、人間であり、政治的・社会的困難から、自分のために、家族のために逃れてきた犠牲者である。かれらの否定された人間性が、この人道主義において回復させられる。船のなかにあった個人の写真、家族の写真、手紙、パスポートのなどかれらの所持品は、「移民」がひとりの人間であることを示すものであり、かれらが「私たちと同じ人間である」ことを思い出させるものであるのかもしれない。

しかし、どれほど善意に満ちていようとも、こうした態度を包摂してしまうスペクタクルは、移民たちの移動の空間、つまりモノと移民たちの身体の結びつきによって構成される移動空間の複雑さ、さらにはその政治性、抗争性を完全に見落とし、しまいにはそれを消去してしまいかねない。言うなれば、モビリティの空間から切り離されたモノを客体化すると同時に、その営為を通して、当の移民たちの存在をも客体化してしまう。実際、移動空間におけるモノと人の不可避的かつ内在的な結びつきは、およそこのようなモノから独立した「人間」という形象を、ほとんど困難なものとするポスト人間主義的な主体性を生産してもいる。移民たちのモビリティとモノのモビリティを言説的・物質的に切り離すこと、そしてそれらを外在的に意味づけることによってこそ、これらに外部から対峙する「私たち」という主権的主体が立ちあげられるのだ（Squire, 2014）。この主権的主体を体現するのは、国家のみではない。人道主義スペクタクルの上演に関わる国際人権団体や人権NGO、さらにはニコリーニ市長、ランペドゥーザ島民もまた、主権的なものを分有している／させられている。

ただし、ここではランペドゥーザの「島民」という形象の両義性にも注意せねばならない。なぜなら、「私たち」に含まれうるとはいえ、境界スペクタクルのなかで、かれらもまた著しく「人間」化されているからだ。受け入れ精神のある島民、他者の痛みに共感する島民、ヨーロッパ大陸の人々から感謝される島民、人間とはどういうものかを教えてくれる島民。ここにおいては、この島で生活する人々の日常はほとんど見えない。政治的・経済的・社会的にヨーロッパの「周辺」の離島で生きる人々の姿は何も見えない。ランペドゥーザはただ舞台であり、移民がそうであるように、島民はそこで決まった役割を演じるのみである。島を包摂するオリエンタリズム的スペクタクルのなかでは、移民と島民の両者がともに「人間化」されるのである。

「地中海の信頼と対話のための博物館」は、まさしくこのような文脈にあると言えよう。それを象徴するのが、この博物館の運営に島民たちがほとんど関わってはいないことである。この「博物館が設置される場所の現実、矛盾、歴史といかなる接触もないことは明らか

である」(Askavusa, 2016a)。たとえば、かれらが引き受けたかどうかはさておき、「地元の芸術家はその内部にいない」(Askavusa, 2016a)。博物館の計画にも運営にも、一般島民は何ひとつとして関わってはいない (Di Matteo, 2017, p. 190)。そうであるがゆえに、島の社会的文脈から切り離された境界スペクタクルの内側に位置するこの博物館は、「植民地主義の博物館」なのである。こう評するのは、自身も芸術家であるスフェルラッツォだ (Askavusa, 2016a)。それは「上から押し付けられた博物館である。その目的は、それが設置される場所、さらにはその場所のはるか向こう側の地域［筆者注：アフリカのこと］をも支配すること、博物館の内部で展開される言説を支配すること、移民についての言説を具体化することであり、ここ何年もなされているように、「人道主義」のそれを、移民についての言説が展開され、明示されるさいの計画とすることである」(Askavusa, 2016a)。

とするなら、ここにおいての政治的賭け金は、以下のようになる。この（再）人間化のスペクタクルに回収されることなしに、ランペドゥーザは移民とどのように出会えるのか。本稿の文脈でそれを言い換えるなら、（「ゴミ」とするわけでもなく）「人間化」しないようなやり方で、船やかれらの残していった所持品とどのように接触できるのか。これまで述べてきたモビリティをめぐる議論をふまえるなら、ひとつの方向性は、今一度、移動空間のなかにある。それは、人道主義が演出し規定する「人間」にはすっきりと収まらないような契機、むしろその人間とそれを可能とする装置を瓦解させるような契機を、移動空間のただなかにつかみとることにあるのではないか。これは、移民たちのモビリティを統治する境界レジームの主権的回路からの離脱を探ることとおよそ同義である。移民のモノと対峙するスフェルラッツォたちは、まさしくここに挑戦する。

VI.「ポルトM」の挑戦

1. 脱スペクタクル化の筋道

アスカーヴサは、2010年にアイディアが「泥棒」されてからも、市行政などと博物館をめぐって話をする機会を設けたり、博物館について詳しい専門家との協働を模索したりしてきた。2012年6月にニコリーニが市長となってからもそうであった。

しかし、2013年10月3日の「悲劇」とその帰結としてのスペクタクル化、また「悲劇」の原因究明をめぐる不和によって、この模索は終了する。かれらは制度の水準において博物館を設けることを完全に拒否する。「アスカーヴサは、移民たちのモノとの行程を完全に自分たち自身で領有し、おのれの方針を再度はっきりとさせる決定をした。あらゆる類の妥協も媒介もなしに」[25]。「地中海の信頼と対話の博物館」を強く批判するかれらはこう述べる。「私たちは制度的博物館の道のりをもう長らく捨てさり、まさしく信頼と対話の博物館によって例証された経験を避けるために、制度の側からの金銭的支援と「支え」を拒否する選択をしたのである」(Askavusa, 2016a)。かれらはおのれの自律的な政治的行程をいっさいの妥協なしに重視しはじめる。当初協力していたLIMENなどの集団との関係も変わっていく。

アスカーヴサによるなら、既存の制度・企業・国際人権団体から距離をとるのは、かれらこそが移民たちに困窮を強い、劣悪な労働条件において移民たちを搾取してきた張本人にほかならないからである。境界管理を厳しくし、移民たちをより危険な方法や経路での移動に追いやり、「悲劇」を生み出しているのは、かれらだからである。移民たちを犯罪化し、強制送還し、移民収容所を支えているのは、かれらだからである。アフリカの国々の独裁を支持し、武器を販売し、土地を収奪し、住民をそこで生きられない状況へ、土地から逃げるよう強いているのは、かれらだからである[26]。だからこそ「私たちの皆に資本主義システムに対する怒り、メディアが文化的にヘゲモニックであることに対する怒り、銀行、ある種の財団、ENI[27] から出資を受ける文化がヘゲモニックであること、あるいは、諸々の地域全体を荒廃させ、貧窮と集団移動を生み出しておきながら、いわゆる「社会的な」テーマについてのフェスティバル、映画などに出資し、面目と意識を綺麗にとりつくろっているその他の団体から出資を受ける文化がヘゲモニックであることに対する怒りが増してきたのだ」[28]。

「連中は私たちからいつも金を巻きあげる」(Schapendonk, 2017, p. 2)。移民たちはアフリカ大陸の移動過程で、様々な人たちに金を払う。「密航斡旋業者」と呼ばれる人に対してのみならず、移動過程ではその都度、役人、兵士、運転手、「追い剥ぎ」などに金を払うことで、かれらはその移動を成し遂げる。ただし、それはヨーロッパにたどり着いてからもあてはまるのではないか。人道的スペクタクルのなかで「悲劇」の責任者として告発されるアフリカの「密航斡旋業者」だけが利益をあげているのではない。ヨーロッパの様々な主体もまた、移動空間の生産に介入することで利益をあげている。移民収容所のビ

ジネス、セキュリティ技術の開発などの「移民産業」や「境界産業」にとっては、移民たちのモビリティ、この地中海の危険な旅が、かれらにとっての利益の源泉となっている（Baird, 2015; Cranston, Schapendonk & Spaan, 2017; 北川, 2017a）。

移民たちは、海上での「救助」のスペクタクルの後、大陸へと運ばれて、「不法移民」として放置されることも多い（Tazzioli, 2015）。権利や保護の枠組みからはほとんど放置され、拘禁可能性、強制送還可能性を背負わされたままその労働力は搾取、略奪される。この価値を低く見積もられる生きた労働から企業は利益を得る。それは船というモノについてさえ同様なのである。IIで言及したように、企業は、それを移動、解体、処分することで利益を得る。

このように考えるなら、スペクタクル、そして資本の論理のなかで、移民たちの残していった船やモノを語ること、まさしく商品のようにそれらをまなざすのを避けることがまた、アスカーヴサにとっての重要な目的となるだろう。だからかれらは、制度や企業からは自律したやり方で、これらのモノを「展示」することを目指す。移民のモノは「ゴミ」でもなければ、「人間的なモノ」でもないと。

2. 客体化から解放されるモノ

なら、どのように展示するのか。ここにおいて、アスカーヴサによってつくりあげられたのが、「ポルトM（PortoM）」という空間である。2014年2月にひとまず「完成」したポルトMは、しばらく確固たる空間を持てずにいたアスカーヴサが自主管理する議論・研究、文化・政治イベントのスペースであり、そこに移民たちの数々のモノが展示されている。ポルトMの外観は、ランダムに貼り付けられた移民の船の流木からできている（図2）。ちなみに、Portoとは「港」であり、Mには、移民（migrazione）、海（mare）、軍事化（militarizzazione）、博物館（museo）、記憶（memoria）など、様々な意味が込められている。ここで詳述できないが、この場所は、「移民」の主題のみならず、それと島のなかの社会問題の連接が模索される場所でもある。

アスカーヴサによる展示は、これらのモノをカタログ化すること、これらに説明文を加えることのいっさいを拒否している。実際、ポルトMは、いわゆる博物館の展示様式からは程遠い。中に入ると、「船の墓場」でスフェルラッツォらによって拾い集められてきた数々のモノ[29]（それはかれらが集めたもののほんの一部である）に取

図2　ポルトMの外観
（2015年9月30日　筆者撮影）

図3　ポルトMの内観1
（2015年9月24日　筆者撮影）

図4　ポルトMの内観2
（2015年9月24日　筆者撮影）

り囲まれるかのようである（図3、4）。いくつかの聖書やクルアーン、壁に掛けられた女性用の衣服、料理用の鍋、なおも水が入ったものもあるたくさんのペットボトル。それらには、アラビア語のラベルがついている。カセットテープ、洗面用具らしきもの、チュニジアの国旗、大量の救命胴衣、救命浮環。天井に吊りあげられたたくさんの靴。

ちなみに、手紙や日記、身元証明書、家族写真らしきものを、アスカーヴサは展示していない（どこかの当局によって身元確認のために撮影されたと思われる写真のみ展示されている）。それは、これら個人の親密さを示すものは、それを見た人の心を動かすかもしれないが、それはいくぶんありふれた反応、先ほどから述べている言葉で言えば、「人間」化、人道主義の物語へと容易に回収されてしまうからでもあろう（Di Matteo, 2017）。つまり、そこにおいてそのモノを見る主体は、およそ外部の位置に立つことができる。この移民たちの危険な旅、数々の溺死、かれらが被る搾取の外部に位置しながら、それらを「移民」の話としてきれいに翻訳、了解してしまう。その結果、移民たちと「私たち」の間の分離をなんら問うことのない主体性を立ちあげてしまいかねない。

だから、かれらは、分類、名づけ、個別化を拒否する。そして、モノそれ自体のエネルギーに賭けるのだ。「そう［分類］するほどに、物質のエネルギーが奪われていく気がする」[30]。アスカーヴサのファブリツィオ・ファズーロの言葉を借りるなら、かれらは、それらを客体化から解放されたモノ（oggetti svincolati dall'oggettivazione）[31]として提示しようとするのである。客体化されないモノ、それは同時に、見る人を独立した主体、切り離された主体として成立させないことでもある。いくぶん極端に言うなら、ここにおいては、モノと人が同様の地平で関係形成を行う渦の内側に位置しているということであり、その潜勢的な領域こそが賭け金となっているのだ。

「モノ、すべてのモノは、エネルギーを保持しては、それを解き放つ。あらゆる物質は、エネルギー、振動、運動であり、エネルギーは物質を貫き、物質を解体し、物質を永遠に改める。内部から外部へと。私たち自身がこの永遠運動の一部なのである。なら、どうやってモノと私たちは関係を築くのか？　無限のやり方においてである…（中略）…誰かが見物人として、研究者として、操り上手な人として、モノの前に身を置くたびに、モノはエネルギーの水準でも文化の水準でも、おのれを再びつくりなおすのである。いっさいがいつも永遠の変容過程にある。だから、モノに価値を与えて、それらをアーカイヴ化し、修復、保護をして、「固定化」するために私たちがなすあらゆる努力にもかかわらず、モノもまたいつも変容しているのである。モノについて記述することで、モノは別の価値を引き受けることになるが、記述されればされるほど、エネルギー、本来的な価値を失っていくことだろう。概念が形態、機能、物質、エネルギーから切り離されるほどに、概念はモノとは異なるものになっていくことだろう」[32]。

スフェルラッツォは、芸術家であり歌手でもある。2005年にはじめて移民のモノと接触したとき、彼もまたそれらのモノから芸術作品を制作した。しかしそれ以後、2009年まで、つまりアスカーヴサが結成されるまでの間、彼は「船の墓場」でモノを探すことはできなかったという。「これらのモノと接触することは、私にとって、新しいアルファベット、音もせず規則もない言語へと自分を開くことだった。ほんとうにこの潜勢力と、これほどたくさんの言外の意味とともに、私が生きたこの経験は、とても大きな何かと関係しているという印象だった。まるで無数の人々が結びついている糸をたぐりよせる立場に身を置いたようだった」[33]。彼のいう潜勢力とは、まさにこのモノと人の構成する無数の関係形成の渦のことだろう。スフェルラッツォは、この関係のただなかに入り込むことで、いわば地中海の無数の死者たち、さらにはランペドゥーザを通り過ぎていった無数の移民たちに、〈いまここ〉で出会ったのだ。

ただし、こうしたモノへの態度が、モノそれ自体の物神崇拝に陥ってしまう危険もある。かれらは、自分たちがこうした展示の専門家ではないとも述べる。この点について、ファズーロは以下のように語る。「私たちはモノでみちている世界に生きています。私たちの大衆消費世界は確かに、あらゆるモノを商品化している。たとえ商品のすべてがモノではないとしても。商品化されたモノは、問いを切り開かない。欲求を満足させるのに役立つだけです」[34]。あらゆるモノを商品化する資本主義においては、船や移民たちの所持品もまた、「捨てられたモノかゴミにせよ、あるいは支配的な情報によるフェティシズム化の対象となるにせよ」[35]、いずれもが商品化のコードに包摂されているとも言えよう。それとは反対に、「ここにあるのは欲求から解放されたモノなのです。それらは君を審問する。そして、それを見て、それに意味を与えるのは君なのです」[36]。この過程においては、「沈黙」が不可欠である。「これらのモノは沈黙に捧

げられています。私たちの社会はあまねく言葉を生産しています。だから、沈黙して、それに意味を与える。それからまた進む」[37]。それゆえに、ポルトMは、既存の社会とは「別の時間性を構築する場所でもあろうとする」[38]のである。

なおも試行錯誤の過程にあるこの記憶の空間において、かれらが欲するのは、答えではなく、あくまでも問いを生み出すことである。それゆえ、見物した人たちに、ひとつの答えを押しつけることもない。ただしそこには、モノの背後に隠れる社会的諸関係、地中海、ヨーロッパ、アフリカへと連なる歴史的でも地理的でもある社会的諸関係の断片を、モノを見物するひとりひとりが自分のやり方でたぐりよせることの政治性が賭けられている。「船は、歴史的・現代的な意味において、最後にある生産物なのです。だから沈黙が必要なのです…（中略）…鎖の最後の輪で立ち止まらずに、それ以前の輪を浮かびあがらせる」[39]ことが賭け金なのだ。その輪というのは、地中海を裁断してきた植民地主義、継続する植民地主義への視線である。いくぶんはっきりとした口調でファズーロが話すように、「この背後には、植民地主義の歴史、コロニアルなヨーロッパ・モデルの歴史がある」[40]。「この船からは、船自体を超えていくたくさんの行程が開かれる」[41]。それこそがアスカーヴサからすると、「潜在的にたくさんの果実をもたらしうることなのです。だからここは博物館ではない」[42]のである。

3. 移動空間を再構成するモノ

本稿の問題意識、Ⅲで言及したモビリティと移動空間をめぐる議論に引きつけて、上述のポルトMの政治性について、さらなる考察をしておきたい。

ポルトMにおいては、そのモノの解釈はできる限り見る人に任せられている。とはいえ、それは既存のスペクタクル化やフェティシズム化から離脱するような時間性、空間性を確保することでもあった。それは船のようなモノの背後にある諸関係、（ポスト）植民地支配の諸関係を浮かびあがらせることでもあるが、ファズーロがさらに述べてくれたように、そこから、スペクタクル化され、客体化された移民たちが生きるかれらの視点なるものへと、見る人たちを巻き込んでいくというねらいも有していよう。言い換えるならば、それは、移動空間から切り離されたはずのモノがなおも生起させる新たな軌道、切り離されたモノがなおもつくりだすエネルギーの内側に、いまいちど人が巻き込まれていくような空間・時間をつくりだすことでもあろう。

船あるいは所持品などのモノは、移民たちの移動空間において、極めて両義的な役割を果たしている。すでに述べたように、この移動空間は、それを媒介する人たち、たとえば船を用意する「斡旋業者」が利益を得るところでもあるし、難破という「悲劇」をもたらしかねないところでもある。しかし、移動空間、船それ自体は、どれほど「悲惨」と言われようと、移民たちのモビリティを可能とするものでもある。それが、およそ消去不可能な移動、移住への欲望、より正確に言えば、生への欲望を実現する装置として動いていることも事実である。船という空間をおりなす人とモノの構成は、ただ「悲惨」な旅としてのみ片付けはできないほどに複雑であり、予測困難なやり方で形成され、空間的に移動し続けている。

批判的移民研究のなかでは、このモビリティのはらむ両義性に目を向けることで、統治の対象とされた移民たちが断じて予想通りに、思い通りには動かないこともまた、様々な研究者によって強調されてきた。かれらは、そのような移民の統治されなさのなかに、ある種の自律性、過剰性を読み込もうとしてきた。この「移民の自律性」アプローチは、このモビリティの自律性や過剰性の領域を、政治的緊張と敵対性の場として位置づける。この領域を、資本や統治の諸装置は、自身の目的にしたがって、労働力として、またセキュリティの対象として枠づけ捕獲しようとしてきたが、歴史的に移民たちは、それには回収できないような性格をもったモビリティとそれを物質化する主体形成を行ってきたのだ（Mezzadra, 2001/ 2006 北川訳 2015; Papadopoulos, Stephenson & Tsianos, 2008; Tazzioli, 2014）。

「観光客」と「不法移民」に象徴される、現在のグローバル資本主義下でのモビリティをめぐる不均等性をふまえるなら、必要なあらゆる手段で移動する移民たちは、かれらの移動に対していかなる形容が付与されようとも、この不平等性になんらかのやり方で挑戦しているのだと言える。張り巡らされるポストコロニアルな境界レジームの封じ込めや統治を逃れ、「逃走の権利」を行使し、別の場所へと移動するさいにつくりだされるこの移動空間は、ポストコロニアルな闘争の空間でもある（Mellino, 2013; 北川, 2015）。だからこそ、サンドロ・メッザードラやヤン・ムーリエ＝ブータンは、こうした移動、いわばそれまでの土地や生の形式から切り離された移民労働力のモビリティのなかに自律性、さらには階級闘争の領域を読み込んできた。歴史的にみても、いつも資本と国家の主権性の捕獲に収まらない人々、抵抗する人々、それとは別の生き延び方を模索、実現する人た

ちがいた。強調すべきは、それが自律的なモビリティの行使によってもまた表現されてきたことであり、なおもそうあり続けていることである（Moulier Boutang, 1998; Mezzadra, 2008; Linebaugh & Rediker, 1990 栢木訳 2011）。

とするなら最後に、以下のような問いを設定しておくこともできよう。地中海を縦断する移動空間の生産とその闘争に、ポルトM、そこにある移民たちのモノ、そしてそれらに潜在する記憶は、いかにして物理的かつ想像的に関われるのだろうか。さらには、移動空間それ自体の一部に、いかにして生成することができるのだろうか。VIIでこの点に言及して、本稿を終わりとする。

VII. おわりに

本稿では、観光地でもあるランペドゥーザに留まり続ける、移民たちの移動空間を構成していたはずの船や、そこに残された所持品の物質性とモビリティについて問うてきた。それらは、様々な人々を巻き込み、触発してきた。一方には、そのモノの内側に巻き込まれながらも、それをスペクタクルとして客体化することで、人間的かつ主権的な主体を立ちあげる、そしてそれを通して、移民たち自身をも客体化するヘゲモニックな状況があった。他方には、たとえそれを「展示」するとしても、その物質性とモビリティのただなかにおいて、その内側に留まりながら、移民たちのモノとの関係性、さらには移民たちとの関係性を模索する、ある意味では脱主権的な態度があった。

2016年5月初旬、雨のなか、ランペドゥーザの移民収容所から、70人ほどのエリトリア人の男性、女性が逃亡した（後にさらに他の国籍の人々も増えた）。かれらは、街の中心部にある教会前の広場を占拠し、そこで一週間弱にわたり寝泊まりをした。このエリトリア人たちは、2ヶ月から4ヶ月、収容所に幽閉されていた。かれらは、指紋の押捺を拒否しているがゆえに、これほど長く幽閉されており、数人の警察からはひどい扱いを受けたと主張した[43]。指紋を押捺すれば、ヨーロッパのダブリン規制によって、難民申請するにしても、かれらはイタリアに留まらなければならなくなる。たとえかれらが別の国へ行きたいとしてもである。

収容所において不可視とされていたこの移民たちは、確固たる要求を声にして、島のなかでおのれの存在を可視化した。移民たちが街中で可視的でなければよいともされてきたこの島において、この移民たちの可視性、具体的な政治的要求をともなったこの可視性、いわば政治の場面（Rancière, 1995 松葉・大森・藤江訳 2005）はいかなる意味を持ち得るのだろうか（たとえまだ観光シーズンではなかったとしても）。「船の墓場」をはじめ、移民たちの移動する生きた身体から切り離された所持品は、様々なやり方で可視化されてきたわけであるが、まさしくその所持品として展示されるモノである衣服や靴を身につけた生きた移民たちの身体、あるいはスペクタクル化されるモノから切り離されたはずの身体が現れたとき、それはいかなる不和をランペドゥーザに生み出すのか。

ここにおいて、かれらにただちに応答し、かれらと共に過ごしたのは、主にスフェルラッツォたちだった。夜もいっしょにいたスフェルラッツォらは、食糧や衣服を配るのみならず（広場の占拠者＝移民たちは、島民からの食糧だけは受け取った）、広場を占拠し続けるというかれらの闘争を支えたほとんど唯一の人々であり、かれらの対話者となりえた唯一の人々である。スフェルラッツォらは、エリトリア人によって作成された要求・主張の翻訳を手伝った。広場近隣の島民から占拠に対する不満（主に汚物のため）が高まったとき、スフェルラッツォたちは、別の場所へと移動する提案をしたが、占拠者たちはそれを受け入れた。かれらを収容所へと連れ戻そうと説得した人々、警察はもちろん、国際人権団体、さらにはニコリーニ市長らは、いずれもこの移民たちから拒否された。かれらは対話者とはなれなかった。

「こんな条件で指紋を残すことは、私たちの未来を選択する自由を残すものではない。たとえばそれは、すでに別の国にいる自分の家族、あるいはコミュニティに再結合できるといった自由である。私たちはランペドゥーザから出ていきたい。自分の国から逃亡して、探し求めている保護のために。私たちの多くは、ハンガーストライキを行っている。それをやめるつもりはない」[44]。

どれほどミクロかつローカルであろうとも、収容所からの脱走、つまりは移民たちの主体性によって、島の内側にさらなる移動空間が形成されたとき、そしてさらなる移動空間への要求がなされたとき、船を「ゴミ」として処理したい人々はもちろん、それをスペクタクル化する人々は、事実上、この移動空間を断ち切る側、統治の側へとやはり身を置いている。その一方で、アスカーヴサような立場の人々は、たとえその空間がどれほど両義的であり続けるとしても、おのれを移民インフラストラクチャーそのものへと改変することによって、かれらのさらなる移動空間の形成に力を貸そうとする。

ちなみに、アスカーヴサによるなら、この出来事をテレビはほとんど伝えなかったようだ。「受け入れの島」として島のイメージを損なうからだとかれらは論じる（Askavusa, 2016b）。だとすれば、それは不可視化であろう。身体から切り離されたモノは崇拝の対象となるが、身体と共にあるモノはなんら崇拝の対象ではない。この場合はむしろ、それは「ゴミ」であり、それを身につける移民たちの身体も、地中海で死んでもよい存在としてほとんど「ゴミ」のように扱われているとさえ言えるのかもしれない。

　ただし、この小さな離島においても、広場という場所自体がすでに移民たちの移動空間の内側に入り込むこと＝占拠されうることはもはや否定できない。ランペドゥーザの街中、観光客がナイトライフを楽しむ場所もまた、かれらの移動空間の内側へとおりこまれうるのである。

注

1) とはいえ、1970年代から、観光客用の休暇施設を建設するために、本土の不動産業者が島の土地を市から購入しはじめていた。ちなみに、歌手ドメニコ・モドゥーニョが、70年代にうさぎ島海岸のすぐ近くの建物を購入し、別荘を建てていた。
2) http://www.linkiesta.it/it/article/2017/03/17/negli-ultimi-15-anni-sono-morti-nel-mediterraneo-oltre-30mila-migranti/33575
3) ただし、ここで詳述できないとはいえ付言しておけば、かれらの存在が街中において可視化された回数は数知れない。特に、観光シーズンではない冬場は、移民たちが収容所のフェンスにあいた穴から街中へと「自由に」出てこられるような状況もある。
4) ニーノ・タラント（Nino Taranto）への筆者によるインタビュー、2017年2月18日。タラントによって島のなかの意見として語られた。
5) ジュゼッペ・パルメーリ（Giuseppe Palmeri）への筆者によるインタビュー、2011年6月15日。
6) http://www.agrigentonotizie.it/cronaca/estate-incremento-turisti-lampedusa-ottobre-2016.html
7) http://www.mmasciata.it/primo-piano/3896_reportage-lampedusa-cimitero-abbandonato-dai-media
8) これはEUによって定められた規則でもある。https://www.micciacorta.it/2010/09/le-memorie-di-lampedusa
9) https://giacomosferlazzoilfigliodiabele.wordpress.com/la-parola-e-bussola/4
10) 前掲8)
11) こうした配置の目的や合理性は、決してひとつではない。そこには、セキュリティの強化、労働力の確保、人道主義の道徳、人権の保護など、相矛盾することもある複数の統治合理性が同居しており、ときに衝突し、ときに結びつく（メッザードラ・北川, 2016）。
12) https://askavusa.wordpress.com/con-gli-oggetti
13) http://www.nannimagazine.it/articolo/5533/Sara-a-Lampedusa-il-museo-delle-migrazioni
14) https://lentiggini.wordpress.com/2011/09/30/lampedusa-sbarchi
15) http://www.bbc.com/news/world-europe-35360682
16) 筆者は、開館の期間中に、「地中海の信頼と対話のための博物館」を見にいくことはできなかった。
17) http://musei.beniculturali.it/progetti/lampedusa-verso-il-museo-della-fiducia-e-del-dialogo-per-il-mediterraneo
18) 前掲17)
19) 2016年3月、イタリアの上院において、10月3日を「記憶と受け入れの日」とする法案が可決された。
20) http://www.quirinale.it/elementi/Continua.aspx?tipo=Video&key=1163&vKey=1015&fVideo=7
21) 前掲20)
22) https://w2.vatican.va/content/francesco/it/homilies/2013/documents/papa-francesco_20130708_omelia-lampedusa.html
23) http://www.askavusa.com/solidarieta-ad-alessandro-marino-e-grazia-migliosini-soccorritori-del-naufragio-del-3-ottobre-denunciati-per-aggressione-verbale-dal-giornalista-valerio-cataldi
24) 前掲6)
25) 前掲12)
26) ジャコモ・スフェルラッツォへの筆者によるインタビュー、2011年6月13日。
27) もとは、イタリア炭化水素公社のことを指す。1953年に設立された国営企業であったが、1992年に民営化。いまも国が一部、株を保有している。世界73ヶ国で活動している主に石油とガスにかかわ

る多国籍企業であり、石油メジャーの一社であると言えよう。

28）前掲12）
29）当初、スフェルラッツォたちは、これらのモノ、所持品を、持ち主を探し出して、返却しようとしていたが、それは困難であった。
30）前掲12）
31）ファブリツィオ・ファズーロ（Fabrizio Fasulo）への筆者によるインタビュー、2015年5月4日。
32）前掲12）
33）前掲12）
34）前掲31）
35）前掲31）
36）前掲31）
37）前掲31）
38）前掲31）
39）前掲31）
40）前掲31）
41）前掲31）
42）前掲31）
43）http://www.meltingpot.org/Nuova-protesta-pacifica-nella-piazza-principale-di.html#.WdxQARZsOX0
44）前掲43）

参照文献

Agamben, G. (1995). *Homo sacer: Il potere sovrano e la nuda vita*, Torino: Einaudi.［高桑和巳訳（2003）『ホモ・サケル——主権権力と剥き出しの生』以文社］

Askavusa.(2011). Ladri di idee. lentiggini: prove di comunicazione. Retrieved 2018, February 11, from https://lentiggini.wordpress.com/2011/09/30/lampedusa-sbarchi

——— (2014a). PortoM. Retrieved 2018, February 11, from https://askavusa.wordpress.com/con-gli-oggetti

——— (2014b). Solidarietà ad Alessandro Marino e Grazia Migliosini, soccorritori del naufragio del 3 Ottobre denunciati per aggressione verbale dal giornalista Valerio Cataldi. Retrieved 2018, February 11, from https://askavusa.wordpress.com/2014/10/07/solidarieta-ad-alessandro-marino-e-grazia-migliosini-soccorritori-del-naufragio-del-3-ottobre-denunciati-per-aggressione-verbale-dal-giornalista-valerio-cataldi

——— (2016a). *Sul museo della fiducia e del dialogo a Lampedusa*. Retrieved 2017, October 30, from https://askavusa.wordpress.com/2016/05/31/sul-museo-della-fiducia-e-del-dialogo-a-lampedusa

——— (2016b). *Lampedusa 06/05/2016: Comunicato delle persone "migranti" in protesta.* Retreived 2017, October 30, from https://askavusa.wordpress.com/2016/05/07/lampedusa-06052016-comunicato-delle-persone-migranti-in-protesta

Baird, T. (2015). L'industria del confine. *Intrasformazione: Rivista di storia delle idée*. 4(2): 25–31.

Balibar, É. (2001). *Nous, citoyens d'Europe?: Les frontières, l'État, le peuple,* Paris: La Découverte.［松葉祥一・亀井大輔訳（2008）『ヨーロッパ市民とは誰か——境界・市民・民衆』平凡社］

Barbadoro, S. (2016). Lampedusa vince nel turismo, l'isola tra le mete più ambite. AgrigentoNotizie. Retrieved 2018, February 11, from http://www.agrigentonotizie.it/cronaca/estate-incremento-turisti-lampedusa-ottobre-2016.html

Bauman, Z. (1998). *Globalization: The human consequences*, Cambridge: Polity Press.［澤田眞治・中井愛子訳（2010）『グローバリゼーション——人間への影響』法政大学出版局］

Casas-Cortes, M., Cobarrubias, S., De Genova, N., Casas-Cortesm M., Cobarrubias, S., De Genova, N., Garelli, G., Grappi, G., Heller C., Hess, S., Kasparek, B., Mezzadra, S., Neilson, B., Peano, I., Pezzani, L., Pickles, J., Rahola, F., Riedner, L., Scheel, S., & Tazzioli, M. (2015). New keywords: Migration and borders. *Cultural Studies.* 29 (1): 55–87.

Cranston, S., Schapendonk, J., & Spaan, E. (2017). New directions in exploring the migration industries: introduction to special issue. *Journal of Ethnic and Migration Studies*, Retrieved 2017, October 31, from http://www.tandfonline.com/doi/pdf/10.1080/1369183X.2017.1315504?needAccess=true

Cuttitta, P. (2012). *Lo spettacolo del confine: Lampedusa tra produzione e messa in scena della frontiera*. Milano: Mimesis.

Dalena, M. (2015). Lampedusa, un cimitero abbandonato dai media. Mmasciata. Retrieved 2018, February 11, from http://www.mmasciata.it/primo-piano/3896_reportage-lampedusa-cimitero-abbandonato-dai-media

Debord, G. (1967). *La société du spectacle*, Paris: Buchet Chastel.［木下誠訳（2003）『スペクタクルの社会』筑摩書房］

De Genova, N. (2013). Spectacles of migrant "illegality": the scene of exclusion, the obscene of inclusion. *Ethnic and Racial Studies*. 36(7): 1180–1198.

Derrida, J. (1998). *De l'hospitalité (Anne Dufourmantelle invite Jacque Derrida à répondre)*, Paris: Calmann-Lévy.［廣瀬浩司訳（1999）『歓待について——パリのゼミナール』産業図書］

Di Matteo, G. (2017). *Turismo e immigrazione. Lampedusa come laboratorio di sostenibilità sociale (Tesi di Laurea)*. Università Ca' Foscari Venezia. Retrieved 2017, October 31, from http://dspace.unive.it/bitstream/handle/10579/9753/855435-1200030.pdf?sequence=2

Direzione generale Musei. (2016). Lampedusa. Verso il museo della fiducia e del dialogo per il Mediterraneo. Retrieved 2018, February 11, from http://musei.beniculturali.it/progetti/lampedusa-verso-il-museo-della-fiducia-e-del-dialogo-per-il-mediterraneo

Foucault, M. (2004). *Securité, territoire, population: Cours au Collège de France (1977-1978)*, Paris: Gallimard/Le Seuil.［高桑和巳訳（2007）『ミシェル・フーコー講義集成7 安全・領土・人口——コレージュ・ド・フランス講義1977－1978年度』筑摩書房］

原口剛（2016）『叫びの都市——寄せ場、釜ヶ崎、流動的下層労働者』洛北出版

Kirby, E. J. (2016). Migrant crisis: How Lampedusa memorial reached British Museum. BBC News. Retrieved 2018, February 11, from http://www.bbc.com/news/world-europe-35360682

北川眞也（2012）「ヨーロッパ・地中海を揺れ動くポストコロニアルな境界——イタリア・ランペドゥーザ島における移民の「閉じ込め」の諸形態」『境界研究』3：15-44.

―――（2015）「ポストコロニアル・ヨーロッパに市民はひとりもいない」『現代思想』43(20)：70-80.

―――（2017a）「移民と境界——分有され、移動し、包摂する境界と移民の自律性」『地理』62(1)：80-87.

―――（2017b）「グローバリゼーションと移民」土肥秀行・山手昌樹編『教養のイタリア近現代史』（pp. 309-322）ミネルヴァ書房

LIMEN. (2010). *Un incendio distrugge le barche dei migranti*. Retrieved 2017, October 30, from https://limentn.wordpress.com/2010/09/15/un-incendio-distrugge-le-barche-dei-migranti

Linebaugh, P., & Rediker, M. (1990). The many-headed hydra: sailors, slaves, and the Atlantic working class in the Eighteenth Century. *Journal of Historical Sociology*. 3(3): 225-252.［栢木清吾（2011）「多頭のヒドラ——18世紀における水夫、奴隷、そして大西洋の労働者階級」『現代思想』39(10)：32-59］

前田幸男（2009）「パスポート・ビザからみた統治性の諸問題——『e-パスポートによる移動の加速・管理の深化』と『アフリカ大陸への封じ込め』」『国際政治』155：126-147.

Mattarella, S. (2016). Intervento del Presidente Mattarella a Lampedusa. Retrieved 2018, February 11, from http://www.quirinale.it/elementi/Continua.aspx?tipo=Video&key=1163&vKey=1015&fVideo=7

Mellino, M. (2013). *Cittadinanze postcoloniali. Appartenenze, razza e razzismo in Europa e in Italia*. Roma: Carocci.

S. メッザードラ・北川眞也（2016）「危機のヨーロッパ——移民・難民、階級構成、ポストコロニアル資本主義（前篇）」最終閲覧日2017年10月30日，http://www.jimbunshoin.co.jp/news/n14762.html

Mezzadra, S. (2001/ 2006). *Diritto di fuga: Migrazioni, cittadinanza, globalizzazione 2nd edizione*, Verona: Ombre Corte.［北川眞也訳（2015）『逃走の権利——移民、シティズンシップ、グローバル

化』人文書院]

———(2008). *La condizione postcoloniale: Storia e politica nel presente globale.* Verona: Ombre Corte.

Mezzadra, S., & Neilson, N. (2013). *Border as method, or, the multiplication of labor.* Durham, NC and London: Duke University Press.

Mori, M. (2015). Geographies of precarious condition in the post-Fukushima. *Dialogues in Human Geography.* 5(1): 122–124.

Moulier Boutang, Y. (1998). *De l'esclavage au salariat: Économie historique du salariat bride*, Paris: Presses Universitaires de France. [Traduzione di Campagnano, L., Bussoni, I., & Bonura, S. (2002). *Dalla schiavitù al lavoro salariato.* Roma: Manifestolibri.]

NanniMagazine. (2010). Sarà a Lampedusa il museo delle migrazioni. NanniMagazine. Retrieved 2018, February 11, from http://www.nannimagazine.it/articolo/5533/Sara-a-Lampedusa-il-museo-delle-migrazioni

Nicolini, G., & Bellingreri, M. (2013). *Lampedusa: Conversazioni su isole, politica, migranti.* Torino: Edizioni Gruppo Abele.

Papadopoulos, D., Stephenson, N., & Tsianos, V. (2008). *Escape routes: Control and subversion in the 21st century.* London: Pluto Press.

Perera, S. (2009). *Australia and the Insular Imagination: Beaches, borders, boats, and bodies.* New York: Palgrave Macmillan.

Progetto Melting Pot Europa. (2016). Nuova protesta pacifica nella piazza principale di Lampedusa. I rifugiati bloccati nell'hot spot: "Vogliamo andare via da questa prigione". Retrieved 2018, February 11, from http://www.meltingpot.org/Nuova-protesta-pacifica-nella-piazza-principale-di.html#.WoBDzc6XpyE

Rancière, J. (1995). *La mésentente*, Paris: Galilée. [松葉祥一・大森秀臣・藤江成夫訳 (2005)『不和あるいは了解なき了解——政治の哲学は可能か』インスクリプト]

Santo Padre Francesco (2013). Visita a Lampedusa. Omelia del Santo Padre Francesco. Retrieved 2018, February 11, from https://w2.vatican.va/content/francesco/it/homilies/2013/documents/papa-francesco_20130708_omelia-lampedusa.html

Sarti, M. (2017). Negli ultimi 15 anni sono morti nel Mediterraneo oltre 30mila migranti. La maggior parte resta ancora senza un nome. Linkiesta. Retrieved 2018, February 11, from http://www.linkiesta.it/it/article/2017/03/17/negli-ultimi-15-anni-sono-morti-nel-mediterraneo-oltre-30mila-migranti/33575

Schapendonk, J. (2017). Navigating the migration industry: migrants moving through an African-European web of facilitation/control, *Journal of Ethnic and Migration Studies*, Retreived 2017, October 30, from http://www.tandfonline.com/doi/full/10.1080/1369183X.2017.1315522

Scheel, S. (2013). Autonomy of migration despite its securitisation? Facing the terms and conditions of biometric rebordering. *Millennium: Journal of International Studies.* 41(3): 575–600.

Sferlazzo, G. (2012). La Parola è bussola. Installazione di Giacomo Sferlazzo e Costanza Ferrini in collaborazione con l'associazione Askavusa. Retrieved 2018, February 11, from https://giacomosferlazzoilfigliodiabele.wordpress.com/2012/09/11/la-parola-e-bussola-installazione-di-giacomo-sferlazzo-e-costanza-ferrini-in-collaborazione-con-lassociazione-askavusa

Sossi, F. (2016). *Le parole del delirio: Immagini in migrazione, riflessioni sui frantumi*, Verona: Ombre Corte.

Squire, V. (2014). *Desert 'trash': posthumanism, border struggles, and humanitarian politics. Political Geography.* 39: 11–21.

Storni, J. (2010). Le memorie di Lampedusa. Miccia Corta. Retrieved 2018, February 11, from https://www.micciacorta.it/2010/09/le-memorie-di-lampedusa

Taranto, A. (2009). *Breve Storia di Lampedusa.* Lampedusa: Lampedusa art gallery.

Tazzioli M. (2014). *Spaces of governmentality: Autonomous migration and the Arab uprisings.* London: Rowman and Littlefield.

———(2015). *Spazi-frontiera: la moltiplicazione delle Lampeduse d'Europa e la migrazione dei confini europei*, Retrieved 2017, October 31, from http://www.euronomade.info/?p=5462

鵜飼哲（2008）『主権のかなたで』岩波書店

van Reekum, R. (2016). The Mediterranean: Migration corridor, border spectacle, ethical landscape. *Mediterranean Politics*. 21(2): 336–341.

Vaughan-Williams, N. (2015). 'We are not animals!' humanitarian border security and zoopolitical spaces in Europe. *Political Geography*. 45(1): 1–10.

Walters, W. (2011). Foucault and frontiers: Notes on the birth of the humanitarian border. In U. Bröckling, S. Krasmann & T. Lemke (Eds.), *Governmentality: Current issues and future challenges* (pp. 138–164). New York: Routledge.

――――(2015). Migration, vehicles, and politics: Three theses on viapolitics. *European Journal of Social Theory*. 18(4): 469–488.

Xiang, B., & Lindquist, J. (2014). Migration infrastructure. *International Migration Review*. 48(s1): 122–148.

特集論文

ゲストのセキュリティ化
——「リスク社会」を生きるプーケット在住日本人ダイビング・ガイドの観光人類学

Securitization of Guests:
Anthropological Analysis of Japanese Diving Guides in Phuket and "Risk Society"

市野澤　潤平

宮城学院女子大学　現代ビジネス学部　教授

Jumpei ICHINOSAWA

Professor, Faculty of Contemporary Business, Miyagi Gakuyin Women's University

キーワード：ダイビング・ツーリズム、ホスト・アンド・ゲスト、ホスピタリティ、リスク、セキュリティ

Keywords : diving tourism, hosts and guests, hospitality, risk, security

I. はじめに
II. 観光、リスク、セキュリティ
　1. 「リスク社会」と観光
　2. 個人的セキュリティ化
III. プーケットの観光ダイビング産業と日本人ガイド
　1. プーケットの観光ダイビング産業
　2. 日本人ダイビング・ガイド
IV. 日本人ガイドの職業実践におけるリスクとセキュリティ
　1. 職業実践のリスク化
　2. ゲストのセキュリティ化
V. おわりに

要約：

　プーケットは長く美しいビーチに恵まれたタイ最大の島であり、現在ではタイ南部で最も多くの国際観光客を集めるリゾート地となっている。観光ダイビングはプーケットにおける主要な観光アトラクションのひとつであり、母語でのサービスを受けたいツーリストのニーズに応えるため、日本人を含む外国人ダイビング・ガイドが数多く居住している。本稿は、プーケットの日本人観光ダイビング・ガイドが、人びとをリスク・コンシャス（リスクへの意識が強く深く内面化された状態）にしていく世界という意味での「リスク社会」を生きている、と考える。その上で、彼らの職業生活の一側面を、リスクとセキュリティという観点から理解する。具体的には、セキュリティという概念を、リスクとの対比のうちに差異化して規定することにより、生活を脅かす種々のリスクの直面するプーケットの日本人ダイビング・ガイドたちの行動／態度に見られる独特の傾向を、明らかにする。

Abstract:

　Phuket is Thailand's largest island, with long and beautiful beaches. Because of the government-led tourism development since the late 1970s, Phuket has become the South's most popular international tourist destination. Scuba diving is one of major tourist attractions in Phuket, which well satisfies tourists' desire to spend leisure time in untouched beautiful nature—underwater landscapes of colorful marine life in coral reefs. In addition to Thai nationals, many Japanese (and other foreign) diving guides are found in Phuket, and attend to mainly Japanese (and other international) tourists.

　This paper describes a current situation of diving tourism in Phuket, in terms of host-guest relationships between Japanese diving guides and their guests, namely Japanese tourists, with a specific interest in Japanese diving guides' attitudes toward their guests. The purpose of this paper is to understand the nature of their job, with a particular focus on their occupational risks and personal or individual security.

　Japanese diving guides in Phuket seem to live in a "risk society," where various environmental factors make them highly risk-conscious. In addition to the industrial structure of international diving tourism, severe competition in the labor market for Japanese diving guides in Phuket leads not only to difficulty in finding jobs, but also to unstable employment in the future. Moreover, when viewed from the perspective of working conditions, Japanese tourists can be considered one of the most serious risk factors for Japanese diving guides and, at the same time, Japanese diving tourists are the largest source of income for these guides; they have found that Japanese tourists tend to be very demanding and often bring various troubles which may affect any and all aspects of guides' everyday lives.

Nowadays, it seems that some of the Japanese diving guides in Phuket have begun to regard their guests as threats to their livelihood. Clarifying an analytical distinction between risk and security, this paper argues that personal securitizations of guests (or host-guest relationships) are observed among Japanese diving guides in Phuket, as a result of multilayered "riskization" of their occupational life.

I. はじめに

本稿は、タイ南部のビーチリゾートであるプーケットに在住する日本人の観光ダイビング・ガイドを対象として、その職業生活の一側面をリスクとセキュリティという観点から理解する試みである。当然のことだが、観光ガイドが対人接客を主たる業務とする「ホスト」である以上、彼らが迎え取ってサービスする「ゲスト」との関係が、考察の最重要な焦点として浮上してくる。したがって本稿は、プーケットの日本人ダイビング・ガイドと、その主要な顧客層である日本人観光ダイバーを事例として、観光におけるホスト／ゲスト関係を分析する論考でもある。

1970年代から盛んになってきた観光人類学では、観光客を受け入れる側としてのホストと、特定の文化／社会を鑑賞する（そして金銭的支出を伴うという意味で消費する）ために外部から訪問するゲストとのかかわりが、関心の焦点となった（Smith, 1989 橋本他訳 2018）。ただし、観光人類学者たちが一貫して関心を寄せてきたのは、インバウンド観光（すなわち外部者のホスト社会への侵入）の拡大がもたらすホスト側の文化への影響についてであった。観光人類学が、観光そのものよりも観光によって変容し混淆する文化を論じようとする傾向は、今日に至るまで引き継がれている。

現在までの観光人類学をレビューする論文を著した鈴木涼太郎は、観光のホスト／ゲスト関係にかかわる観光人類学の討議が「文化と政治をめぐる論点へと収斂していった過程は（中略）人類学的なアプローチの観光へのさらなる拡がりを一定限度制限してしまった」（鈴木, 2013, p. 164）と指摘する。具体的には、観光が経済活動であり人々にとっての生業であるその内実、すなわち観光という名の商業取引がいかなる制度的環境においていかにして執り行われているのか、観光関連産業を構成する営利企業の経営や労働者の職業実践はどのようなものであるのか、ツーリストによる（金銭による購買という意味での）消費活動は何についてどうなされているのか、といった問題系への関心が希薄になっていた。再び鈴木の言葉を借りれば、観光人類学は観光という「経済活動そのものを問うのではなく、ローカルな生活の場、『文化』の対立項としてグローバルな『観光産業』を位置づけ、具体的な分析の対象から除外してきたのである」（鈴木, 2013, p. 164）。対して本稿は、観光人類学が観光への関心を文化という思考の枠組みに閉じ込めるなかで「不可視化」されてきた（鈴木, 2013, p. 164）、生業としての観光、すなわち営利活動および労働としてのホストの実践に焦点を当てて、観光ビジネスに参与する諸アクター間の利害（特にホストにとってのリスクとセキュリティ）という側面から、現在の観光に特有なホスト／ゲスト関係のあり方、または進行するその変化の一端を、描き出そうとするものである。

本稿が考察対象とするプーケットの日本人観光ダイビング・ガイドは、幾重にも今日的な状況に置かれている。スクーバ潜水が娯楽目的で一般に普及したのは20世紀の最後の四半世紀であり、大衆による観光ダイビングそのものが歴史に新しい。しかしそれ以上に、人文社会科学の伝統的な観光観の前提にある、ホスト／ゲストや余暇／労働といった概念的二項対立が無化される場面が多々あるという意味で、優れて今日的なのだ（第III章）。プーケットの観光ダイビングの現場がそのような現代社会のマクロな傾向をいかに体現しているのかは観光人類学の視点からして興味深いが、本稿が志向するのは、現代に顕著であるとされるマクロな傾向をミクロの事例のうちに追認することではない。代わりに本稿は、主にホストの具体的な活動（ゲストとの関係を含む）に着目して、両者を隔てて横たわる「『間』(between)を超克」（遠藤, 2013, p. 139）する動きが確かにあることを認める一方で、その動きが現代における別次元のマクロな潮流、すなわち「リスク社会」化の進展と重なり合うところに、

かえって「間」を拡張し強化する反作用が局所的に生じている現実を、セキュリティという鍵概念に依拠して解き明かす。したがって本稿は、観光についての論考であると同時に、リスクとセキュリティについての論考でもある。

　第Ⅱ章では、社会学におけるN. ルーマンらによる著作を参照しながらリスクとは何かを確認し、次いでリスクと重なりつつもズレを見せる概念としてのセキュリティに着目する。観光人類学の領域でセキュリティ概念を本格的に導入した先行研究はなく、観光におけるホスト／ゲスト関係をセキュリティの観点から分析した例もないため、本稿が行なうセキュリティの意味規定は、本稿が世に問う独自の提案ということになる。これまでの観光学は、観光業の未来を危うくするいかなる危険があり、それらにどう対処するかという関心から、リスクを問題化してきた（Urry & Larsen, 2011 加太訳 2014など）。対して本稿では、観光にとっての外在的な操作対象としてリスクを問題化するのではなく、雑多な仕方で観光業に内在し、その有り様を規定する内的要因としてリスクを捉える。第Ⅲ章でプーケットの観光ダイビング産業と現地在住日本人ガイドについて概観した上で、第Ⅳ章において、彼らが直面する様々なリスクが増大していること、およびその職業実践のうちに「セキュリティ化」（第Ⅱ章でも詳述）として特徴付けられる傾向が生じていることを、明らかにする。またその作業を通じて、セキュリティという概念を、本稿の問題関心に応じた独自の仕方で定義することになる。

II. 観光、リスク、セキュリティ

1.「リスク社会」と観光

　いま我々が生きる時代の特徴として、政治・経済・社会の全域においてリスクが増大かつ深刻化し、その帰結として社会の構造がリスクとのかかわりの中で新たに変成しつつあるという、いわゆる「リスク社会」化の議論がある。1980年代に U. ベックは、科学技術が発達した現代では、原子力発電所に象徴されるように、国家の枠を超えて広く累を及ぼしかねない巨大な危険が一般市民の理解を超えたブラックボックスの中で生み出されていること、およびそのような危険にいかに向き合い対応してくのかが現代の社会政治システムにおける最重要の課題となりつつあることを、指摘した（Beck, 1986 東・伊藤訳 1998）。またN. ルーマンは、災いや不利益がリスクという近代以前にはなかった特定の形式において捉えられるようになったと論じ、現代社会がいかなる仕方でリスクを生みだし、そしてそれに対峙しているのかを、明らかにした（Luhmann, 1991 小松訳 2014; 小松, 2003）。またA. ギデンズは、「社会の実際の営みが、まさしくその営みに関して新たに得た情報によってつねに吟味、改善され、その結果、その営み自体の特性を本質的に変えていく」（Giddens, 1990 松尾・小幡訳 1993, p. 55）という意味での「再帰性」の充溢が、現代社会の重要な特徴であると論じる。この点をリスクの問題に引きつけて言えば、現代を生きる意思決定主体（特に専門家集団およびその集団が作り上げる意思決定と実務のシステム）が、何らかのリスクの存在を察知すると、そのリスクの回避や軽減を意図する対応をするが、その営為が結果としてリスクを生む環境やリスクのあり方そのものを変容させてしまうため、その事実を察知した主体は新たな対応を発動しなければならなくなる。ルーマンはこうした事態を、あるリスクへの対応が別のリスクを生み出してしまう、リスクの無限増殖のループとして捉えた。こうした議論が共通して描き出しているのは、リスクは人間の営為によって作り出されること、および現代を生きる我々の思考や営為の根幹にリスクへの対応があること（またはそのような方向に人々が駆り立てられるような社会状況があること）、その結果として社会や経済のシステムがリスクとの関連において編成されていること、といった「リスク社会」としての時代診断である。このような社会学が提示した世界の「リスク社会」化というテーゼは隣接領域にも大きな影響を与えており、主に伝統社会を対象にして不確実な未来に人間がどう向き合うのかを明らかにしてきた人類学においても、「リスク社会」という観点から人々の日常的実践を捉え直す研究が、拡大しつつある。

　こうした「リスク社会」をめぐる論考の興隆と平行するようにして、観光学においても、観光業にとっての未来の不利益の可能性を取り上げた討議が、活発になされてきた。その代表的な論点は、世界的な観光活動の拡大が引き起こす（文化的景観なども含めた）環境破壊への懸念であった。1992年に開催された「環境と開発に関する国際連合会議」（UNCED、通称「地球サミット」または「リオサミット」）では、環境保全への配慮を伴わない大規模かつ急速な観光開発は、結果として観光地の魅力を損ない観光業を衰滅させていくがゆえに長期的に「持続可能」でないという危機感から、従来的な大量生産・大量消費型のマスツーリズムに代わる「持続可能な観光開発」の必要性が叫ばれた。マスツーリズムの代替とい

う意味で「オルタナティブ・ツーリズム」、持続可能という意味で「サステイナブル・ツーリズム」、そして観光業の未来に責任を持つという意味での「責任ある観光」の模索は、観光学の領域では必ずしも「リスク社会」論への接続が意識されたわけではなかったが、観光業／学が自身の営為をモニタリングし、その営為が未来に引き起こす（かもしれない）自身への不利益（への対応）を、自己責任のうちに引き受けようとしたという意味で、優れて「リスク社会」的な文脈に位置付いた議論であった[1]。

そうした流れとは別の関心から、観光研究におけるリスクへの言及が爆発的に増大したのは、2001年の同時多発テロを契機としてのことである。航空機を利用する旅行者を巻き込むテロリズムへの警戒が、喫緊の課題として浮かび上がったのだ。その趨勢のなかで、テロに限定されない多様な局面における観光客の安全確保が、新たな問題系として輪郭を成してきた。さらに、2002年と2005年にバリ島で発生した爆弾テロ、2003年に東南アジアを訪れていたアメリカ人ビジネスマンが感染死したことをきっかけに世界を恐怖に陥れた感染症SARS（重症急性呼吸器症候群）、沿岸各地のビーチリゾートを襲って多数の観光客を巻き込んだ2004年のインド洋津波といった具合に、マスメディアを賑わせる事件が連続したことが、観光地／客を襲う危険への世間の興味を強めたように思われる。

ただし、テロや災害などの危険事象が近年になって発生頻度を増してきたとは、必ずしも言い切れない。というよりもむしろ、研究者を含む世の人々の「まなざし」が、変化したと受け取るのが妥当だろう。観光研究において、観光客の安全確保が重要な問題として浮上してきたのは、人道的見地もあるが、おそらくはそれ以上にビジネス的な利害意識による。観光という商売は、危険の評判に対して非常に脆弱である。ある観光地で、特筆すべき外的理由によって観光客が死亡すると、事故／事件の情報がマスメディアを通じて扇情的に拡散され、その地を訪れる観光客が激減する。こうした購買忌避のメカニズムについては、1980年代後半に「社会的に増幅されたリスク」論（Pidgeon, Kasperson & Slovic, 2003）としてリスク研究の俎上に載せられた。日本では1990年代以降、災害やテロに見舞われた観光地を観光客が忌避し、結果として当地の観光業の売り上げが吹き飛ぶ事態に目が集まり、「風評被害」として話題となった（関谷, 2011）。社会的に増幅されたリスク論にしても風評被害論にしても、必ずしも観光を主たる対象とした議論ではなかったが、観光地が被災し、観光客が撮影した無数の動画がインターネットで世界的に拡散した2004年インド洋津波を契機に、観光業に特有の被害発生のメカニズムが議論されるようになった（Ichinosawa, 2006b; 市野澤, 2010; 2011）。

持続可能な観光開発から風評の問題に至るまで、観光とリスクを結びつける一連の問題系列において、一貫してツーリストが主要なリスク要因であり続けてきたのは、注目に値する。自然環境や文化景観を踏み荒らして台無しにするのも、テロや災害によって死亡して観光業者に多大な補償負担を負わせるのも、風評を気にして観光地に来なくなるのも（そしてその風評を拡散するのも）、（潜在的な）ツーリストである。観光研究におけるリスクへの考察視角は、ツーリストが観光業にとっていかにリスクであるのかを次々と見いだしながら、歴史的に拡大してきた（図1）。

観光研究者たちが観光業にとってのリスクを声高に論じるようになった一方で、観光業従事者におけるリスクについては、少なくとも近年の「リスク社会」論を意識するような形では取り上げられてこなかった。観光関連業の労働条件が良くない場合が多いこと、季節性が強くて安定しないこと、途上国の住民や女性を搾取するに等しい構造があることなどについては従来からつとに指摘

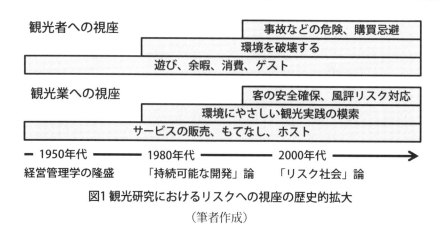

図1 観光研究におけるリスクへの視座の歴史的拡大
（筆者作成）

され、周知の事実となっている。逆に言えば、現代的な観光の趨勢との関連において観光業従事者が直面するリスクを論じた議論は、寡少である。ただし、リスクを主題とする議論ではないが、A. ホックシールドによる航空会社の客室乗務員の事例研究（Hochschild, 1983 石川・室伏訳 2000）に端を発する感情労働論は、接客サービスがますます高度化する現代において、観光を含む対人接客サービス労働者が引き受けさせられるリスクの一端を明るみにだしたものと、評価できる。本稿の第Ⅳ章では、感情労働論とは異なる角度から、プーケット在住日本人ガイドが現に置かれている職業状況のなかでいかなるリスクにさらされているのかを、具体的に論じる。

2. 個人的セキュリティ化

「セキュリティ（security）」という言葉は、「リスク」の後を追うようにして近年かまびすしく叫ばれるようになった（芹沢, 2009）。例えば、「テロとの戦い」への気運昂揚。子どもを襲う犯罪の増加や若者の狂暴化を、統計学的事実に反して憂える防犯意識の高まり。あるいは、コンピューター・ウイルスに対する防御という文脈のほうが、セキュリティという語の使用法としては、巷間になじみが深いかも知れない。いずれにせよ、「リスク社会」化の潮流に呑み込まれてリスク・コンシャスになった我々は（市野澤, 2014a; 2014b）、さらに加えてセキュリティ・コンシャスな主体としても〈立ち上げられる〉かのように見える。

セキュリティという語は、日本の人文社会科学において「安全保障」と訳されることがある。安全保障というと国防の問題のように感じるが、セキュリティとは実のところ、国内における治安／防犯、さらに広義には生活上の雑多な危険の回避全般（security of life）をも含む概念である（斎藤, 2004）。安全保障という日本語の語感に添う、国防や軍事などの「伝統的な」問題に加えて、経済／社会／環境／人権といった様々な事象を安全保障＝セキュリティという概念の指示対象として取り込んでいく動きは、20世紀後半から勢いを増しつつ今日に至るまで継続している。そうした「非伝統的セキュリティ（non traditional security）」の視座については、人類学な関心と重なる部分が少なくない。社会学や経営学などの社会科学の他分野において拡大したリスクをめぐる議論が、人類学へと波及してきたことで、人類学者はリスクへの構えを再構築する必要に迫られた。現在、よく似た構図において、非伝統的セキュリティの議論が、人類学者が好んで取り上げてきた問題系と接近しつつある——移民しかり、マイノリティしかり、公衆衛生しかり。筆者は、観光という問題系も、非伝統的セキュリティの議論の一角を構成し得るものだと認識している。例えばプーケットでは、日本人ダイビング・ガイドが身を置く状況の「リスク社会」化が進展した果てに、ホストにとってのゲストとのかかわりが、セキュリティと呼ぶのにふさわしい文脈で捉えられるようになってきている（第Ⅳ章で詳述）。

事象が新たにセキュリティ問題とみなされるようになる動きについては、国際関係論の分野において従前から「安全保障化」（securitization）という概念／議論が存在する。安全保障化とは、国際関係論の通称「コペンハーゲン学派」によって提唱された考え方で、基本的には、①ある事象が予防的措置を執るべき警戒対象だと誰かによって新たに指摘され、②その認識が指摘者を超えて一般に受け入れられていく認知的／政治的な過程を意味する。すなわち、安全保障化論とはセキュリティ（の対象）が社会的に構築されるとする考え方であるが、コペンハーゲン学派が想定したのはあくまでも国家レベルの安全保障問題であるため、国家が持つ権力や暴力装置および広義の政治手続きに言及しながら、議論がなされる傾向が強い。その議論は多岐にわたるが、前段で概観したセキュリティ概念とのかかわりにおいて我々が特に留意したいのは、安全保障化の矛先が向けられるのは、国家にとっての危険＝不利益そのものではなく、その不利益をもたらす源泉となる（と判断されるところの）現存する具体的な実態的存在であるということだ。

> いかなる問題でもまず「非政治化」の状態で存在し、それが政治システムの中で扱われることで「政治化」（politicize）され、通常の政治手続きを越えて緊急に対応する必要性が生じたときに「安全保障化」（securitize）されたこととなる。[中略] 安全保障化は、その問題が「実在する脅威」（existential threat）として示され［ママ］上で、その脅威への対処として緊急手段が必要であり、なおかつその緊急手段が通常の政治手続きの枠外で行なわれたとしても正当化されることを指す。この正当化される緊急手段は「特別措置」（extraordinary measure）と呼ばれ、対処のためにそれまでの政策や政治手続きから逸脱した措置が正当化されることとなる。政治化と安全保障化との差異は安全保障化が政治化された問題を実在する脅威に結び付ける点にある［後略］。（清水, 2013 p. 88）

つまり、仮に移民が失業の増加や治安の悪化をもたらすと考えられるとき、安全保障化の対象となるのは、失業や治安の問題そのものではなく、その源泉と考えられる移民（希望者）たちになる。それがまさに現在のヨーロッパで生じている事実であり（清水, 2013; 昔農, 2014）、例えばイタリアにおいて不法入国者（主に地中海沿岸諸国からの移民希望者）への国内法を遵守しない形での官憲による扱いが横行しているのは（北川, 2012）、それが特別措置であるからだと考えられよう。その他にも、タクシン政権下のタイやドゥテルテ政権下のフィリピンでの違法薬物取り締まりが薬物密売人の殺害を超法規的に許容していた／いることなどは、まさに問題の安全保障化に伴う特別措置であると言える[2]。

このような、コペンハーゲン学派が提唱した安全保障化論が想定する安全保障／化の主体（護る者）と客体（護られる者）は基本的に国家（政府、国家権力、国民）に限定されており、その限定ゆえに伝統的安全保障化論と呼ばれる。当然ながら、国家レベルのセキュリティの問題と、個人や企業といった異なる主体におけるセキュリティの問題とを一緒くたに論じるのはいささか乱暴であり、コペンハーゲン学派の中心人物であるB. ブザンは、安全保障については国家レベル以外にも国際的なレベルや個人のレベルも想定し得ることを認める一方で、それらの次元が異なる安全保障を同一平面上で論じるべきではないと警告する（Buzan, 1991）。

こうした伝統的安全保障化論の限界は広く認識されており、その枠組みを超えて幅広く多様な主体に安全保障化の考え方を適用するための概念構築が、早くから模索されてきた。表1に整理したように、安全保障の客体という観点から分類すれば、「地球規模の安全保障」「社会、民族、文化などの安全保障」「人間の安全保障（human security）」などの概念が、それぞれ国家とは異なる次元／規模において安全保障の考え方を適用しようとしている。こうした既存の非伝統的安全保障論のなかで、観光業の現場で働く個人という本稿の考察対象を視野に含みそうなのは、個人のセキュリティを問題とする「人間の安全保障」であろう。

ただし、「人間の安全保障」概念が問題視する個人にとっての危険の多くは、戦争や災害など、個人の努力や工夫によって解消することが不可能な、巨大で苛烈な現象である[3]。ゆえに、そこで想定される安全保障の主体は、国家や国連といった、個人のレベルを超えた組織にならざるを得ない。そして典型的には、難民や被災者など、極度の困窮状況に投げ込まれて自力では脱出が困難な人々を、国家や国際社会がいかに救済するか、といった問いが設定されることになる。さらに、多くの人々が安全を享受できていない現実を糾弾し、人権保護の観点から倫理的に要請される〈あるべき〉状態を実現しようとする点で、「人間の安全保障」は規範的な議論であると言える。しかしこうした議論の構図は、プーケット在住日本人ダイビング・ガイドを考察対象とする本稿にはそぐわない。なぜなら、市場経済と新自由主義の卓越によって加速する「リスク社会」化の潮流に呑み込まれた観光現場において、個人が多彩なリスクを自己責任において引き受ける（もしくは引き受けさせられる）実態を描き出すのが、本稿の意図だからである。個人を襲う危険に個人が対処するという、安全保障の主体と客体がともに個人である状況は、「人間の安全保障」を含む既存の非伝統的安全保障概念のいずれもが、想定してこなかった。その他にも「個人の安全保障」（individual / personal security）にかかわる議論はあったものの（Berki, 1986; Buzan, 1991; Lasswell, 1950）、主に国家の安全

表1　安全保障（セキュリティ）概念／論の拡がり

	主体	客体	脅威の源泉	目的
伝統的安全保障	国家	国家	国外からの軍事的脅威	国家の生存
地球規模の安全保障	国家、国際社会	地球、人類	紛争や戦争、自然、経済開発	人類の生存
社会、民族、文化などの安全保障	国家、社会、国際社会	社会、民族、文化	特定の社会集団	社会、民族、文化のアイデンティティ、統合性、伝統的要素などの維持
人間の安全保障（＝規範的概念）	国家、国際社会	個人	構造的／状況的な社会問題（戦争、貧困、人権抑圧など）	個人の生存（ケイパビリティの確保／増大）
個人的セキュリティ（＝描写的概念）	個人	個人	多様	個人の生存

（栗栖（1998, p. 3）を参考に筆者作成）

保障と個人レベルの自由や利益とが相反するといった問題を関心の焦点としており、個人レベルの安全保障それ自体の特徴について考えることを主眼に据えていた訳ではなかった。そこで本稿では、安全保障の客体のみならず主体をも個人とする描写的な概念として、「個人的セキュリティ（化）」という概念を提示したい（表1）。

これまで本節では、伝統的安全保障およびそこから逸脱する各種の非伝統的安全保障の概念を整理するうえで、主に「安全保障（化）」という表記をしてきた。それが訳語として定着しているからである。しかしながら、「安全保障（化）」という日本語の言葉／表記は、伝統的安全保障の語感を強く帯びており、人類学的な観点からダイビング・ガイドという個人レベルの職業実践を考察するための説明用語としては、拭いきれない違和感がある。ゆえに本稿では、「安全保障（化）」ではなく「セキュリティ（化）」という用語／表記を採用する。そして、個人の次元において様々な事象がセキュリティの問題とされていくことを「個人的セキュリティ化（セキュリティの主体／客体ともに個人である）」と定義し、第Ⅲ章以降においては、特に断らない限り、「セキュリティ化」と表記した場合には「個人的セキュリティ化」を指すものとする。国家・社会・集団などの次元において既にセキュリティ化されている事象が個人の次元に落とし込まれていく（言い換えると、問題となるセキュリティの主体が個人へとすり替わっていく）動きについては、「セキュリティの個人化」と言い表すことができるだろう。リスクにかんしては同じ動きがそれぞれ、「（個人的）リスク化」および「リスクの個人化」となる[4]。

以上、本章では、リスク（化）およびセキュリティ（化）という分析／説明概念を、さしあたり整理した。続く第Ⅲ章と第Ⅳ章では、これらの概念を活用して、プーケットのダイビング観光の現場を具体的に考察していく。またその過程を通して、セキュリティという概念を再考し、リスクとの対比のうちに改めて定置しなおす。

Ⅲ. プーケットの観光ダイビング産業と日本人ガイド

1. プーケットの観光ダイビング産業

第二次世界大戦後のタイでは、沿岸の一部地域において、外国人向け観光地の開発が押し進められた。美しく長大なビーチが存在する海岸部のうち、1960年代にはパタヤ、1970年代にはプーケット島が選ばれて、タイ国政府観光庁の主導のもと、資本が集中的に投下された。パタヤはタイ湾沿岸にありバンコクから東南方向に150kmほどの近場に立地し、プーケットはタイ南部、マレー半島西側のアンダマン海に位置する。この二つの地域は、現在においてもタイのビーチリゾートとしては最大規模を誇っている。プーケットは淡路島と同面積の大きな島で、自動車が通行できるよう本土と架橋されているが、バンコクから700km弱の距離にあるため、陸路での簡易な移動はできない。したがって、1970年代にまず国際空港の整備がなされ、続いて島の西岸に連なるほぼ無人のビーチエリアが、次々に観光開発されていった。1976年におけるプーケットの外国人観光客は年間で2万人程度であったとされるが（Kontogeorgopoulos, 2004）、2000年代になると年間400万人にも達した。

プーケット島西岸の各ビーチでは、大型のリゾートホテルが建設されるのみならず、個人経営のゲストハウスや飲食店が乱立しての無秩序な開発が進行し（Uthoff, 1997）、滞在型の歓楽街を形成することとなった。開発が進んだプーケット沿岸の水質は必ずしも良好ではなく、手つかずの豊かな自然を求める観光客たちの期待に十分応えられる環境は失われている。その一方で寝泊まりや飲食には便利で都市型の娯楽は充実しているため、大半の観光客が滞在場所としてはプーケット本島のビーチエリアを選び、そこを起点にして、水質汚染の度合いが低い離島やプーケット島内の緑豊かな山地へと足を伸ばす現地の観光ツアーに参加する。スクーバ・ダイビングは、スノーケリングや渓流ラフティングなどと並んで、そうしたツアー型の観光活動の代表例である。

プーケットを含むタイ南部のアンダマン海沿岸における観光ダイビング活動は、1970年代に始まった。プーケット沿岸の海の美しさに魅せられた外国人たちが個人で楽しむためにダイビングを開始し、それが観光客の増加とともに商業化していった。1980年代後半になると、観光開発が急速に進むプーケット島において、欧米人や日本人の経営による複数のダイビング・ショップが営業を開始した[5]。1990年以降、アンダマン海沿岸域におけるダイビング・ショップの数は、プーケットに加えて本土のカオラック・ビーチやピーピー島（レオナルド・ディカプリオが主演した2000年の映画『ザ・ビーチ』の撮影地）を中心として増え続け、2007年時点でのタイ国政府観光庁プーケット事務所への登録数は、117社に達した（プーケット県、パンガー県、クラビー県の合計）。近年、インターネット上やクチコミのみで営業をする店舗を持たない個人業者が増えており、その少なからぬ部分が未登録であるため、実際に活動する事業者の実数は、さらに多くなる。ダイビング事業者の規模はまちまち

で、複数のダイビング専用船を所有して、数十人規模のスタッフを抱える会社もあれば、数人の人間がインターネットを主体に営業をしている会社、さらには個人で大手ショップの下請け的に活動するフリーランサーまで、幅広い。タイ南部のダイビング観光客数は統計資料がないために不明であるが、2007年現在、タイ国政府観光庁プーケット事務所による非公式の推計では、プーケットを訪れるダイビング客は延べ人数で年間20万人を上回るとされ、その後も増加傾向が続いているとみなしてよい。

　プーケットを起点とするダイビング・ツアーは、日帰りツアーとオーバーナイト・クルーズという、二つの形態に大別できる。日帰りツアーは、プーケット島の南端に位置する観光船専用港からボートで1〜3時間ほどの距離に点在するダイビング・ポイントの2〜3カ所を訪れる。通常、朝の7〜8時頃にダイビング・ショップのスタッフが客をホテルまで迎えに行き、港までの陸路往復（宿泊地によって片道20〜40分程度）、ダイビング海域までのボートでの往復、2〜3本[6]のガイド付きダイビング、昼食と間食などを含むパッケージとなっており、その販売価格は、ダイビング・ポイントまでの距離やダイビング本数に応じて、3,000〜4,500バーツ程度である（1バーツは約3.6円）。ダイビングに必要な器材のレンタルは、別料金であり、レギュレーター（水中呼吸器）、BCD（ジャケット型の水中での浮力調整装置）、水中マスク、フィン、ウェットスーツなどを全て含めると1,000バーツほどになる。プーケットからは毎日、乗客定員30名から50名を超える日帰りダイビング船が10隻以上も出航しており、朝の9時頃になると観光船港は各社のダイビング客とガイドでごった返す（ダイビング船の他にも、スノーケリングその他の活動に客を連れ出す船も数多くある）。タイのアンダマン海沿岸で使用されるダイビング専用船は、ダイビング・ポイントまでの移動距離が長いため比較的大型であり、空気タンク充填用のコンプレッサー設備に加えて、移動時間を快適に過ごせるように、エアコンが効いた居住空間が確保され、果物や飲み物が無料提供される。客が支払うダイビング料金にはこうした船の運航経費もが含まれるため、プーケットが提供する他の観光アクティビティと比較して、その価格は決して安くはない。

　タイ領アンダマン海において最も価値が高いとされるダイビング・サイトは、海洋国立公園に指定されているシミラン諸島からスリン諸島にかけての海域であるが、それらはプーケットの北方100〜200kmの彼方にあり、日帰りの訪問は難しい[7]。代わりに、船の中で寝泊まりをして3泊から5泊に渡ってシミラン／スリン海域を周遊するオーバーナイト・クルーズが提供されており、人気を博している。クルーズ船は、日帰り船をさらに大きく快適にした「海のホテル」である。年を追うごとに大型化と設備の快適化が進み、かつては当然であった二段ベッド式の客室はあまり見られなくなり、近年は独立ベッドのツインルームはもちろん、部屋ごとにシャワー・トイレを備えた船まで登場している。ダイビング・クルーズの料金は、4泊12〜14本程度のツアーで20,000〜50,000バーツ程度である（船によって格差が大きい）。ツアー・パッケージには、ダイビング料金の他に、滞在日数分の宿泊と食事・間食、宿泊施設までの送迎などが含まれる。ダイビング・ガイドは、ツアーの期間中はもちろん客と同じ船内に寝泊まりし、一日3〜4本のダイビングの引率のみならず、昼夜を問わず客のケアに追われることになる。こうした状況は、近年人気を増しつつある、プーケット南方の海域へのクルーズにおいても、全く同じである。

2. 日本人ダイビング・ガイド

　観光客がダイビング・ツアーに参加するには、原則としてダイビング指導団体の発行する、いわゆるダイビング・ライセンス[8]が必要となる。当然のことだが、人間が水中呼吸器を使用して一時間近く海中にとどまるというのは、潜在的に重篤な危険を孕む行為だからだ。アメリカに本部を置くPADI（Professional Association of Diving Instructors）やSSI（Scuba Schools International）、イタリアに本部を置くCMAS（Confédération Mondiale des Activités Subaquatiques）などの国際的なダイビング指導団体は、安全管理および経営のノウハウとシステムを提供しており、その傘下に入らなければ、ダイビング・ショップが営業活動を展開することは事実上不可能である。それらの国際指導団体は、タイのダイビング市場において合計すると実質100％のシェアを確保しており、プーケットのダイビング・ショップも、例外なくいずれかの指導団体の傘下にある。ライセンスを取得するには、相応の学習と訓練およびそのための金銭的・時間的費用がかかる。ライセンス取得講習は、ダイビング未経験者を対象とした、水中活動を行なうための知識と技能の教育を含んだ特別なパッケージであり、一般的な日帰りダイビング・ツアーと比べると単価が高く、ショップにとっての利幅が大きい。プーケットのダイビング・ショップの多くは、すでにライセンスをもつ「ダイバー」

を相手にする通常のツアーに加えて、未経験者を対象とする（通常は3日間の）ライセンス講習を、主要な収入源としている。また、ライセンスの授与はされないものの、インストラクターが手取り足取り海中を案内する「体験ダイビング」にも、営業的に大きな比重が置かれている。前節で述べた観光地としての特性から、必ずしもダイビングを目的としない未経験者がプーケットを訪れる観光客の大多数であり、それは量的に見てダイバーとは全く比較にならないほどの、潜在的に大きなマーケットなのである。

　2000年頃までは、プーケットを訪れるダイビング客のほとんどが、欧米人または日本人であった。ただし今世紀に入って、アジア諸国による国際観光の拡大を反映して、NIES諸国や中国からやってくるダイバー（およびその志願者）も、急増している。タイ人の観光ダイバーも近年増えつつあるとはいえ、プーケットのダイビング市場においては、未だに少数派の域を出ていない[9]。つまり、プーケットのダイビング市場を主に構成しているのは、さまざまな国籍からなる外国人観光客なのである。こうした市場の特性から、プーケットにおいては顧客の母語を話す外国人ダイビング・ガイドまたはインストラクターへの需要が大きい。一般にダイビング・ガイドは客の安全確保に大きな責任を持ち、安全にダイビングを行なうための説明や、船上や海中に潜む種々の危険を回避するための指導的対応、さらにはトラブルや体調不良への対処に至るまで、客との密なコミュニケーションが求められる局面は多岐にわたる（市野澤, 2014c）。ライセンス講習に至っては、ダイビング器材の構造や水中高圧下における人体の生理といった複雑な事柄を、大部の教科書を使って教えなければならない。観光客の母語による対応が強く求められるのも、当然であろう。加えて、ダイビング・ツアーのガイドをしたり、ライセンス講習や体験ダイビングを担当したりするのに必須である、いずれかの指導団体が認定するプロダイバー資格を持つタイ人が未だに少ないことも、外国人労働者が多い一因となっている。各ショップにおけるオフィスの事務担当者や、特にボートの操業に関わる諸業務を行う「ボート・クルー」などは、その大方がタイ人であり、ダイビング業界全体を見ればタイ人労働者が少ないわけではない。プロダイバー資格の取得には相当額の費用がかかることと、タイ語による教材がない（タイ人の指導者はいるが、教科書や解説ビデオなどは英語のものを使用せざるを得ない）ことが、タイ人にとってのダイビング業務への参入障壁となっている。

　とりわけ、一般的に英語が苦手な日本人観光客のケアをするのは、日本語話者であることが望ましい。そこに、日本人プロダイバーの需要が生じるのである。2000年以降、タイ南部アンダマン海には10社以上の日系のダイビング事業者が存在し、その数は年々増加している。また、欧米人やタイ人の経営する大規模なダイビング・ショップにはしばしば日本人が常駐し、日本人顧客への対応にあたっている。店舗を持たずにインターネット専門で営業する者や、各ショップと出来高契約を結ぶフリーランスを含めれば、プーケットには100名を超える日本人プロダイバーが恒常的に在住していると思われる[10]。これら日本人プロダイバーのほとんどは、日本人客の対応に長けていることを売りにして、プーケットのダイビング労働市場を泳ぎ渡っている。プロダイバーとして経験を積んでスキルを磨き、タイのダイビング業界の事情にも精通して、日本人専門という枠を乗り越えるに至った者もなかにはいるが、例外的な存在である。つまり、日本人が、日本人相手に、日本人であることの強みを活かした商売をしているという意味で、彼らのダイビング・ガイドとしての就労は典型的なエスニック・ビジネス（Aldrich & Waldinger, 1999）なのである。ダイビングに限らず、現地の日系旅行代理店や日本食レストランなどの場合にもあてはまるが、日本人向けのエスニック・ビジネスにおいては、日本語話者であり日本の文化的背景を持つことが最重要の職業的資源となるので、日本人でありさえすれば、語学が苦手でも、海外経験が少なくとも、就労の大きな問題とはならない。

　タイにあって、営利の業務として観光ガイドを行なうには、公的な資格認定が必要である。その意味において、日本人ダイビング・ガイドたちは、（仮に労働省雇用局から労働許可証を得ていても）厳密に言えば不法就労となる。それどころか、観光ビザで入国して業務に就いている者たちすらいる。一般に外国人による就労には厳格な態度を見せるタイ当局が、実情を知りつつも日本人を含む外国人ダイビング・ガイドの摘発を積極的に行なわないのには、相応の事情がある。上述の通り、タイ人による代替が現状では困難なのだ。近年育成が進みつつあるタイ人プロダイバーが業界全体の需要を満たせるようになれば、外国人ガイドの有利は低減するが、それにはまだしばらくの時が必要であろう。

　プーケットの日本人ダイビング・ガイドの就労状況は、ある土地の先住民たるホストの社会を外部者であるゲストが訪問し、自らとは異なる文化を解釈／鑑賞／消費する（他方ではホストが自身の文化を演出／創造／販売す

る）といった、従来的な観光現象の図式には当てはまらない。遠藤英樹（2013, pp. 139-140）は「リアリティ／ファンタジー」「ホスト／ゲスト」「日常／非日常」「労働／余暇」「ローカル／グローバル」といった諸概念について、現代の観光現象にあっては「これまでの人文・社会科学が自明視してきたように、これらが明確に二項対立の形で現われてくることはもはやない」と指摘するが、プーケットの日本人ダイビング・ガイドたちの置かれた状況は、近代観光の社会的現実を構成してきた二項対立的な諸関係が揺らいでいる、まさにその現場なのだと言える。

例えば、観光客が、アニメ映画『ファインディング・ニモ』のキャラクター（擬人化されたカクレクマノミ）との出会いを、海に求める。観光客が「かわいい！」とよろこぶカクレクマノミの姿は、慣れないダイバーにとっては（その名の通りイソギンチャクの触手に素早く隠れようとするために）水中ではっきりと視認できるとは限らないのだが、事前に雑誌や図鑑の写真を眺めてから海に入り、手にした水中カメラで写した画像をダイビング後に確認することで、彼らは「見た」という経験理解を構築する（リアリティ／ファンタジーの無化）。また、観光客はプーケットにいながらSNSで自国と常時つながり、頻繁に自撮り写真をアップロードしては、地元の友人とコメントしあっている。そして観光ダイビング船は、海上という特殊な条件下にあっても陸地と同等の快適さを提供するべく進化を続けている（日常／非日常の無化）。さらに、プーケットに観光業従事者を中心とする日本人コミュニティができ、観光客は外国にいながら日本水準のサービスを受けて日本語環境に安住できる（もてなす側にも同じことが言える）。プーケットでの出会いは観光客が日本に帰ると同時に終わるわけではなく、SNS上の「友達」として、日本とタイの距離などものともせずに関係が続いていく。そして、観光客が拠点とするビーチエリアでは、観光客にプーケットの魅力を売り込むべく精力的な開発が続けられ、結果としてハワイのワイキキビーチと見まがうばかりの、無国籍的なリゾート空間を構築するに至っている（ローカル／グローバルの無化）。

ホスト／ゲストという区分の曖昧化もまた、顕著である。タイの国際インバウンド観光にとってのゲストであったはずの日本人が、現在のプーケットではホストとして働いている。その意味で、彼らはホストでもありゲストでもある。彼らは、休みになれば他の地域へと遊びに行き、現地のダイビング・ショップの客ともなる。観光ダイビング・ガイドは、短くとも半日、長ければ数日にわたって客と時間をともに過ごし、楽しみの時間を演出する。その最中には、安全確保や海中活動の専門家として振る舞うだけではなく、客とともにダイビングを楽しみ、親密な関係性を形成することを通じて、より高い顧客満足を生むことができる。ホストとゲストのコミュニケーションにおける垣根を取り払い、ガイドが仕事として客に奉仕をする職業的・機能的な関係性を（表面的／部分的に）キャンセルすることで、非日常感にあふれた旅の楽しさが増進されるのだ。もちろん、そうした親密性は基本的にホスト側によって演出されるものであり、ゲストの目に自身がどう映るかという印象管理と、楽しみの場という状況設定にふさわしくあろうとする感情労働によって、成り立っている。客の側もそうした事情は暗黙のうちに了承済みである。

ただし、だからといって、ホストとゲストの親密な関係性が職業上の演出または双方による役割演技としてしか成立しない、とは言い切れない複雑さが、観光ダイビングの現場にはある。日本人がプーケットにやってきて観光ダイビング・ガイドになる背景には、程度の差こそあれ、ダイビングを楽しみたいという非経済的な動機が含まれる（余暇／労働の無化）。ゲストとして高額なダイビング費用を支払うだけの経済的余力のない若者が、ダイビングを楽しむ目的でガイドの職を得ようとするのは、プーケットに限らず世界中の著名なダイビング・サイトに共通して見られる傾向である（数ヶ月から数年程度のスパンで、各国を転々とする者もいる）。仕事を楽しもうとする心性、さらに言うなら一種の遊びとして仕事に就くという志向が、プーケットの外国人ダイビング・ガイドたちの間には共通して見られる。そうした態度は、彼らのうちでは必ずしも不真面目で不道徳とはみなされておらず、「客を楽しませるためには、まず自らが楽しまなければならない」といった言説／考え方[11]によって、むしろ職業上正当なものとされる。事実、一般的に、ダイビングが好きで、海が好きで、客を海中に引率しながら自分もそのダイビングを楽しもうとする人間ほど、海中自然の魅力を観光客に伝える「インタープリター」としては優秀である。ダイビング・ガイドという仕事は、自身が職業上の形式的な役割義務から逸脱していけばいくほど、結果的に職務として高い成功につながるという「オクシモロニック・ワーク」（市野澤, 2003）としての側面を有するのである。このように、ガイドたちの意識のなかに観光ダイビングを遊びと捉える志向があるために、彼らは職業上の役割規範から逸脱しやすい。厳密に

言えば、安全管理者としての任務はしっかり果たしながらも、楽しみの増進という文脈においては、職業的奉仕者に特有の抑制的な規範意識を持たないのである。客の側もまた、ガイドがそのようにして職業的役割から逸脱した私的な親密さを示してくることを、不快には思わない（もちろん例外はあるが）。観光旅行という、日常的な社会空間から離れた非日常性のなかでは、社会的な役割義務からの逸脱が許容されやすい（しばしば奨励すらされる）のだ。ガイドによるその逸脱が、ひときわ楽しい時間をもたらすなら、なおさらである。

しかしながら、ホスト／ゲスト関係を曖昧化し、労働／余暇という概念的な二項対立を無化するような、プーケットの日本人ダイビング・ガイドにおける状況的趨勢は、その一方で、それらの二項対立を強化するような反作用をもまた、生み出している。すなわち、ホストとゲストの関係が曖昧化すること、および労働と余暇の区別が薄れることよって、ホストによる接客業務の労働強度が増し、種々のリスクが拡大するという事態である。

IV. 日本人ガイドの職業実践におけるリスクとセキュリティ

1. 職業実践のリスク化

社会学者の三上剛史は、リスクをめぐる社会学的な問題関心を、大きく二つの範疇に整理する（三上, 2007）。すなわち、何をリスクとするのかと、誰がリスクを負担するのかという、二つの系列のどこかに、リスクにかかわる社会学的な議論は位置付けられるというのである。

第一の、何をリスクとするか（およびそれがいかにリスクなのか）という問題意識は、かつては存在しなかった新たな（そしてしばしば巨大で制御不能な）危険が増大しているという、現代への時代認識を背景としている。原子力発電所は、しばしばその代表例として言及される。第二章で述べたとおり、筆者はルーマンに倣って「危険」と「リスク」という概念を区別して考える。リスクとは、「①未来、②不利益（損害）、③不確実性、④コントロール（操作・制御）、⑤意思決定、⑥責任、という六つの要因すべてを内包する、現在における認識」（市野澤, 2014a, p. 4）である。津波や巨大地震といった圧倒的な危険であっても、自らの意思決定や責任とかかわりのない、どこかから唐突に降りかかってくるようなものとして当事者が捉えていれば、その認識はリスクではない。しかしながら多くの場合において、人間は何らかの危険を察知すると、それを自らの決定にかかわる、自己責任において引き受ける問題として捉え直し、何らかの対応策を取ろうとする。そのような、危険をリスクとして捉え直していく認知的過程を、筆者は「危険のリスク化」と呼ぶ（市野澤, 2010; 2014a; 2014b）。

第二の、誰がリスクを負担するかという問題系は、この「危険のリスク化」とかかわりがある。例えば津波災害などの「天災」が典型だが、自分たちの意思決定やコントロールの埒外にあり、どうにも対処のしようがない（とみなされている）危険については、結果として生じる（かも知れない）被害の責任は問われない。しかし、例えばある地域にかんしては過去にも繰り返し津波が生じた記録があるがゆえに、住人たちは津波の襲来可能性を予見できる（そして必要に応じて避難行動を取れる）はずという了解が一般に成立すると、その被害については住人たちの自己責任とみなされるようになる。すなわち、津波という危険がリスク化する。このように、多くの危険は、文脈の取り方次第でリスクにもなり得るし、その逆もまた真なのである。

現在のプーケットの日本人ダイビング・ガイドたちが置かれている状況にあっては、先に言及した二つの問題系の双方の意味で、職業上のリスクが増大している。つまり、リスクと捉えられる危険な事象が増えている（少なくともそのように認識されている）。それは見方を変えれば彼らが、様々な将来的な不利益の可能性について、（他の人間や制度による救済を受けられない）自身の問題として引き受けなければならない局面に追い込まれている、すなわちリスクの個人化が進行しているということでもある。

プーケットの日本人ダイビング・ガイドたちは、その職業実践において、大まかに三種類のリスクに対して、責任を持って対処しなければならない。すなわち、①自身を脅かすリスク、②ゲストを脅かすリスク、③生態系を脅かすリスク、である。そのうち、①については自身の利害に直接にかかわるものだが、②と③については、ダイビング・ガイドという職業規範から生じてくる責任であり、リスクである。

①の自身を脅かすリスクとは、自らの職業、生活、身体が毀損される可能性である。彼らがダイビング・ショップなどの組織に所属している（経営している、または雇用されている）のであれば、その所属組織もが「自己」の遠景／外延に含まれるだろう。所属企業の業績が悪化したり、倒産したりすれば、それはすなわち収入減や失職という、自身の不利益に直結するからである。②のゲストを脅かすリスクとは、端的には人身事故（死亡や怪

我や減圧症など）であり、広義には客がダイビング・ツアーを楽しむことができないとか、ツアー中に不快な思いをするといったことも含まれる。こうしたゲストの身に降りかかる様々な問題（が生じる可能性）については、回避する責任がダイビング・ガイドに帰せられる。その意味で、ゲストにとっての危険は、ガイドにとってのリスクである。③の生態系を脅かすリスクとは、観光ダイビングが実施される主たる場であり、また観光資源でもあるサンゴ礁（などのリーフ）の物理的擾乱、およびそこに生息する生物個体数の減少・生物相の貧弱化を意味する。人間がサンゴ礁の海に潜れば、その生態系に破壊的な影響を与えることは多かれ少なかれ避けられないが、海中での人間の振る舞い如何によって、その影響力の度合いは大きく異なる。例えば、水中にゴミを捨てる、逆に何かを拾ってくる、生物に手を触れるといったマナー違反が重なれば、生態系に甚大な被害が生じる。本人に悪気はなくとも、ダイビング・スキルの欠如ゆえに安定した水中姿勢をとることができず、フィンでサンゴを蹴り壊してしまうといったことも、頻繁にある。ガイドには、そのような水中環境への擾乱行動を取らないよう、担当する客を教育・管理する義務がある。インストラクターとして客のライセンス取得に関与するなら、より大きな教育的責任が生じる。

これら便宜的に示した三種類のリスクは、実際には相互に絡まり合っており、それぞれのリスク要因はカテゴリ横断的に相関している。例えば、客が結果的に何らかの損失を被った場合、それは「クレーム」という形で作用し、ガイドの不利益へと直結する可能性がある。サンゴ礁の破壊は、プーケットの海の観光資源としての魅力を削ぐことであり、将来的な観光客の減少を招きかねない。また、客をしっかり管理できないガイドであるという評判が広まれば、自らの職業上の安全が脅かされることにもなるだろう。このように、自身を脅かすリスク、ゲストを脅かすリスク、生態系を脅かすリスクは、三重に渾然一体となって現象するのである。

「人びとを徹底的にリスク・コンシャスにしていく（リスクへの意識を強く深く内面化していく）諸条件が卓越し、またその諸条件の複合が社会・経済・政治の制度を組み上げる骨幹となっている事態」（市野澤, 2014a, pp. 19-20）であると「リスク社会」を定義するなら、プーケットの日本人ガイドたちは、まさに「リスク社会」を生きている。彼らにとって、自身の職業上の安定、ゲストの安全、そして生態系の保全を脅かす諸要因が、増大している。というよりも、それらについてより強く重くリスク・コンシャスになるよう彼らは追い立てられている、と表現するほうが正確かも知れない。彼らが生きる世界（を構成する諸事象）のリスク化は、「リスク社会」というマクロの枠組みでは捉えきれない、雑多な要因が多様な仕方で織りなすミクロの過程である。本稿では、「リスク社会」を「リスク社会」として機能させる具体的なミクロの作動メカニズム（の集合）を、「リスクの〈装置〉」と呼ぶことにする（市野澤, 2014b）。そして本節の以下の部分では、彼らの職業生活において、いかなるリスクの〈装置〉がどのように作用しているのかを、整理する。第Ⅲ章では、ローカル／グローバル、ホスト／ゲスト、労働／余暇といった近代観光を構成する二項対立が曖昧となる局面が、プーケットで観察されると指摘した。現在のプーケットでは、そうしたポスト近代観光的な状況を土台として、日本人向け観光ダイビング・ビジネスに特有の、①仕事を取り巻く社会・政治・経済的な環境、②仕事に内在するホスト／ゲスト関係の構造、③観光ダイビング・ビジネスの業界構造、という三種に大別できる要素群が、やはり三重に絡み合いながら、日本人ガイドたちをリスク・コンシャスになるよう水路付ける〈装置〉を編成している。

リスクの〈装置〉を編成するそれらの要素群の劈頭、すなわち仕事を取り巻く社会・政治・経済的な環境とは、約言すればローカル／グローバルという対立の無化と、社会の液状化（Bauman, 2000 森田訳 2001）および個人化（Beck, 1986 東・伊藤訳 1998）との、重なり合いである。日本人ガイドたちは、タイという外国に一時的に居住する短期移民である。彼らが母国からタイへと移動してきたのは、第一にはより魅力的な職を求めてという理由だが、その魅力というのは高賃金というよりはむしろアンダマン海の豊穣さとプーケットでの生活のしやすさ、突き詰めれば職業生活の楽しさである。またその背景には、日本経済が停滞する中で、経済的に報われず、社会的な上昇も望めない仕事に拘泥するよりも、国外に希望と人生の充実を求める意識がある。地縁血縁のしがらみや、日本における従来的な人生の成功モデルに囚われない軽やかさが、そこには見られる。ただし、プーケットへの移住は、楽しみのみならず危険をももたらす、諸刃の剣である。日本人がタイで働くということは、日本の年金や健康保険という社会的セーフティネットから離脱することを意味する。2004年にインド洋津波がプーケットを襲ったときには、多くの日本人在住者たちが、タイ政府からも日本政府からも支援を受けられなかった（市野澤, 2011）。タイ政府からすれば外国人、日本政府

からすれば国外居住者を災害時に支援することは、想定されていなかったのである。かと言ってタイの企業で働いたとしても、タイの社会経済的セーフティネットに加われる訳ではない。とりわけ現地企業の非正規労働者となった場合には、タイ政府からの一切の公的支援を受けられないどころか、摘発の対象にすらなってしまう。タイの労働法で護られないため、雇用や賃金の安定はなく、日本では考えられない低賃金で働き（実力と交渉次第である程度の金額は勝ち取れるが）、何か問題があればすぐに解雇されることも珍しくない。筆者の経験では、あるダイビング・ショップで客の器材が紛失した際に、従業員たちがその代金（日本円で15万円ほど）を私費で弁済させられた。経営者からすれば、従業員たち自身の不注意が招いた事態であり、自己責任の問題だというのである。こうしたケースで従業員側にできる対抗策は離職しか無く、仮にそうしても働いた分の給料が全額支給される保証はない。もちろん、タイ当局に泣きつくことはできない。そもそも言語的に不自由を抱えているために、公的機関へのアクセスのみならず、タイにおける社会的紐帯全般を欠いており、諸事を滞りなく進める上で必要な知識も乏しい。基本的にタイ社会には溶け込めず、異邦人として孤立しているのである。

〈装置〉の第二の要素群、すなわち仕事に内在するホスト／ゲスト関係の構造とは、彼らの仕事が日本人相手のサービス業であることから生じる諸問題である。タイにやってくる日本人観光客は、タイ人によるサービスの水準に必ずしも満足がいかなくてもある程度納得するが、日本人ホストに対しては「日本水準／品質」の全方位的で手厚いサービスを要求する。それは日本人ガイドの労働強化に直結するが、日本人ガイドがエスニック・ビジネスであり、日本人客の要求に優れて応えられるところにその存在意義（または労働市場における競争優位）があるので、サービス品質をタイ人並みに落とすわけにはいかない。その一方で日本人客は、タイならではの社会関係のゆるやかさについては、（自分の都合の良い部分のみを）積極的に受容する。つまり、日本人ホストとの間にインフォーマルな（少なくとも表面上はそう見える）関係を形成することを、往々にして良しとする。その上で、（擬似的）友人関係ならではの柔軟な対応、融通を利かせることを求めてくる場合があるのだ。具体的には、正規の業務内容を超えたサービス、労働時間外の対応、金銭の支払いを伴わないこと、などである。その典型が、ダイビング・ガイドによる「アフター」――ダイビング・ツアーを終えた日の夜に、ガイドが客と飲食を共にすることである。非番の日に観光案内をしたりすることすらあるが、ほとんどの場合、客による謝礼支払は発生しない。これらはガイドにとっては時間外の無賃金労働にすぎず、実質的な拘束がいたずらに長時間化する要因となっている。少なからぬ日本人客が、自分は外国人だからタイに不案内なのは当然だと開き直り、ダイビングに限定せず多方面にわたって自らの面倒を見ることを、ダイビング・ガイドに期待する。その要求に応えるため、ガイドはホテルのコンシェルジュのように、自分の持てる知識と経験とネットワークと時間を総動員する。しかし、客が払う対価はゼロか、タイの物価水準からして妥当だと自身が考える、決して高いとは言えない額にとどまる。

こうした、過剰なほどのサービスをガイドたちが提供し、労働強度が高い割には賃金が低い雇用態様が常態化している背景には、日本人ダイビング客の数に比べて、日本人ガイドの数が過剰だという労働市場の構造がある。そもそも、ガイドたちがプーケットにやって来るのは、労働市場の需給関係に関わりなく、楽しみや人生の充実を求めてのことである。さらに、日本人によるプーケット観光は季節性が極めて強く、年に数回の連休の時期以外は、客数が激減する。したがって、年末年始やゴールデンウィークなどの短い繁忙期を除けば、日本人ダイビング・ガイドは常に飽和状態であり、経営側にとっては代替労働者に事欠かない。加えて、日本人ガイドの多くが20代から30代で社会経験に乏しく、労働者としての権利、またその権利を主張するための知識を欠いていることも、彼らの立場を弱くしている。客からのクレームは、ガイドにとっては脅威である。ガイドに不興を覚えたとしても、ほとんどの日本人客はガイド本人には文句を言わず、会社にクレームを入れる。近年、プーケットの大手日系ダイビング・ショップはみな、日本の旅行会社からの送客を受けるようになった。かつては資本のみならずマーケティング的にも独立してきたが、市場競争が激化するなか、日本の観光産業の国際的な送客網に組み込まれ始めたのである。日本から送られてきた客は、クレームをプーケットではなく日本の旅行会社に入れる。その場合、プーケットのショップは日本の旅行会社から評価を下げられることとなり、クレームされたガイドの立場は非常に悪くなる。

〈装置〉の第三の要素群、すなわち観光ダイビング・ビジネスの業界構造は、いささか独特である。プーケットに限らず、ダイビング・ショップはグローバルに事業展開する指導団体の傘下にあることを、先に述べた（こ

こでは、世界最大のダイビング指導団体でタイでも最大シェアを誇るPADIを念頭に置いて描写をする）。指導団体の存在意義は、ダイバーの安全管理のノウハウとシステムを提供することにある。ゆえに、指導団体の傘下に入り、その団体が策定した業務規準に則ってビジネスをするということは、自身を客の安全管理者と規定することと同義になる。また、指導団体はプロダイバーの養成／認定も行なうが、その教育過程においては、プロダイバーの職務が客の安全確保であることが、微に入り細に入り繰り返し指導される。結果、客の安全に責任を負うのはダイビング事業者であり、とりわけガイド／インストラクター個人であるという業界の常識が形成される。また、法的にも、ガイドはダイビング客の安全管理義務を負うとされる（中田, 2002)[12]。その恩恵として、自身の安全管理に未熟なダイバーであっても、安心してダイビング・ツアーに参加できる。指導団体は、ライセンス講習を通じて自律的なダイバーを育成するという建前の裏で、低スキルで（ガイド／インストラクターに）依存的なダイバーを量産しているのではないかとすら思われる――ライセンス取得のハードルを下げて市場を拡大し、安全管理を請け負うことでビジネスチャンスを広げるためである（市野澤, 2014c）。結果、ガイド／インストラクターにおける客の安全管理者としての役割と責任が強化される（さらに客の環境擾乱行動を防ぐ責任も負わされるが、客への指導的態度が行きすぎると不興を招くことになる）。ダイビング・サービスの提供には多大なコストが掛かるので、一定以上の市場規模がないと、一般人が気軽に参加できる価格設定を維持できない。ゆえに指導団体は基本的に市場拡大戦略を採るが、それは業界内部の過当競争を招きがちで、個々のショップの経営は厳しくなり、ガイドへの待遇も悪化する。プーケットの場合は、インバウンド観光産業全体が拡大傾向にあるので、ダイビング業界は他業種とも客の奪い合いをすることを強いられる。こうした業界および市場の基本構造について、プーケットのダイビング業者たちは、自身のローカルな利害関心に基づいて改善に向けた有効な手を打つことができない。集合としての観光客のモビリティを主導的にコントロールするのはあくまでも、指導団体であり、国際観光産業なのである。

　見てきたように、社会経済環境、ホスト／ゲスト関係、業界構造が絡み合う〈装置〉に追い詰められて、プーケットの日本人ダイビング・ガイドたちは、職業者としてリスク・コンシャスにならざるを得ない。個人の生活における経済的なリスクを社会全体に分配して薄める連帯のセーフティネットから除外された彼らは、生活の保全については自分自身（および限られた数の知人）以外に頼れる相手がない。指導団体が支配する観光ダイビング業界は、ガイドやインストラクターを客の安全確保を担う業務者と規定する――のみならず、仮に人身事故が生じた場合の責任は、事実上ガイド個人に負わされてしまう[13]。観光活動がもたらすサンゴ礁の生態系の破壊という、国家や国際社会のレベルにおいて対応が問われるような事象についてまで、責任の一端を個人で背負い込むことになる（ただし、個人レベルでの自然破壊のリスク化は、ダイビングに限らず自然観光の現場では珍しくない）。これらの整理から明白なように、本節で描いてきた、日本人ガイドたちの職業生活のリスク化を導く三重の〈装置〉が奏でるソナタの第二主題は、リスクの個人化であった。ガイドたちは、自身の雇用確保や経済的安定、人身事故が生じたときの責任問題などについて、セーフティネットが無く業界からの支援も期待できない以上、全面的に自己責任において引き受ける以外の選択を、奪われている。かくして彼らは、自身の生活を脅かす職業上のリスクを、一層深刻なものとして捉えるようになるのである。

2. ゲストのセキュリティ化

　本節は、セキュリティという概念を、未来の不利益（の可能性）への、リスクと表裏一体をなす認識様相として、リスクと対比させながら定位することを通じて、リスクの〈装置〉に追い立てられるプーケットの日本人ダイビング・ガイドたちの行動／態度に見られる独特の傾向を、浮き彫りにする。結論を先取りすれば、職業実践のリスク化が行き着く先に、客＝ゲストのセキュリティ化が生じているということになる。では、ゲストのセキュリティ化とは、どういうことか。

　セキュリティを英和辞典で引くと「安全」「安心」「警護」などという訳語が並ぶが、後ろに against という前置詞を伴って連語を形成する用法があることから類推できるように、単に安全であるというだけではなく、安全を脅かす何かに対抗することによって安全が確保されている状態を含意する。日本語訳が安全「保証」ではなく「保障」であることにも関連するが、セキュリティとは、安全／安心を保つために、安全を脅かす事象（脅威）の発生を防ぐという、いわば「保護の行為」である。英語の（securityの動詞形である）secure の語源をラテン語に遡ると、「心配から離れる」といった意味になる。このことからも、セキュリティという概念には、単に安全な状態（safety）にある／が保たれている状態にとどまらず、

自身を侵害する（かもしれない）何かの存在が前提とされ、その何かを遠ざける行為が含意されていると理解できる。ゆえに我々は、リスクを「とる」ことはあっても、セキュリティの対象となる危険（の源泉）は受け入れない。繰り返すとセキュリティは、安全を脅かす危険があると考えられる／感じられるとき、その危険の源泉となる実体的な因子——すなわち「敵」の析出と排除によってその危険から逃れようとする。セキュリティ的な思考は、コンピューターに危害を加えるかも知れない外部からのアクセスを遮断するように、国民の職業上の安全を脅かすとされる移民を国境外に閉め出し、伝統的な家族の攪乱要因とされる性的マイノリティを攻撃し、潜在的な発病や事故惹起の可能性が高い（ために保険機構に保険金の支払いという損害を与えそうだ）とみなされる人間を保険に加入させない。加えて、リスク対応では事前措置と事後措置との両方を取り得るが、セキュリティは主に事前措置、とりわけ予防（的措置を執ること）を志向する概念である、といった対比もできる。いずれにせよ最も簡潔に言えば、危険因子＝敵の析出と排除への志向こそが、セキュリティの最大の特徴であり、リスクとの志向性の違いであると、筆者は考える。

　本稿が提案するセキュリティの捉え方は、近年の現代思想において頻繁に援用される、「『非自己』を『自己』から厳密に識別し、『非自己』の侵入から『自己』を守る『免疫』」という単純に美化された概念（多田, 1993, p. 96）と類縁性がある。S. ソンタグは1980年代末に、近代医学が病を認識する／語るうえで、身体や社会の内部への外敵の「侵入」や「侵略」、そして免疫機構による「防衛」や化学療法による「攻撃」といった「軍事的な隠喩がますます浸透するようになった」(Sontag, 1978 富山訳 2012, p. 100) と、指摘した。またD. ハラウェイは、「現代のような、生物学研究、バイオテクノロジー、科学的医学によって刻印された世界では」(Haraway, 1991 高橋訳 2007 p. 390)、軍事的なものを医学的なものとを重ね合わせる隠喩としての「免疫系は、後期資本主義の象徴的・物質的な『差異』を構成する各種の主要システムの精巧なイコン」(Haraway, 1991 高橋訳 2007 p. 392) となり、我々の思考に深く入り込んでいると述べる。免疫系が自己と非自己を峻別する仕方は、境界線を引くという空間的なイメージによって説明できるものではない。生体を構成する無数の細胞の一部が、生体内に存する物質の一部に対して免疫反応を起こす。その反応こそが、免疫系にとって何が非自己であるかを規定するのであり、非自己が自己の外部としてアプリオリに存在するわけではない。このように、非自己を識別する部分的かつミクロな営為の繰り返しによって成立する（さらに識別の仕方が変われば自己の形が変わり、識別の営為が止まれば自己は存在しなくなる）流動的な自己を含意する免疫という隠喩は、今日における民族や共同体といった社会的／政治的なまとまりの特質を表現するのにふさわしいとみなされ、「人文・社会科学者たちは彼らの哲学と社会理論をいっそう免疫学的なものとするようになった」(Anderson, 2014, p. 606)[14]。

　筆者は、前段のような意味での免疫の隠喩とセキュリティ概念の類縁性を認めるが、「免疫（化）」を本稿の主要な分析／説明概念としては採用しない。というのは、免疫という概念には、未来の不利益についての認識様相（の一面）としてリスクと対比的に考えるうえで、いささかの齟齬があるからだ。厳密に言えば、免疫機構は自己の身体空間内にある物理的実在を敵とみなして攻撃するが（市野澤, 2011）、外部にとどまる事物については、仮にそれが潜在的な危険を秘めていても、なんらの反応を示さない（それ以前に認識すらしない）。さらに、自身の意味世界に時間の次元を持たない免疫系は、未来の不利益（の可能性）を予見して怯えることはないし、その不利益を回避するための対応術ももたない（感染症予防のためのワクチン接種は、免疫機構を人間が利用しているにすぎない）。と同時に、もしまさに現在この瞬間に、自身が安全でない状況に置かれていたとしても、将来的に実現されるべき状態としての（未来の）安全や安心を、欲望することはない。対して、予防的な志向を強く持つセキュリティ機構にとっては、自己の内部にある敵を撃退することよりも、そもそも敵が自己に侵入するのを未然に防ぐことが、より重要となる。例えば、コンピューター、住居、国家のいずれについても、そのセキュリティ機構の第一義的な任務は、外敵の内部への侵入を未然に防止することであって、既に侵入した敵の撃退が求められるとするなら、それはセキュリティが破られた状況を意味する（その後にセキュリティ・システムが侵入者の撃退に成功したとしても、それは失敗の取り繕いに過ぎない）。リスクとは、空間的に自己の外部へと開かれた、時間の次元を内包する認識様相であるが、免疫はそうではないため、リスクと対をなす概念として定位しづらい。これが、本稿が免疫（化）という概念に全面的には頼らず、セキュリティを分析／説明概念として新たに建てる理由である。

　リスクとは、ルーマンの定義 (Luhmann, 1991 小松訳 2014) に従えば、自らのあずかり知らぬ外部から降

りかかってくるものである危険とは区別され、自己責任において引き受けるものである。自己の行為をモニタリングし、未来に生じる不利益（の可能性）を、自らの決断と行為の結果として生じるものとして捉えたときに、危険をリスクとみなす思考が成立する。この危険のリスク化は、危険という本来は外部であったもの／ことを意味的な次元において自己の内部に引き入れて同化する認識的過程であると解釈できる。換言すれば、自らの挙動の（因果的作用の）延長に、問題となる不利益（の可能性）を接続することでもある。つまりリスクは、空間的な自己のうちに他者の存在を見いだす免疫系の挙動とは逆様の性質を帯びている。リスク的な思考は、現在における自らの決断が原因となって未来に望ましくない結果が生じるという、因果関係に着目する。ゆえにリスク回避の行動とは、「結果としての未来」（市野澤, 2014a）を変えるために、その原因たる現在（における自らの決定と行為）を変えることだと、了解できる。一方セキュリティ的な思考は、未来の不利益の源泉を、自己の外部に存在する物理的な敵に見いだす。損害が生じるならその責任は、自身ではなく敵にある。ゆえに、損害を予防する手段としてその敵を排除することが、セキュリティ確保の行動となるのである。リスクとは、再帰的な自己モニタリングの円環に危険を取り込んで自己責任化することであるのに対して、セキュリティとは、危険（の源泉）を具体的・物理的な他者として析出して自己と峻別し、その他者に責任を負わせ、空間的に自己の外部に疎隔し、攻撃することである。本稿では、前者の自省的かつ包摂的な過程がリスク化、後者の他責的かつ排斥的な過程がセキュリティ化であると、理解しておくことにする。

　前節で描写した、プーケットの日本人ダイビング・ガイドが直面するリスクの多くが、客からもたらされる、もしくは少なくとも客にかかわるものであったことを、想起されたい。自身の職業的・経済的な安定、客の安全、生態系の保全、いずれについても、それを脅かす直接かつ最大の要因は、客の行動や思考や認識である。ガイドとしての職業的規範からすると、客を十分にケアして要求に応え、船上や海中での客の行動や態度を良く見て保護的に振る舞うことが、客を喜ばせて不満を抑え、事故を未然に防ぎ、環境擾乱行動を押さえる——結果として妥当なリスク回避策であるはずだ。しかし現実のガイドたちの行状を注意深く見ると、必ずしもそのようには振る舞ってはおらず、むしろ影で客の悪口を言い、あら探しをし、嘘をつき、客の要求には返事だけして応えないようなことが、多々あった。つまり、客を敵視し、自分たちの親密圏から排除するような動きが、常にではないが見られたのである。もちろん、あからさまに客の気分を害するようなやり方はとらない。表面的にはサービス労働者と客の関係を超えるような親密なそぶりを見せながら、客に気付かれないように敵対的な言動をする。筆者が観察した典型的な事例は、アフターにおける勘定のごまかしであった。

　日帰りツアーの終了後、客がガイドたちを夕食に誘う（男性客の場合は二次会・三次会もセットになることが多い）。ガイドたちは快く誘いを受け入れ、手慣れた様子で日本人観光客に評判の良いタイ料理店まで客を案内する。勘定は、ガイドも客も含めた割り勘である（ただし客が少し多めに払うこともよくある）。客にとっては、日本でタイ料理を食べることを思えば安いものなので、特に疑問も持たずに言われた金額を支払う。実はそれが、割り勘ではなく、こっそりガイドたちの分まで客に支払わせている。または、正当な額よりも多い金額を店に請求させ、自分たちはキックバックを受け取る。そんなことを常態的に行なっている者も、確かにいたのである。彼らは、客の金を騙し取る行為について、いささかの罪悪感も持っていなかったようだ。なぜかを聞いてみると、概ね以下のような説明を受けた。彼らが客を連れて行く店は、自分の普段の食生活よりも値段設定が高い店だ。なぜなら（客が本場のタイ料理が食べたいと主張したところで）ローカルの安い店に連れて行けば、客の口に合わずに文句を言われる。なので、客のために、付き合いとして、自分たちは行きたくもない高い店に行き、散財する羽目になる。タイは物価が安いと喜ぶ一方で、その安いメシ代すらガイドにご馳走する気がないそうした客は、自分たちを経済的な苦境に追い込む。悪気がないのは分かるが、ガイドたちの貧しい経済事情など気にも掛けない、配慮する気が端から無い無神経さ、自分はもてなされて当り前で、ガイドたちが自分の希望に合わせるのが当然だという傲慢な態度は、悪意と同じぐらいたちが悪い。——彼らは客を、自分たちの安全を脅かす敵と見なし、無駄な出費を押さえる予防的措置を執ったのである。その措置が、職業倫理にもとる「特別措置」であることには、何ら問題は無い。彼らは、自らの生存権を行使したに過ぎないからだ。

　危害を加えてくる敵だと客＝ゲストを見なし、自身を護るために、そのゲストを（奢りになるか割り勘になるか判明する前に）先制攻撃するこのやり方は、優れてセキュリティ的な思考の産物だとみなしてよいだろう。お金の話をするのが気まずいのは分かるが、自分たちの経

済状況をそれとなく説明するとか、誰が勘定を持つのかを率直に聞いてみるとか、対処の仕方は他にもあるはずだ。しかしそうは考えずに、問題（となるかもしれない）状況を全面的にゲストへと帰責して（自分たちが不当な不利益を負わされることを恐れ憤慨して）敵意を向けて、予防手段として攻撃的な対応をする――結果として客に損失が生じても関知しない。すなわち、ゲストのセキュリティ化である。前節では、ゲストが様々な面においてガイドにとってのリスク要因であることを明らかにしたが、リスクの〈装置〉の作用によってゲストに起因するリスクが総体として過酷になってくると、問題の文脈がリスクからセキュリティへと転化する。三重の〈装置〉は、リスクの個人化を導いていた。自身の背中に背負わされるリスクの増殖に耐えきれなくなったとき、彼らがその重圧を振り切ろうとして逃れた先が、セキュリティ化への道だったのかも知れない。プーケットの日本人ガイドたちが、ゲストに向ける笑顔の裏に隠した鋭い敵意は、そうした個人化したリスクのセキュリティ化という一連の過程を経て醸成されたのではないだろうか。

V. おわりに

現在では、観光は営利活動であり、その構成要員であるホストは、ゲストたる観光客を受け入れてもてなし、その要求に応えることで顧客満足を生み出す職業者だと、一般に了解されている。そこでは、観光客は金を払ってもてなされる「お客様」である。伝統社会から離床した現象として観光を捉えるようになった人類学にも、同様のホスト／ゲスト観が忍び込んでいる。その了解は、確かに間違ってはいない。しかし一方で、ホストとゲストの役割関係が、金銭の支払いを媒介とする職業的奉仕者と被奉仕者という一方向的な関係である（と一般に期待される）のは、規範的な建前の共通理解に過ぎない。現実のホスト／ゲスト関係、及びゲストを取り扱うホストの営為には、そうした平板な図式には回収しきれない複雑さがある。接客という感情労働にあって、一部の客がサービス労働者に多大なストレスをもたらすのは言うまでもないが、その他にも、例えば苛烈なクレーム、予約をしておいて店に現われない「ノーショー」、否定的な風評をまき散らす、商品や備品を盗み出す、従業員に暴力を振うなど、観光業（における接客サービス労働者）にとって、ゲストは実に多くの文脈でリスク要因であることは、誰もが認めるところだろう。

本稿では、プーケットで働く日本人観光ダイビング・ガイドとその客との関係を、ガイド個人におけるリスクという観点から分析した。その結果、ホスト／ゲストの垣根を取り払うかのような親密性が織りなされる一方で、その裏ではホストが自身とゲストとの間に一線を引くどころか、敵意を向けて攻撃しさえする場合があることが、露わになった。その背後には、客の存在や行動によって不当な被害を負わされるかも知れないという、ガイドたちにとっては自身の生存権が侵害されるに等しい感覚があった。筆者がリスクの〈装置〉と呼ぶ諸要因の複合的作用に突き動かされて、彼らはリスクへの敏感さを増していく。彼らの心象世界では、客がもたらすリスクが増殖し、その重みによって濃縮され、セキュリティへと結晶化する。ホストがゲストを自身にとってのリスク要因として捉え始め、いつしか冷たく突き放し、遂には攻撃対象と見なすようになるその過程を、第IV章ではゲストのセキュリティ化と言い表した。

観光業のホストにとってゲストは、自身の安全を脅かす敵となり得る。ホスピタリティ（歓待）の語源を辿れば、そこには「客」とともに「敵」いう意味合いが見いだせるのは、つとに指摘されるところである。瀧本往人は、J. デリダらによる異人歓待論と吉本隆明による『遠野物語』の読解とを比較して、後者で描かれる歓待が「善意だけで振舞われるものではなく、むしろ他者への恐怖が根底にあり、また、富や福をもたらす可能性もある他者への畏怖があるがゆえに、即ち、被害を最小限に食い止め、かつ、利益を享受する可能性を開くために、厚くもてなした、とみなすことができる」と述べる（瀧本 2017, p. 351）。さらにそこから、「なによりもまず他者は『歓待』すべきものであり、さもなければ自分の命や財産、家族、共同体、国家の存亡にかかわるおそれがある」という、恐怖と畏怖に彩られた他者観が導き出せると指摘する（瀧本 2017, p. 351）。このような、自身に害なす可能性を秘めた存在としての訪問客の属性は、プーケットの日本人ダイビング・ガイドたちから見た日本人観光客の姿にも、通底するものがある。本稿が描いたプーケットの現状は、観光の現場におけるホストによる歓待は、ゲストへの恐怖と表裏一体であることの実例であった、と言うこともできる。

客を恐れるがゆえに、客の要求を全面的に受け入れて、本来の職掌から逸脱し、常識的な労働時間を超えてまでそのケアするダイビング・ガイドたち。その接客対応の様相は、デリダが述べる無条件の絶対的歓待（Derrida, 1997 廣瀬訳 1999）を思い起こさせるほどに、どこの誰かを問わずただ「客」であるだけの他者に対して受容

的かつ贈与的である。しかしながら、ゲストの要望や行動の際限のない受容が行き着く先は、ホストにとっての脅威へとゲストを転化させることに、他ならない[15]。事実、(ときに客という立場から逸脱してプライベートでもかかわりを求める) 客の要求に従い続けることで、ガイドたちは疲弊していく[16]。そしてもう一点、忘れてはならないのは、ガイドによる客からの要求の無条件的な受容は、自発的な行為というよりも、リスクの〈装置〉によって牽引された結果に過ぎないということだ。第三章と第四章の考察が示唆するのは、ゲストを無条件的・絶対的に歓待することがホストに強制されるとき、ホストにとってゲストは(そのリスクが高じた果てに)排除すべき敵として立ち現れるようになる——つまりセキュリティの対象に転化する、ということではないだろうか。歓待が強制的である以上、ゲストのセキュリティ化が進行してもホストはゲストを歓待する挙動を止めることなく、しかしその中に不可視の敵対性を忍ばせていく。プーケットの一部の日本人ガイドが客とのアフターの際に行なっていた勘定のごまかしは、まさにその典型である。

今日、ホストがゲストを職業的にもてなしケアするという建前は、観光の営利活動の文脈内にとどまる限り、否定されることが考えづらい。観光客をあからさまに敵視しては、観光業は立ち行かない。しかし観光における接客対応の現場では、その絶対的な前提を否定することなしに、ゲストたる観光客をセキュリティ化していく実践が存在し得る。それは決して例外的な事態ではなく、接客サービス品質への要求水準が高まる一方である観光業(さらにはより広くホスピタリティ産業)の全域において、普遍的な一面となっているのではないか。歓待とセキュリティの共存は決して不可能ではないし、歓待であると同時にセキュリティ対応でもあるような接客の実践も、十分に成り立ち得るだろう。本稿の考察は、そうした現実の可能性を示唆するものであった。

注

1) しかしながら、現実的には観光客のフローと観光業の規模を縮小する以外に抜本的な対策が見えてこないなか、「持続可能な観光開発」への取り組みには、手詰まり感が拭えない。ミクロに見れば、環境に配慮した観光形態である「エコツーリズム」など、一定の効果を上げている試みもあるが、そうした実践は、途上国の経済発展にともない爆発的に拡大しつつある観光需要に十分に対応できる環境収容量を持たない。

2) 歴史を遡れば、ナチスによるユダヤ人排斥とホロコースト、日本の特別高等警察による国家に反する運動や思想の取り締まり(具体的には疑いを向けられた人物の検挙と処罰)、アメリカが主導した湾岸戦争およびイラクの大統領サダム・フセイン(当時)の殺害など、安全保障化の結果執られた特別措置の例は、枚挙にいとまがない。

3) 「個々の人間の安全に対する脅威／危険には、戦争、暴力、飢餓など生存に関わるもの、怪我や病気などの身体的なもの、失業などの経済的なもの、差別や抑圧などの社会的・政治的なものが含まれる。おそらく、戦争、内戦などの大規模な組織的暴力は、個人の安全保障にとっての最大の直接的な脅威である。グローバルな景気後退、環境の劣悪化などによる貧困や飢餓など個人の生活水準の低下も、当然脅威として含まれる。個人による暴力や犯罪は、最も直接的で普遍的な暴力の形である。[中略] この中で経済面、社会面、環境面での安全を保証することは、[いわゆる第二世代、第三世代の] 人権を政策的に実現することに、ほとんど等しい」(栗栖, 1998, p. 3)。

4) 本稿は個人レベルのリスク化に議論の焦点を定めるが、リスク化という認識的運動は、歴史的、社会的その他の次元においても考察の俎上に載せ得る(市野澤, 2010)。

5) プーケットのダイビング産業の歴史については、現地のダイビング・ショップ経営者からの聞き取りによる。

6) 通常は一回のダイビングにつき一本の空気タンクを使用することから、日本語では慣習的にダイビングの回数を「本」という単位で数える。英語(およびそれが流用されたタイ語)では dive が単位となる。

7) ダイビング客が増加した近年は、本土のパンガー県のビーチエリアから小型のスピードボートで半ば無理矢理に日帰り往復するダイビング・ツアーも登場している。

8) ダイビング・ライセンスと一般に言われるものは、PADIをはじめとする特定の指導団体の認定によるものであり、法律によって認められた公的資格ではない。

9) 信頼のおける統計数字はないが、タイのダイビング業界関係者における共通の見解である。タイ人ダイバーたちは、数が少ないのみならず、外国人を主要

顧客とするショップをあまり利用しないため、外国人ダイバーからは非常に見えにくい存在となっている。

10) 統計資料は存在しないので、複数の現地事業者の推定による。また、総数としてはある程度の規模が維持されているが、入れ替わりは激しい。

11) 筆者が2006年から断続的に実施している参与的な現地調査において、こうした発言はガイドたちの口から頻繁に聞かれた。

12) 日本において、ダイビング・ツアー／講習中に水中で客が死亡する事故があった場合、ガイド／インストラクターの責任は免れないとする判決が出るのが一般的である。ただし、タイで事故が起こった場合には、タイの法律が適用されるので、状況は異なる。

13) 筆者が調査を開始した2006年から2018年初頭に至る約12年の期間中、タイのアンダマン海域では、ダイビング中に日本人客が死亡する事故が3件発生している。それらのいずれについても、ガイド個人に代わってダイビング・ショップが責任を取ったという話は聞かない。直近の事故は2018年の1月にシミラン／スリン海域で発生したが、その事故の詳細を伝える現地の新聞記事は、被害者を担当したガイドたちの怠慢と不注意を非難する論調である（*The Phuket News*, 2018, January 8）。また2017年の年末には、パンガー湾のピーピー島においてインド人観光客が体験ダイビング中に死亡する事故が起きているが、こちらについても、新聞記事は引率のインストラクターたち個人の責任に焦点を当てた報道をしている（*The Phuket News*, 2018, January 4）。日本人観光客が亡くなった事故が生じたツアーの主催者はタイ人経営のダイビング・ショップであり、ガイドはタイ人であった。死亡した日本人ダイバーは初心者だったとのことで、タイ人ガイドとのコミュニケーション不全が事故の一因にあったのは、確実だろう。こうした事故の発生を知った現地の日本人ガイドは、客の安全管理者としての責任の重さと、母語を同じくするからこそできるきめ細やかな接客対応の重要さを、再確認する。

14) 2001年にアメリカを襲った同時多発テロ以降、免疫という語は、害なす他者への防御攻撃が自動的／機械的に発動するイメージを簡単明瞭に示す便利な表現として、現代に特有の現象としてのテロリズム、およびテロを生み出してしまう現代世界の有り様を論じる言説に、頻出するようになる。加えてJ. デリダが、自己免疫すなわち「ほとんど自殺のごとき仕方で、自己自身の防護作用を破壊するように働く、すなわち「自分自身」を守る免疫に対する免疫を、みずからに与えるように働く、あの奇妙な作用」（Borradori, 2003 藤本・澤里訳 2004, p. 141）に着目し、共同体の自己存続のために不可欠な作用として定位したことで（Derrida, 2003 鵜飼・高橋訳 2009）、免疫という隠喩には、噴出する暴力によって自滅への道を辿り始めたかに見える現代世界を読み解く格好の鬼手との期待がかけられるようになった。その主要な論者の一人であるR. エスポジトは、近年激化する西洋と中東との激突を、「みずからの宗教的、民族的、文化的純潔」に固執する「仮借なきイスラム原理主義」と「みずからの余剰資産を非西洋世界には分与させまいとする西洋」が「軋轢のなかで膠着状態に達したとき、全世界は、もっとも破壊的な自己免疫疾患の諸症状を呈する」に至ったものだと捉える（Esposito, 2003 多賀訳 2006, p. 185）。9.11以後の世界で頻発するテロと戦争は、「有機体＝組織を異分子から防禦し、異分子を排除しようとする過剰反応が、かえって有機体＝組織そのものに叛旗をひるがえし、瀕死の諸症状を呈する」（Esposito, 2003 多賀訳 2006, p. 185）自己免疫疾患の症状に他ならないのである。

15) 森真一（2010）は、現代の日本において、企業が接客対応やサービス品質を向上させるほど、それに慣れた客がサービスの瑕疵により敏感となり、些細なことに不満を募らせていく悪循環が生じる可能性を示唆する。

16) 接客対応の質的側面に加えて、量的側面についても同様なことが言える。観光客を数に限度無く受け入れることは、環境破壊や観光地の魅力低減に直結するからだ。

参照文献

Aldrich, H. E., & Waldinger, R. (1999). Ethnicity and Entrepreneurship. *Annual Review of Sociology*. 16: 111-135.

Anderson, W. (2014). Ahead of one's Self?: The common culture of immunology and philosophy. *Isis*. 105(3): 606-616.

Bauman, Z. (2000). *Liquid modernity*, Cambridge: Polity Press.［森田典正訳（2000）『リキッド・モダニティ

──液状化する社会』大月書店]

Beck, U. (1986). *Risikogesellschaft: Auf dem weg in eine andere moderne (risk society)*, Frankfurt am Main: Suhrkamp.[東廉・伊藤美登里訳（1998）『危険社会──新しい近代への道』法政大学出版局]

Berki, R. N. (1986). *Security and Society: Reflections on Law, order and politics*. London: Dent.

Borradori, G. (2003). *Philosophy in a time of terror: dialogues with Jürgen Habermas and Jacques Derrida*, Chicago: The University of Chicago Press.[藤本一勇・澤里岳史訳（2004）『テロルの時代と哲学の使命』岩波書店]

Buzan, B. (1991). *People, states and fear: An agenda for international security studies in the post-cold war era (2nd Edition)*. London: Harvester Wheatsheaf.

Derrida, J. (2003). *Voyous: Deux essais sur la raison*, Paris: Galilée.[鵜飼哲・高橋哲哉訳（2009）『ならず者たち』みすず書房]

───(1997). *De l'hospitalité: Anne Dufourmantelle invite Jacques Derrida à répondre de l'hospitalité*, Paris: Calmann-Levy.[廣瀬浩司訳（1999）『歓待について──パリのゼミナールの記録』産業図書]

遠藤英樹（2013）「人文・社会科学における「観光論的転回」──生成的なディシプリンへの呼びかけ」『観光学評論』1(2)：129-144.

Esposito, R. (2003). Biopolitica, immunità, comunità. In L. Bazzicalupo & R. Esposito (a cura di), *Politica della vita* (pp. 123–143). RomaBari: Laterza.[多賀訳（2006）「生政治、免疫、共同体」『ラチオ』1：178-193.]

Giddens, A. (1990). *The Consequences of Modernity*, Cambridge: Polity Press.[松尾精文・小幡正敏訳（1993）『近代とはいかなる時代か？──モダニティの帰結』而立書房]

Haraway, D. (1991). *Simians, cyborgs, and women: The reinvention of nature*, New York: Routledge.[高橋さきの訳（2007）『猿と女とサイボーグ──自然の再発明』青土社]

Hochschild, A. R. (1983). *The managed heart: Commercialization of human feeling*, Berkeley and Los Angeles: University of California Press.[石川准・室伏亜希訳（2000）『管理される心──感情が商品になるとき』世界思想社]

Ichinosawa, J. (2006). Reputational disaster in Phuket: The secondary impact of the tsunami on inbound tourism. *Disaster prevention and management*. 15(1): 111-123.

市野澤潤平（2003）『ゴーゴーバーの経営人類学──バンコク中心部におけるセックスツーリズムに関する微視的研究』めこん

───（2010）「危険からリスクへ──インド洋津波後の観光地プーケットにおける在住日本人と風評災害」『国立民族学博物館研究報告』34(3)：521-574.

───（2011）「プーケット復興委員会の熱い夏──インド洋津波後のプーケット在住日本人の経験におけるリスクと孤独」『地域研究』11(2)：161-187.

───（2014a）「リスクの相貌を描く──人類学者による「リスク社会」再考」東賢太朗・市野澤潤平・木村周平・飯田卓編『リスクの人類学──不確実な世界を生きる』(pp. 1-27) 世界思想社

───（2014b）「リスクコンシャスな主体」東賢太朗・市野澤潤平・木村周平・飯田卓編『リスクの人類学──不確実な世界を生きる』(pp. 121-131) 世界思想社

───（2014c）「危険だけれども絶対安心──ダイビング産業における事故リスクの資源化」東賢太朗・市野澤潤平・木村周平・飯田卓編『リスクの人類学──不確実な世界を生きる』(pp. 132-156) 世界思想社

北川眞也（2012）「ヨーロッパ・地中海を揺れ動くポストコロニアルな境界──イタリア・ランペドゥーザ島における移民の「閉じ込め」の諸形態」『境界研究』3：15-44.

小松丈晃（2003）『リスク論のルーマン』勁草書房

Kontogeorgopoulos, N. (2004). Ecotourism and mass tourism in Southern Thailand: Spatial interdependence, structural connections, and staged authenticity. *GeoJournal*. 61: 1-11.

栗栖薫子（1998）「近年における安全保障概念の多義化と人間の安全保障」『比較社会文化』4：1-11.

Lasswell, H. D. (1950). *National security and individual freedom*. New York: McGraw-Hill.

Luhmann, N. (1991). *Soziologie des Risikos*, Berlin: Walter de Gruyter.［小松丈晃訳（2014）『リスクの社会学』新泉社］

三上剛史（2007）「リスク社会と知の様式――不和と監視」田中耕一・荻野昌弘編『社会調査と権力――〈社会的なもの〉の危機と社会学』（pp. 21-43）世界思想社

森真一（2010）『「お客様」がやかましい』ちくま書房

中田誠（2002）『ダイビング事故とリスクマネジメント』大修館書店

Pidgeon, N., Kasperson, R. E., & Slovic, P. (Eds). (2003). *The social amplification of risk*. Cambridge: Cambridge University Press.

斎藤純一（2004）「社会的理由の連帯をめぐって――自由を支えるセキュリティ」斎藤純一編『福祉国家／社会的連帯の理由』（pp. 271-308）ミネルヴァ書房

昔農英明（2014）「セキュリティ対策としての移民統合――2000年代におけるドイツの事例」『社会学評論』65（1）：47-61.

関谷直也（2011）『風評被害――そのメカニズムを考える』光文社

芹沢一也（2009）『暴走するセキュリティ』洋泉社

清水謙（2013）「スウェーデンにおける「移民の安全保障化」――非伝統的安全保障における脅威認識形成」『国際政治』172：87-99.

Smith, V. L. (Ed). (1989). *Hosts and guests: The anthropology of tourism (2nd edition)*. Philadelphia: University of Pennsylvania Press.［橋本和也他訳（2018）『ホスト・アンド・ゲスト――観光人類学』ミネルヴァ書房］

Sontag, S. (1978). *Illness as metaphor*. New York: Farrar, Straus and Giroux.［富山太佳夫訳（2012）『隠喩としての病い／エイズとその隠喩』みすず書房］

鈴木涼太郎（2013）「文化論的転回と日本における観光人類学――観光／文化／人類学のはざまからの視点」『観光学評論』1（2）：159-172.

多田富雄（1993）『免疫の意味論』青土社

瀧本往人（2017）「異人歓待（ホスピタリティ）論における他者像の再検証――受容と拒絶のジレンマとダイナミクス」『大正大學研究紀要』102：338-356.

The Phuket News (2018). Two dive instructors charged over death of tourist off Phuket. *The Phuket News*. Retrived 2018, January 4, from https://www.thephuketnews.com/two-dive-instructors-charged-over-death-of-tourist-off-phuket-65399.php#17kHM4PmFgqMuiqF.97

The Phuket News (2018). Three charged for death of Japanese tourist slashed by dive boat propeller. *The Phuket News*. Retrived 2018, January 8, from http://th.thephuketnews.com/three-charged-for-death-of-japanese-tourist-slashed-by-dive-boat-propeller-65455.php#jyEP7DLh2bth8I8j.97

Urry, J., & Larsen, J. (2011). *The tourist gaze (3rd edition)*, London: Sage Publications.［加太宏邦訳（2014）『観光のまなざし（増補改訂版）』法政大学出版局］

Uthoff, D. (1997). Out of the tin crisis into the tourism boom: The transformation of the tropical island of Phuket by international tourism. *Applied geography and development*. 49: 7-31.

特集論文

都市空間におけるモビリティとセキュリティ
―― ポケモンGOに随伴する移動と「統語論的関係の優位化」

Mobility and Security in Urban Space:
Taking Pokémon GO as the Subject of Analysis

松本　健太郎

二松学舎大学　文学部　准教授

Kentaro MATSUMOTO

Associate Professor, Faculty of Literature, Nishogakusha University

キーワード：デジタル・テクノロジー、予期、意味論的次元／統語論的次元、ゲーミフィケーション、ポケモンGO

Keywords : digital technology, expectation, semantical dimension/ syntactical dimension, gamification, Pokémon GO

I. 移動する身体とデバイスの関係
II. ユーザーが予期する／ユーザーを予期する
III. ゲームにおける「意味論的次元」と「統語論的次元」
IV. ポケモンGOにおける統語論的関係の優位化
V. ポケモンGOでゲーム化する世界
VI. 結びにかえて

要約：

　ポケモンGOはそのリリース直後、都市の意味空間を規定するレイヤーを多層化させ、われわれが認知するリアリティをより錯綜したものへと変質させた。実際それは物理空間と仮想空間の領域区分を越境しながら多くの社会問題を引き起こし、われわれが生きる意味世界に「分断」（それをプレイする人とそうでない人のあいだのそれ）をもたらす存在として報道されるに至った。本論考ではプレイヤー／非プレイヤーのあいだの「軋轢」、あるいは、そこから派生した社会的な「分断」を視野にいれつつ、複数の領域にまたがる理論的言説を参照しながら、また、それを前提に「ゲーミフィケーション」概念を再考するなどしながら、デジタル・テクノロジーが現代の記号世界にもたらしつつあるものを考察の俎上に載せてみたい。

Abstract:

　Following its release, Pokémon GO occasioned a variety of social issues. To probe the underlying causes of these issues, this contribution examines the behavior of players mainly from a semiotic perspective. In addition, it analyzes the influence of digital technology on mobility and security in urban space while touching upon the concept of gamification.

I. 移動する身体とデバイスの関係

　移動する現代人の手許には、ほとんどの場合、携帯電話やスマートフォンなどをはじめとするポータブルデバイスがある。つまり移動者にとっては、風景を連続的に視認すると同時に、上記の端末を同伴することにより、視認される風景に関連した情報を検索して導くためのデバイスが与えられているわけである。

　文字どおりに解するなら、「移動する媒体」であるモバイルメディア、すなわち携帯可能なポータブルデバイスとともに、たとえば「移動する人」としての旅行者が一緒に旅をする。このような、今となってはもはや新鮮味を欠いた構図のなかで、人間は手中にあるデバイスとどのような関係を切り結び、また、どのような相互作用を経験することになるのだろうか。

　まず、記憶に新しいところに事例を求めるなら、2016年7月にリリースされたポケモンGOは、一躍その人気ぶりから脚光を浴びつつも、他方では、無数の社会問題を惹起するに至った。むろんそれらの問題を一括して語ることは困難だが、強いていえば、画面に意識を固定されたプレイヤーの行為と、その画面外で遵守を要求される社会的規範とのあいだに生じた軋轢がさまざまなかたちで顕在化した、と解することもできるだろう。そもそも「歩きスマホの禁止」が各所で啓発される現代社会において、たえまなく画面をタップしフリックするプレイヤーが公共空間を闊歩する。しかもそのプレイヤーは、画面内の記号群の挙動に集中しながら、空間の移動に従事するわけである。内閣サイバーセキュリティセンターからの注意喚起がその典型となるように、ポケモンGOはリリース直後、それこそ多種多様なかたちでセキュリティ上の問題を提起したといえる。

　スマートフォンのタッチパネルを触るという営為、あるいは、そこで成立する「視覚に従属する触覚」という構図は、かつて拙著で分析したように、ポスト写真

図1　内閣サイバーセキュリティセンターからの注意喚起
（出典：内閣サイバーセキュリティーセンター, 2016）

時代における（画像の写実性に依拠しない）新たなリアリティのありようを照射しているのかもしれない（松本, 2016b, pp. 95-96）。たとえばスマートフォンのうえで駆動するゲームアプリを例にとった場合、それを構成しているデジタルイメージのリアリティを、われわれは画面を触知することで確かめているかのようにさえみえる。「画面＝コントローラ」と化したタッチパネルによって、プレイヤーは意中の目的——「ポケモンGO」の場合にはポケモン狩り——を遂行へと導こうと試みつつ、視覚と触覚の間隙で、デジタルイメージが織りなす虚構世界を一定のリアリティをそなえたものとして享受しようとするわけである。

しかも「ポケモンGO」の場合、それがいわゆる「位置情報ゲーム」である限りにおいて、視覚記号を制御する指先のアクションのみならず、画面を手にする身体そのものがGPSに紐づけられて空間を移動することが求められる。そのような「移動する身体」と「ポータブルデバイス」とのカップリングが、複合的かつ多層的なリアリティをあらたに生成しつつあることは言を俟たない。

ポケモンGOはそのリリース後、とりわけ都市の意味空間を規定するレイヤーを多層化させ、われわれが認知するリアリティをより錯綜したものへと変質させた。そして先述のように、実際それは物理空間と仮想空間の領域区分を越境しながら多くの社会問題を引き起こし、われわれが生きる意味世界に「分断」（それをプレイする人とそうでない人のあいだのそれ）をもたらす存在として報道されるに至った。本論考ではプレイヤー／非プレイヤーのあいだの「軋轢」、あるいは、そこから派生した社会的な「分断」を視野にいれつつ、複数の領域にまたがる理論的言説を参照しながら、また、それを前提に「ゲーミフィケーション」概念を再考するなどしながら、デジタル・テクノロジーが現代の記号世界にもたらしつつあるものを考察の俎上に載せてみたい。

II. ユーザーが予期する／ユーザーを予期する

ジョン・アーリはその著書である『モビリティーズ——移動の社会学』のなかで、人びとの移動を可能にする「システム」（たとえばチケット発行、住所、安全装置、乗換駅、ウェブサイト、送金、パッケージツアー、バーコード、橋、タイムテーブル、監視など）に論及しながら、それは「旅ができる、メッセージが通じる、小包が到着するといった『予期空間』をもたらす。システムによって、当該の移動が予想可能かつ相対的にリスクのないかたちで反復されることが可能になる」と指摘している（Urry, 2007 吉原・伊藤訳 2015）。彼によると、「この反復システムの歴史は、実質的に、自然界を『支配』し、安全を確保し、管理し、リスクを減らしてきたプロセスの歴史である」とされる。そう考えるなら、移動の前提として各種の情報を提供してくれるスマートフォンもまた、「予期空間」をもたらす重要なシステム／テクノロジーとして位置づけることができるだろう。

なお、「予期」ということに関連していえば、谷島貫太による次の言説をあわせて参照することもできるだろう——「電車のなかでスマホを開いている人びとのほとんどは（中略）自分が起こさなければならないアクションをたえず予期しつづける、という状態におかれている。ゲームであれば特定のコマンドの実行というかたちで、他者とのコミュニケーションであれば適切な返信というかたちで、ポータブル端末に接続された意識は、絶えざるアクションを引きだされつづけるのである」（谷島, 2016, pp. 51-52）。

アーリが語る「予期」は、どちらかといえば人間に行為の可能性を提供するものといえる。これに対して谷島が語る「予期」は、たえず人間の行為を誘導するポータブルデバイスのあり方に照準するものといえる。両者の知見を総合してみるなら、スマートフォンをはじめとするモバイルメディアは、われわれにとっては行為の可能性を提供しつつ、同時に、われわれの行為を誘導するものとして機能するものといえよう。

今日の技術化された社会では、各種のテクノロジーが人間の意識の流れ（アメリカ系の記号論を創始した人物、チャールズ・サンダース・パース流にいえば「セミオーシス」）に介入することが常態化しつつある。たとえばオンライン通販サイトの「レコメンデーション機能」にしても、あるいはスマートフォンなどに搭載されている「予測入力」にしても、それらはユーザーが次に考える可能性があること、次に欲望する可能性があることが、複数の選択肢として先行的に提示され、結果的に、人間の行為が技術的にコントロールされる。その、福田裕大であれば「予めの論理」（福田, 2010, p. 174）[1]と呼ぶ構図のなかで、ユーザーの意識がつねにシステムへと接続され、テクノロジーの誘導にしたがって応答が要請されるわけである（その構図においては、システムがユーザーによる行為の可能性を予期しつつも、その限定的なフレームの内部で、ユーザーがシステムによって提示される可能性を予期しつづける、という双方向的な関係性が成立しているようにみえる）。

スマートフォンのうえで駆動するアプリとして「ポケモンGO」を遊ぶ場合を、あるいは、みずからの身体を目的地に誘導するために「グーグルマップ」や「食べログ」を、さらには「トリップアドバイザー」を参照する場合を想定してみよう。それらの行為に従事するとき、スマートフォンは「たえず流れていく意識のフローに介入することのできるテクノロジー」（谷島, 2016, p. 56）として作動することになる。谷島は『理論で読むメディア文化 ──「今」を理解するためのリテラシー』のなかで、ベルナール・スティグレールの言説──すなわち「心権力の時代とは、注意（アテンション）の産業的捕捉の時代である」（谷島, 2016, p. 53）──を紹介しているが、そのような事態は「移動する身体」と「移動するデバイス」の新たなカップリングをもたらす「ポケモンGO」において、まさに象徴的なかたちで確認されるといえよう。

III. ゲームにおける「意味論的次元」と「統語論的次元」

画面上に小さく表象されたポケモンたちは、それが架空のものであり、単なる記号的な存在でしかないにもかかわらず、現実社会に多大な影響をおよぼしたといえる。実際そのリリース直後、それこそ多種多様な問題がマスメディアによって報道された──それは、たとえば「歩きスマホ」が急増する、自動車の運転中にプレイする、プレイヤーが立ち入り禁止区域に侵入する、といった具合である。そしてそれらの問題は、ポケモンに意識を奪われた人びとと、その姿を遠まきに（共同性の外部から）視認する人びととの認識の差異に起因するともいえよう。本節では感性学を専門とする吉田寛の言説を援用しながら、これらの事象について分析を展開してみたい。

吉田寛はゲームの記号論的分析を試みるにあたって、哲学者・記号学者のチャールズ・ウィリアム・モリスが『記号理論の基礎』で提起した「意味論的次元（semantical dimension）」、「統語論的次元（syntactical dimension）」、「語用論的次元（pragmatic dimension）」という区別から出発する（吉田, 2013, p. 64）。モリスによると、意味論的次元とは「記号と記号を適用できる対象との関係」、統語論的次元とは「記号同士の形式的な関係」を指す（Morris, 1938 内田・小林訳 1988）わけだが、吉田はこのうち、とくに「意味論的次元」と「統語論的次元」に着目するのである。

```
┌ 意味論的次元
│   ＝スクリーン上（ゲーム世界内）の記号（キャラクター）
│   とスクリーン外（ゲーム世界外）の事物との対応関係
└ 統語論的次元
    ＝スクリーン上（ゲーム世界内）での記号（キャラクター）
    同士の関係
```

吉田によれば「意味論的次元と統語論的次元の両者はつねに不可分であり、一方を欠いてはどんなゲームも成立しない」（吉田, 2013, p. 65）と主張される。ちなみに彼はファミコン時代における野球ゲームの代表作、ナムコが1986年に発売した『プロ野球 ファミリースタジアム』を例にあげながら、ゲームにおける「意味論的次元」と「統語論的次元」を前提に、次のような考察を展開するのである。

> このゲームの初心者にとっての大きなハードルは「フライ」の処理である。空高く飛んでいる打球はスクリーンには表示されないため、ボールの位置は地面に映る「影」によってプレイヤーに知らされる（中略）。打球の影とＳＥ（効果音）を用いて二次元のスクリーンの上で「高さ」を擬似的に表現したことが、このゲームの画期的な点であった。その結果、このゲームにおいて「フライを捕る」という行為は「ボールの影を追いかける」あるいは「ボールの影とキャラクター（野手）の座標を重ねる」という、このゲーム特有のへと置き換えられる。ゲームが「遊び」であり現実の正確な対応物ではない以上、そうした「行為の置き換え」は珍しくないが、このフライの処理においてこのゲームの意味論的次元と統語論的次元のギャップは最大化する（吉田, 2013, p. 65）。

本ゲームでプレイヤーに要求されるのは、いわば「座標あわせ」である。引用文で論及されるように、（現実の野球における野手として）外野の守備についてフライを捕球する動作と、（影の視認と音の聴取を前提として）ゲームでの操作対象となる選手をコントローラで落下位置へと移動させる動作とは、そもそもは無関係のはずである。吉田の言葉を借りれば、そこでは「意味論的次元と統語論的次元のギャップは最大化する」わけである。つまるところ本ゲームにおけるフライ捕球の操作は「意味論的次元」、すなわち、その行為をめぐる画面の内外の対応関係（ゲームの外野手と現実の外野手との動作上の対応関係）によって規定されるのではなく、むしろ「統語論的次元」、すなわち、画面内での記号間の関係性（ボー

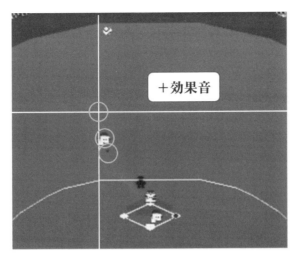

図2 『ファミリースタジアム』における十字キーをつかった座標あわせ
(ファミリースタジアム (1986) より引用)

ルやその影や効果音など、各種記号の関係性) によって規定されるのである。

　吉田が言及するように、ゲームの場合には「意味論的次元」と「統語論的次元」に乖離があったとしてもそれは問題にならない。むしろ、その二重性が問題視されるのは、ゲームとは似て非なるもの、すなわちシミュレーターである。昨今では訓練用のドライビングシミュレーターやフライトシミュレーターなど、ゲームとは異なる目的で開発された各種の技術が実用段階を迎えているが、そもそも目的の達成上、それらにおいて「意味論的次元」と「統語論的次元」が二重化していたら役に立たない。というのも「シミュレーターにおける運転動作(統語論的次元)と実際に道路を走る(または空を飛ぶ)ときのそれ(意味論的次元)が大きく食い違うならば「訓練」にならないから」である(吉田, 2013, pp. 68-69)。

IV. ポケモンGOにおける統語論的関係の優位化

　以上の吉田による言説をふまえてポケモンGOの分析を試みたとき、そこから何がみえてくるだろうか。まず指摘しておくべきことは、当該ゲームがその特色として喧伝されたARやGPSによって、「画面内の記号世界／画面外の現実世界」をめぐる新たな組み合わせを提示している点である。このうち前者、すなわちAR機能に関していえば、プレイヤーは虚構的存在であるはずのポケモンたちを、カメラが捕捉した現実の風景に重ねあわせることができる。他方で後者、すなわちGPS機能に関していえば、プレイヤーは画面上のデジタル地図、およびそのなかでの主人公＝プレイヤーの位置をプレイ中そのつど確認することができる。これは現実と虚構の組みあわせが新たな局面を迎えたことを示唆するが、それは同時に、吉田が言及する「意味論的次元」において、画面の内側と外側をめぐる対応関係が技術的に保証されていることをも意味する。

　以上のようにポケモンGOでは、一見すると「意味論的次元」において、画面の内側と外側との強固な結びつきが前提となっているように思われる。しかしより重要なことは、本ゲームにおけるその対応関係が完全なものではなく、しかもその不完全性を前提として、画面内で組織された記号間の関係性が外部世界との「軋轢」を生じさせている、という点である。本ゲームのプレイに際して必須の機能とはいえないARはひとまず措くとして、以下ではGPSと紐づけられたそのデジタル地図の組成を再考してみよう。

　ポケモンGOのフィールド画面を構成するデジタル地図は、いってみれば極度に抽象化されたものといえる。そこには歩行者や車両の姿はなく、また建造物や地形の高低差も反映されていない。その「のっぺり」とした地図空間のなかでは、ゲームの遂行に際して有意味なポケストップやジムなどの仮想施設が点在するだけで、それ以外の、現実の都市のなかで物理的に林立するはずのランドマークなどは捨象されている。つまりポケモンGOでは、GPS機能によって画面の内外の対応関係が確保されているようにみえつつも、実は、必ずしもそうとはいえないのである。

　現実の風景を構成する諸要素は、ポケモンGOのデジタル地図において忠実に反映されているとは言い難い。つまりその地図からは「軋轢」を惹起する、換言すれば、

社会問題の遠因になりかねない「他者」や「事物」の姿はあらかじめ排除されているのだ。他方、そこでプレイヤーの行為を誘導するのは、フィールド画面に表象されつつ、実社会には存在しないポケモンやポケストップやジムなどの記号群なのである。そしてプレイヤーはタッチパネルとの接触を繰り返しながら、しかもそこに表象された記号間の関係性を見定めながら、とりあえずの目的地と現在地との距離感を推し測ることを前提に、みずからの身体を移動させていく。むろんそこで重要となるのは、吉田の言う「意味論的関係」（すなわち、画面の内と外の対応）ではなく、むしろ「統語論的関係」（すなわち、画面に表象された記号間の関係）なのである。

図3　ポケモンGOの画面に表象された記号間の関係性
（ポケモンGO（2016）より引用）

画面内の統語論的関係に目を奪われ、そのフレームの外側がみえなくなるということは、ポケモンGOのプレイヤーにはありうることだろう。ともあれ吉田による言説をふまえるなら、ポケモンGOとは「統語論的関係の優位」が社会との分断をもたらすゲームとして位置づけうるかもしれない。彼は「統語論的次元と意味論的次元のズレや乖離こそがゲームをゲームたらしめている」と語るが、それは実社会での移動を前提とするポケモンGOにおいて、より先鋭的なかたちで顕在化したといえる。プレイヤーたちは、ポケモンGOの虚構世界に包摂される記号間の関係性に導かれて都市空間を移動し、それにより思わぬところで、画面に表象されていない人びとや、あるいは、その集合体としての社会との間隙で、多様な水準でのコンフリクトを招来することになったわけである。

V. ポケモンGOでゲーム化する世界

前節では吉田論文を援用しながらポケモンGOを分析したが、その過程で言及した「統語論的関係の優位化」は、実は「ゲーミフィケーション」[2] 概念を捉えなおすうえでも有用ではないだろうか。

吉岡洋によるとゲーミフィケーションとは、「ゲーム的なデザインやインタフェースを経済活動や教育などに応用する研究」であり、「ゲーム的な枠組の導入によって世界がどのように変化するかという関心」がその背景にはあるという（吉岡, 2013, p. 4）。今やゲーミフィケーションとは多岐にわたる領域、たとえばマーケティングやソーシャルゲームなどの分野、さらには健康分野や行政分野などで活用される発想であるが、深田浩嗣によると、それは「ターン制、行動力、オークション・入札、カード、サイコロ、リスクと報酬」等のゲームメカニクスを利用することで、「ユーザーの持続するやる気、持続するロイヤリティを引き出すためにゲームが持つ仕掛けを使う」こととも解説される（深田, 2011, p. 217）。

ゲーミフィケーションを導入することにより、ユーザーは作業や学習などの労苦をともなうプロセスを「遊び」として体験しうるわけだが、同様の事例はポケモンGOの受容体験に関しても散見することができる。たとえば『ゲーミフィケーションでGo！』というサイトでは、本ゲームに随伴するゲーミフィケーション的な要素として、以下の三点があげられている。

① 目標の距離数を歩くと卵がふ化→健康増進、運動不足解消
② 三色のチームに分かれて陣取り→仲間意識の芽生え、コミュニケーション
③ 各地にポケモン出現→地域の活性化

ともあれポケモンGOもその文脈に位置づけうるゲーミフィケーションであるが、既述のように、ゲーミフィケーションもまた「統語論的関係の優位化」という視点から再考しうる。たとえば吉岡はその例として、「買い物をするとカードにポイントが貯まる。あと少し貯まれば何か特典があるとわかると、われわれは特に欲しくなくてもポイントのために何かを買ったりする。その時、われわれは本当に「買い物」という行為をしているのだ

ろうか？ それとも「買い物ゲーム」をプレイしているだけなのだろうか？」と問いかけている（吉岡, 2013, p. 4）。ポイント制というゲーム的な要素が付加されることにより、「買い物」という行為をささえる記号間の関係性が組み変わる一方で、もともとその行為が社会的にそなえていた意味が後景化するのである。そして、ここで認められる「意味論的関係」の後景化、および「統語論的関係」の前景化という構図は、「移動」という行為をささえる記号間の関係性を組みかえるポケモンGOによっても認められるのだ。

VI. 結びにかえて

これまでの議論をふりかえっておこう。本稿ではポケモンGOを題材として、プレイヤー／非プレイヤーのあいだの「軋轢」、あるいは、そこから派生した社会的な「分断」を視野にいれつつ、また、アーリの「予期空間」をめぐる言説や吉田の「意味論的次元」と「統語論的次元」をめぐる言説などを援用するなどしながら、さらには、それを前提に「ゲーミフィケーション」概念を再考するなどしながら、デジタル・テクノロジーが現代の記号世界にもたらしつつあるものを考察の俎上に載せた。

リリース後に大きな反響を呼んだポケモンGOは、都市の意味空間を規定するレイヤーを多層化させ、われわれが認知するリアリティをより錯綜したものへと変質させた。しかも実際、それは物理空間と仮想空間の領域区分を越境しながら多くの社会問題を惹起し、われわれが生きる意味世界にそれをプレイする人とそうでない人のあいだの「分断」（それをプレイする人とそうでない人のあいだのそれ）をもたらす存在として報道されるに至ったのである。

スマートフォンでポケモンGOを駆動させると、その画面には実世界を覆いつくすゲームフィールドが立ち現れる。そしてそこにはポケストップやジムなどの仮想施設が点々と表象され、プレイヤーはそれらに導かれて空間の移動を遂行するのである。本稿で確認したように、その営為に介在する「統語論的関係の優位化」という事態は、デジタル時代における記号世界のありよう、とくにその流動的な様相を考えたときに示唆的である、といえるのではないだろうか。

注

1) 福田は人間存在がデータ監視のテクノロジーによって囲い込まれている現況を「予めの論理」という表現で指弾したうえで、次のように主張している――「今日の監視が、私たちの存在やその状況、あるいは私たちがもつ身体性や感性のありようを問うことなど決してないままに、常に、それ以前に、私たちが何ものであるかを決定しようとしてくるということである。あるいはこのように言うこともできるだろう。今日のデータ監視は、安全－収益（ゲイン）と危険－損失（リスク）を変数とした能力値を私たちの上に前もって書きつけようとしているのである（プロ・グラムしようと）」（福田, 2010, p. 174）。

2) ゲーミフィケーションに関連して触れておくならば、かつて筆者は日本記号学会の機関誌として刊行された『ゲーム化する世界――コンピュータゲームの記号論』の編集を担当したことがある。書名に含まれる「ゲーム化」はまさに「ゲーミフィケーション」を意識したものであるが、これは数ある「○○化する世界」（もしくは「○○化する社会」）言説とならんで、現代を理解するための有効な視座を提供するものといえよう。ほんの一部の事例をあげるならば、トーマス・フリードマンによる『フラット化する世界』、ニコラス・G・カーによる『クラウド化する世界――ビジネスモデル構築の大転換』、ジークムント・バウマンによる『リキッド・モダニティ――液状化する社会』、アラン・ブライマンによる『ディズニー化する社会』、ジョージ・リッツアによる『マクドナルド化する社会』など、そのような事例は枚挙に暇がない。なお、この種の言説に論及したものとしては（松本, 2016a）を参照のこと。

参照文献

深田浩嗣（2011）『ソーシャルゲームはなぜハマるのか――ゲーミフィケーションが変える顧客満足』ソフトバンククリエイティブ

福田裕大（2010）「監視と権力――自由の枠組みを考える」池田理知子・松本健太郎共編『メディア・コミュニケーション論』（pp. 161-180）ナカニシヤ出版

ゲーミフィケーションでGo！（2016）「ポケモンGO」最終閲覧日2017年9月27日, http://merasouma.hatenablog.com/entry/2016/10/10/120633

松本健太郎（2016a）「はしがき」松本健太郎編『理論で読むメディア文化――「今」を理解するためのリテラシー』（pp. 3-11）新曜社

――――（2016b）「メディアの媒介性と、その透明性を考える――ヴィレム・フルッサーの「テクノ画像」概念を起点として」松本健太郎編『理論で読むメディア文化――「今」を理解するためのリテラシー』（pp. 80-101）新曜社

――――（2017）「第9章 「複数の状態」にひらかれたデジタル写真をどう認識するか――トリップアドバイザーの「トラベルタイムライン」を題材に」谷島貫太・松本健太郎編『記録と記憶のメディア論』（pp.145-158）ナカニシヤ出版

――――（2018）「第6章 ポケモンGOでゲーム化する世界――「ゲーミフィケーション」概念を再考する」神田孝治・遠藤英樹・松本健太郎編『ポケモンGOからの問い――拡張される世界のリアリティ』（pp.90-102）新曜社

Morris, C. W. (1938). *Foundations of the Theory of Signs*, Chicago: University of Chicago Press.［内田種臣・小林昭世訳（1988）『記号理論の基礎』勁草書房］

内閣サイバーセキュリティーセンター（2016）「ポケモントレーナーのみんなへおねがい」最終閲覧日2017年6月10日, http://www.nisc.go.jp/active/kihon/pdf/reminder_20160721.pdf

谷島貫太（2016）「ベルナール・スティグレールの「心権力」の概念――産業的資源としての「意識」をめぐる諸問題について」松本健太郎編『理論で読むメディア文化――「今」を理解するためのリテラシー』（pp. 45-61）新曜社

Urry, J. (2007). *Mobilities, Cambridge*: Polity.［吉原直樹・伊藤嘉高訳（2015）『モビリティーズ――移動の社会学』作品社］

吉田寛（2013）「ビデオゲームの記号論的分析――〈スクリーンの二重化〉をめぐって」日本記号学会編『ゲーム化する世界――コンピュータゲームの記号論』（pp. 54-70）新曜社

吉岡洋（2013）「刊行によせて」日本記号学会編『ゲーム化する世界――コンピュータゲームの記号論』（pp. 3-5）新曜社

書評

ツーリズム・モビリティーズの理論のために
For the Theories of Tourism Mobilities

遠藤英樹 著
『ツーリズム・モビリティーズ――観光と移動の社会理論』
（ミネルヴァ書房、2017年、A5判、196頁、2500円＋税）

須藤　廣
跡見学園女子大学　観光コミュニティ学部　教授
Hiroshi SUDO
Professor, College of Tourism and Community, Atomi University

I. はじめに

　深い内容を持つ良書は、必ずしも難しい言葉で書かれる必要はない。本書はこのような書の典型であろう。「観光社会学」のテクストの如く見せながらも、読んでゆくにしたがって、人、モノ、情報、マネー等の様々な「移動」（＝「モビリティーズ」）が作り出す「不確定性」によって「聖なる天蓋」を失う現代社会を、逆手に取った観光的なものが切り開いてゆく物語へと引き込まれてゆく。そしてエンディングにおいて、各章がバックグラウンドに伏線として共有している哲学へと到達する。

　本書のテーマは「観光学を、静的・定常的なディシプリンとしてではなく、動的・生成的ディシプリンとして確立する」（p. vi）ことにある。そのための理論的視座として、「モビリティーズ」の理論、すなわち諸移動から見た社会理論を基本に据えている。

　本書は三部構成になっており、「モバイル」社会における観光文化の特徴を入り口に、次に移動する連帯と「アイデンティティ」、続けてポストモダン社会の中で再帰的「メディア」として機能する観光の位置と役割について考察している。そして、終章ではこの三つのテーマを束ねる哲学が展開される。各章一つ一つが別々のまとまりとなっているので、ここでは主な章について順を追って読んでゆき、最後に本書のさらなる可能性について検討する。

II. 解題

　第I部は「ポピュラーカルチャーと観光の接続」から始まる。ポストモダンにおける観光文化の特徴は、ポピュラーカルチャーの特徴に近い。両者ともコンテンツを志向するよりも、文化が作り出すコミュニケーションを志向する作用が強い。したがって、両者が合体すれば、「身体的移動」を伴う「ノリの共有」からなる共感や社会的連帯へと消費者を誘う特徴を持つことになる。著者はこれを「身体的移動」による「観光的想像力」と呼ぶ。コミケやフラッシュモブやプロジェクション・マッピング・イベントを例に取り、「観光論的転回」について論じられる。空間的移動を伴いつつ「観光的想像力」は、ポピュラーカルチャー的「文化的想像力」と接合する。現代文化は「観光的磁場に否応なく引き寄せられ、惹かれ、とらわれてしまう」（p. 36）のである。こうして観光的移動が生み出す独特の「リアル」の複合体が「グローバルな複雑性」の中で広がってゆく。

　この論の中で身体的移動がなぜ強調されなければならないのだろうか。評者が補うに、身体の「移動」と「参加」こそが「ノリの共有」を回収しようとする観光産業的システムに、ある種の偶有性と創発性をもたらすからである。メビウスの輪の反転は文化そのものコンテンツよりも参加する移動が作り出す。

　次の章で話題は「東京ディズニーリゾートの想像力」へと移る。この章における主題は、「シミュレーション」論を超えることにある。著者は、シミュレーションの文化を支える物理的メディアにこそ注目しなければならな

いと説く。ディズニーランドにおいてはリアルとファンタジーは対立してはいない。ダッフィーやシェリー・メイといったキャラクターが観客と共に移動しながら作り上げる世界は、「疎外論」的な「シミュレーション」理論だけでは説明できない。主体を超え移動するモノと身体とを結ぶ「メディア」として、東京ディズニーランドは考察すべきなのである。リキッドなモバイル社会に創発する文化の典型として東京ディズニーランドのシステムの特徴が動的に描き出されている。

第II部において、前半では「伝統の転移」というイメージの「移動論」が展開される。ポストモダン社会において伝統は「創られる」だけでなく、文字どおり「移動」する。J. ラカンが「自己の欲望とは他者の欲望のことである」というように、観光客の欲望は他者の欲望を内面化しながら「転移」する。この章では主に「よさこい」や「ルミナリエ」を例として説明されるのであるが、観光の現場でおこる移動する「欲望」の表現は、ポストモダンの観光的リアルの大きな特徴でもある。著者は、こういった「転移」を、翻って観光による集合的アイデンティティの形成に役立てることを提案する。

次に集合的アイデンティティの形成についての議論は、抑圧されたものの回帰としてのダークツーリズムへと接合させる回路へと進む。著者は「ダークツーリズム」を「現象」と「概念」とに分けることを提案する。このことは「ダークツーリズム」が「観光すべきダークネス」を持った場所として、「名付けの権力」という文化の政治が作り出す「政治的無意識」の産物であるということの謂である。

しかしながら、この著作の真骨頂は「ローカリティの政治性」の抑圧的な側面を一方の目で確認しながら、他方の目で観光のモビリティと結びついた「政治性」を文化の創造に向けて反転させてみせることである。ダークツーリズムは、現代社会から追放され抑圧された「死の欲動」が日常へと回帰し、日常を「異化」する効果を持つ。ダークツーリズムは、「名付けの権力」を持つと同時に、死や苦しみとともに生きるという感覚を呼び覚ます、「異化作用」を持つのである。ここでもまた、システムの権力を一方で確認しつつ、他方で「モビリティーズ」が作り出すローカルな集合的アイデンティティの創造性が強調される。

第III部は、ポストモダン的「モビリティーズ」がもたらす観光文化の再帰性に関する二つの章と再帰性に関する補論という構成になっている。近年の観光において再帰的特徴が特に強調されるのは、現代社会においてはリアリティとアイデンティティの位相がずれていることに起因する。少なくとも1980年代と1990年代までの「虚構の時代の果て」の時代においては、若者の間における旅は恋愛と同じように「現実感覚（リアリティ）やアイデンティティにアクセスするためのメディアとして機能していた」（p. 96）。ところが2000年代に入り、旅は（恋愛も）濃厚なリアリティや確かなアイデンティティを与えるメディアではなくなってゆく。現代社会において、特に若者は、「日常の中で最適化されたキャラクターをいかに身にまとうか」（p. 102）といった態度を重視するようになったからである。

しかしながらこのことは、「社会がいかなる『聖性』をも必要としなくなったということを意味するものではない」（p. 103）。Z. バウマンは「液状化」の中で生きる人間の不安を強調するのであるが（Bauman, 2000 森田訳 2001）、本書では「虚構の時代」の次に現れた「聖性なき聖性」が、グローバリズムに対抗する文化を創り上げたり、多様な観光文化を創り上げたりすることに力点が置かれる。「モビリティが進化＝深化した現代社会の聖性は、こうした再帰性に濃厚に彩られて」（p. 103）おり、社会の液状化は、むしろ新しい文化とアイデンティティの生成の養分となるのである。

次の章で著者はシンガポールを例にとりながら、観光と地域の再帰性について語る。この「モビリティーズ」がもたらす分断や格差についての社会問題も指摘する一方で、この章では地域を巻き込んだ統合に焦点が当てられている。地域は観光文化を介在させながらまさに創り、創られる関係にあるのだ。

さて、これで本書の三つのパート（補論は除く）の解題は終わるのであるが、この三つのパートは終章の「モバイル資本主義を超える『遊び』＝『戯れ』の可能性」という哲学へとつながっている。その哲学については、この書評の結論部分の「おわりに」で検討しよう。

III.「決定論」を超えること

本書では、「聖性なき聖性」は、B. スティグレールが「象徴の貧困」と批判するような否定の対象ではなく、それとは対極に向かう「観光的想像力」の方位にある。こういった著者の「動的・生成的」ディシプリンへの志向は、社会学的「決定論」を避けるという努力の産物であると評者は評価したい。しかしながらそれは、主に社会学が取り憑かれがちな「決定論的志向」という妖怪との闘いと同時に、「非決定論」（生成論）という「決定論」の密

輸入や混入といった、案外面倒な問題を孕んでいる。

　本書は、J. アーリの著書の引用が数々あることからも分かるように、アーリがおおよそ1990年半ば以降体系づけようとした「モビリティーズ」の理論にもとづいている。そもそも、「モビリティーズ」や「動的・生成的ディシプリン」は、T. パーソンズ等の構造機能主義的社会学、あるいは構造主義的マルクス主義が持つ「決定論」との闘いの中で確立してきた。

　ところで、本書の中で著者は、「資本主義は、私たちの欲望を駆動させる人々の社会関係のあり方までも変容させてしまう＜力＞」（p. ix）を持つと述べている。とくに国民国家を前提とした「産業資本主義」からグローバルな「モバイル資本主義」へと変容する中で、この傾向は強くなると指摘する。また、「その中で、観光もモバイル資本主義のシステムの中へと回収され、飼い慣らされ、さまざまな幻想の快楽を人々に提示してきた」（p. ix）ことが先ずは確認されている。まさに観光社会学は、「回収されているのだが、回収から逃れ出る」というパラドキシカルな論理をアクロバティックにくぐり抜けなければならないのであるが、本書でも、このアクロバティックな論理の進化と深化を鍛え抜くことが意識されている。

　筆者が多々引用するアーリもまた、「決定論」との格闘の中で理論を鍛え上げてきた社会学者である。経済学的、あるいは経済史的、社会学者であったアーリは、1987年に書かれたS. ラッシュとの共著『組織資本主義の終焉』（The End of Organized Capitalism）（未邦訳）等において、資本主義の変遷といったマクロの視点から現代社会論を展開してきた（Lash & Urry, 1987）。1990年に『観光のまなざし』といった観光学の部類に入る著書を突然上梓したのは、「移動」が作り出すポストモダン社会や文化のあり方に関心があったからであると思われる。そもそも『組織資本主義の終焉』自体が、社会構造がトータルに統合された資本主義という堅固なシステム（コーポラティズムやネオ・コーポラティズムも含めて）の終わりを宣言しているわけであるから、社会や文化全てが「イデオロギー」体制（上部構造）として、経済（下部構造）に回収されるという古いマルクス主義的「決定論」との決別を志向している。このことは、「総力戦体制」の深化として戦後日本社会を見ていた経済思想学者、山之内靖が、1970年以降における先進資本主義国のシステム解放に向けた「脱組織化」という変化の強調は、貴重な問題提起としつつも、「甘すぎる」のではないか、とラッシュとアーリを批判していることから

も、逆方向から理解できる（山之内靖, 2015, p. 58）。

　アーリの社会学者（いや新しいマルクス経済学者）としての出自が十分非決定論的であり、そうであり続けたのであるが、それでもなお2011年に出版されたD. マキァーネルの『観光の倫理（The Ethics of Sight-Seeing）』（未邦訳）では、アーリの「観光のまなざし論」が構造主義的で「行為主体agency」の理論を持たない「決定論」であるとして痛烈に批判されている（MacCannell, 2011）。マキァーネル等の「決定論」批判に答える形で、「行為主体」の参与をより強調する「パフォーマンス」理論、さらにJ. ラースンの理論を加え書き直したのが、同2011年に出された『観光のまなざし［増補改訂版］』（Urry&Lasen, 2011 加太訳 2014）である。マキァーネルの批判はあまり核心をついているとはいえず、新版『観光のまなざし』の中でアーリは「批判」をむしろ取り入れているので、この議論はここではする必要はないだろう（Urry&Lasen, 2011 加太訳 2014, p. 294）。重要なのは、このように観光社会学の理論には「決定論」批判がしばしばまとわり付くことであり、それを入念に乗り超える必要があるということである。アーリが「観光のまなざし」論から「モビリティーズの理論」へと舵を切ったのも「決定論」からの脱却を考え抜いた結果であると評者は考える。

　ではなぜアーリの「モビリティーズ」の理論が非決定論的なのだろうか。それは、空間の移動は様々な要素が複雑に絡み合う物質的（あるいは文化的）環境に依存的であり、複雑性、偶有性に満ちていることが要諦であると評者は考える。マキァーネルがアーリを批判する中で、（スタンダールの小説を例に取りながら）観光で肝要なのは「予期せぬことthe unexpected」への視点であり、アーリの「まなざし」の理論にはそれが欠落していると批判するが、マキァーネルの「誤解」とは反対に、その「予期せぬこと」を射程に入れる理論こそがアーリが「モビリティーズ」の理論の核心に位置する「グローバルな複雑性」の理論なのであると評者は考える（Urry, 2003 吉原・伊藤・板倉訳 2014）。

　観光はまさにこの「予期せぬもの」の絡み合う「グローバルな複雑性」に満ちている。そして、「観光の想像力」とは身体やモノや情報の移動が作り出す「予期せぬもの」の可能性に満ちている。このことを補って本書『ツーリズム・モビリティーズ』を読むと、なぜ「消費社会論」や「メディア論」や「都市論」ではなくて「モビリティーズ論」でなくてはならないのか、なぜ「モビリティーズ」が「予期せぬもの」を内包する「想像力」を作り出すの

かが解けてくる。移動と想像力はセットなのである。

　本書の「終章」では商業主義的観光の只中における「否定性」の理論について触れている。マルクスの学位論文を基に展開される「外部の唯物論」とは、資本主義の「外部」に至る契機（「否定の可能態」）を資本主義の内部の「現実」の世界に求める理論である。これが著者の哲学の核心部分なのであるが、この論理は1960年代のフランクフルト派の一人、H. マルクーゼの「エロス的文明」の論理を彷彿させる。しかし、筆者が主張するのは「今ここ」を否定し「今ここ」にないものへと向かう（止揚する）ヘーゲル的又は疎外論的「否定性」ではない。それはまさに、近代的「目的―手段」の循環を断ち切る「遊びのための遊び＝戯れ」、すなわち「今を生きる」楽しみを共有する者なら誰にでもできる現実肯定を目指す、物理的、身体的悦びである。

　しかしながら、「観光の中の遊び＝戯れ」の節にある慈善の例の提供者の中に米ディズニーランドが登場することからも分かるように（p. 153）、資本のシステムの只中にこそ、そこから逃れる道が見える一方で、この「遊び＝戯れ」がまさに資本のシステムに回収されやすいものであるということも言うまでもない。「回収されているのだが、回収から逃れるもの」を同時に持つにはどのような戦略があるのか、非決定論的観光研究は、文化の「構築」の過程を記述することから、「回収／非回収」の対立を超えて自立する観光の理論モデルの構築に向かう必要があろう。

VI. おわりに

　本書が、モバイルかつポストモダン的な観光のあり方に焦点を当てつつ、観光現象を「非決定論」として「動的・生成的」に説明する方法を平易にかつ明確に示したことは、他に例がなく非常に貴重である。

　しかしながら、敢えて指摘すれば、本書は「動的・生成的」であることと「不確定」「不確実」「不安定」であることは同義であることのパラドクスについてあまり触れていない。ポストモダン社会とは「聖性なき聖性」（＝「再魔術化」と評者なら表現するかも知れない）の中から、新しい文化を「創らざるを得ない」といった「存在論的不安」を抱えた社会だということでもある（須藤, 2008）。バウマン等の社会学者たちは（アーリもまた）、むしろ「不確実」と「不安」（あるいは「不平等」や「不自由」）をネガティブに問題にしてきた。この「不安定」と「不安」の中から見えてくるのは、テクノロジーのアーキテクチャーやプラットフォームによって「環境」を管理し、そこにおいてはじめて「自由」に、「参加」しパフォーマンスをするように誘導する、観光の欲望「回収」（稲葉振一郎のいう「テーマパーク型権力」）のシステムなのである（稲葉, 2006）。だからこそ、まさにそこにこそ、言い換えれば「環境管理型権力」の核心にこそ、システムの外側へと向かう出口があるのだという「終章」の思想は、評者も共感できる。とはいえ、「観光的想像力」が「不安定」や「不確実性」や「不安」の裏返しであり、その表現でもあることも指摘されなければならない。

　マキァーネルが言うように、観光客は自分一人だけでは「見えないもの」も「見る」（MacCannell, 2011）。それは何か。評者はそれを、他者の視点を取り込みながら他者と共に見る、という行為そのものであると考える。マキァーネルのいう「第二のまなざし」とは、著者が言う「コンビヴィヴィアリティ」の中で共有する「覚醒した」まなざしと同義であると評者は考える。

参照文献

Bauman, Z.(2000). *Liquid Modernity*, London: Poly Press.［森田典正訳（2001）『リキッド・モダニティ――液状化する社会』大月書店］

稲葉振一郎（2006）『モダンのクールダウン』NTT出版

Lash, S., & Urry, J.(1987). *The End of Organized Capitalism*, Cambridge: Polity Press.

MacCannell, D.(2011). *The Ethics of Sightseeing*. Berkeley: University of California Press.

須藤廣（2008）『観光化する社会――観光社会学の理論と応用』ナカニシヤ出版

Urry, J. (2003). *Global Complexity*, Cambridge: Polity Press.［吉原直樹監訳・伊藤義高・板倉有紀訳（2014）『グローバルな複雑性』法政大学出版局］

Urry, J., & Larsen, J. (2011). *The Tourist Gaze 3.0*, London: Sage Publications.［加太宏邦訳（2014）『観光のまなざし――現代社会におけるレジャーと旅行』法政大学出版局］

山之内靖（2015）『総力戦体制』筑摩書房

彙報

■第23回理事会（2017年12月17日　於：西成プラザ）

庶務委員会・事務局より、会員および会計の状況について、2017年12月7日段階で、会員数名（内訳：名誉会員1名、正会員（一般）304名、正会員（院生）67名、準会員2名）、2017年度会費収入1,762,500円であることが報告された。

編集委員会より、6巻1号の応募状況について、投稿論文8本（原著論文3本、展望論文1本、萌芽論文4本）であったことが報告された。また、編集・投稿規程の変更を行うことが報告され、承認された。

集会委員会より、奈良女子大学における2018年2月研究集会時に、大学院生育成セミナーの開催について提案され、承認された。

広報委員会より、学会のFacebookページおよびTwitterアカウントの設置が報告された。

■第24回理事会（2018年2月18日　於：奈良女子大学）

庶務委員会・事務局より、会員および会計の状況について、2018年2月17日段階で、会員数381名（内訳：名誉会員1名、正会員（一般）306名、正会員（院生）72名、準会員2名）、2017年度会費収入2,210,657円であることが報告された。

編集委員会より、6巻1号の掲載状況について、投稿論文3本（原著論文2本、萌芽論文1本）、基調講演1本、特集論文4本、書評1本であることが報告された。

集会委員会より、2018年7月に二松學舎大学にて開催される大会の内容について報告され、大会実行委員会の設置について承認された。また、2019年2月に開催される第6回研究集会について、神戸女子大学で開催されることが決定した。

企画委員会より、2017年度学会賞の選考開始の報告があった。

■第5回研究集会（2018年2月18日　於：奈良女子大学）

観光学術学会第5回研究集会が、奈良女子大学にて開催された。当日の参加者数は、61名であった。

4件の研究報告と質疑応答が行われた。
- 第1報告
  立教大学　千住　一
  「近代日本の観光政策におけるおみやげ」
- 第2報告
  山口大学　山口　睦
  「おみやげにみる被災地性の演出と脱却：東日本大震災後の宮城県を事例として」
- 第3報告
  日本大学　八塚　春名
  「おみやげをつくる資源の越境――滋賀県高島市におけるトチ餅づくりを事例として」
- 第4報告
  獨協大学　鈴木　涼太郎
  「旅するマトリョーシカ：移動するおみやげのルーツとルート」
- コメンテーター：角南聡一郎（元興寺文化財研究所）、寺岡伸悟（奈良女子大学）

■大学院生育成セミナー（2018年2月18日　於：奈良女子大学）

大学院生の育成と交流を目的とした大学院生育成セミナーが、研究集会と同日開催された。
- 発表1：首都大学東京　髙橋　環太郎
  「観光学における計量経済学的手法と小島嶼地域における観光に関する研究」
  コメンテーター：新納克廣（奈良県立大学）
- 発表2：京都大学　谷川　嘉浩
  「消費、観光、虚構の理論的研究――古典的議論の再定式化と、分析哲学の援用によって」
  コメンテーター：須藤廣（跡見学園女子大学）
- 発表3：和歌山大学　プロガノ・ニコラス
  'CROSS-NATIONAL VISITOR VALUE MOTIVATION IN PILGRIMAGE SITES -KUMANO KODO'S NAKAHECHI ROUTE AS CASE STUDY-'
  コメンテーター：安田慎（帝京大学）
- 発表4：立教大学　下村　真代
  「災害ボランティアツーリズムにおけるニーズへの応答――益城町総合体育館を事例として」
  コメンテーター：松村嘉久（阪南大学）
- 発表5：大阪府立大学　新田　康博
  「観光アクティビティによって顕在化する『センススケープ』について」
  コメンテーター：藤巻正己（立命館大学）
- 発表6：法政大学　飯田　誠一
  「観光サービス業（ランドオペレーター）に関する研究――過去、現在を考察し未来を考える」
  コメンテーター：青木義英（和歌山大学）

■**会員動向**

2017年9月1日から2018年2月末までに、新たに入会した会員は下記のとおり。(敬称略・五十音順)

- 正会員（一般）

    畦地真太郎

    岩田真理子

    秦泉寺友紀

    中子富貴子

    丸藤准二

    村上智

    孟小詩

    森真也

    山中マーガレット

- 正会員（院生）

    Wuri Laga

    太田均

    田中弘昭

    清水友理子

    下村真代

    瀬戸敦子

    望月徹

    八木達祐

観光学評論　編集・投稿規定

1. 本誌は、観光学術学会の機関誌であって、年間1巻発行する。
2. 本誌は、本会会員の研究の発表にあてる。ただし、編集委員会が依頼する場合はこの限りではない。
3. 本誌は、論文、フォーラム、翻訳、書評、学会研究動向によって構成される。各々の内容は以下とする。
   (1) 論文：次の4つのカテゴリーから成る。
      a) 原著：実証的または理論的研究の成果として、高度のオリジナリティと完成度を有する学術論文。
      b) 展望：観光学及び関連諸分野における研究動向、議論や問題点を紹介し、著者による評論や将来の展望を加えた学術論文。
      c) 萌芽：掲載に価する知見や結果を有する萌芽的な学術論文。
      d) 特集：編集委員会が設定した特集に関する学術論文。
   (2) フォーラム：観光学の振興などに関する意見・要望。
   (3) 翻訳：外国語で書かれた観光学及び関連諸分野における学術論文等を邦訳したもの。
   (4) 書評：観光学および関連する分野における書籍の紹介。
   (5) 学会研究動向：年間の観光学及び関連諸分野における研究動向をまとめ紹介したもの。
4. 原稿の長さは、図表・英語要旨等を含めた刷り上がり頁数で、論文（原著・展望・特集）と翻訳は15頁、論文（萌芽）は10頁、フォーラムは5頁、書評と学会研究動向は2頁を上限とする。1頁の刷り上がりは、25字×44行×2段（2,200字）である。この長さを超えるものでも、編集委員会が必要と認めた場合は、掲載することがある。
5. 投稿を受け付ける原稿は、論文（原著・展望・萌芽）、フォーラム、翻訳、書評である。論文（特集）および学会研究動向は編集委員会が依頼する。原稿はすべて未発表のものとする（口頭発表は除く）。
6. 投稿者は本学会会員とする。共著の場合も、編集委員会が特に認めた場合を除いて、全員が会員であることが必要である。
7. 翻訳については、投稿の前に、書誌情報および内容の要約を編集委員会に送ることとする。編集委員会がその内容を審議の上、投稿の可否を決定する。なお、版権は、投稿者が処理することとする。
8. 原稿は編集委員会事務局に審査原稿本体1部、および電子情報を送付する。電子情報はword、pdfをそれぞれ作成のうえ、eメール添付にて送付すること。
9. 原稿は所定の執筆要項に従うこととする。
10. 原稿の掲載は、編集委員会が選んだ複数の査読者によって閲読され、その意見にもとづき編集委員会で掲載の可否を決定する。かかる決定に従い、編集委員会は、加筆・修正を著者に依頼する。なお、受理した原稿の細部について、編集委員会が適宜手を加えることがある。
11. 原稿掲載料は徴収しない。ただし、刷り上がり頁数が上限頁数を超えた場合には、別の規定に定める超過料金を請求する。また、図版の作成直しや特殊な印刷を必要とする場合には、著者に実費を請求する。
12. 論文のPDFデータは著者に無料で配布される。抜刷りは希望に応じて50部以上25部単位で受け付ける。抜刷りは別表に定める料金を請求する。
13. 本誌の他に、編集委員会が選定した優秀な論文を翻訳した英文誌を不定期で発行する。
14. 本誌に発表された論文等の著作権は、観光学術学会に帰属する。
15. 本誌に発表された論文等を他の著作に転載する場合には、事前に文書等で編集委員会の許可を得なくてはならない。

別表　抜刷料金

	1-4頁	5-6頁	7-8頁	9-10頁	11-12頁	13-14頁	15-16頁
50部	¥4,000	¥6,000	¥8,000	¥10,000	¥12,000	¥14,000	¥16,000
75部	¥4,800	¥7,200	¥9,600	¥12,000	¥14,400	¥16,800	¥19,200
100部	¥5,600	¥8,400	¥11,200	¥14,000	¥16,800	¥19,600	¥22,400
125部	¥6,400	¥9,600	¥12,800	¥16,000	¥19,200	¥22,400	¥25,600
150部	¥7,200	¥10,800	¥14,400	¥18,000	¥21,600	¥25,200	¥28,800
175部	¥8,000	¥12,000	¥16,000	¥20,000	¥24,000	¥28,000	¥32,000
200部	¥8,800	¥13,200	¥17,600	¥22,000	¥26,400	¥30,800	¥35,200

2017年12月17日改訂

観光学評論　執筆要項

1. 原稿は、日本語もしくは英語に限る。

2. 原稿には、本文（図表等を含む）のほか、表題紙、邦文要約、欧文要約、キーワード、論文カテゴリーを添付すること。表題紙は編集委員会規定のものを使用する。（WEBサイト http://jsts.sc/ より取得のこと）
   (1) 表題紙には、題名、副題、著者名、所属機関名、職名、eメールアドレスのみをそれぞれ日本語と英語で記す。
   (2) 本文の冒頭に題名、副題を記載する。著者名、所属機関名、職名、eメールアドレスは記載しない。
   (3) 本文には必ずページ番号をうつ。
   (4) 邦文要約は、論文（原著・展望・特集・萌芽）500字以内とする。
   (5) 欧文要約は、論文（原著・展望・特集）400語～800語程度、論文（萌芽）250語～400語程度とし、ネイティブ・チェックを必ず受けることとする。
   (6) キーワードは、日本語・英語各5語以内で邦文要約・欧文要約の後に各々記載する。

3. 原稿の書式については、基本的な原則を以下のとおりとする。
   (1) 原稿は横書きとし、A4の用紙を使って、40字×40行で印字する。句読点は全角の「。」と全角の「、」を用いる。
   (2) 章、節、項は、半角で「Ⅰ」「1」「(1)」「①」のように番号をふる。「はじめに」や「おわりに」等をつける場合にも、番号をふる。
   (3) 本文中の数字は原則として算用数字（半角）を用い、漢数字は用いないが、どうしても必要な場合には、その限りではない。
   (4) 「注」と「文献リスト」を別に作成し、本文の最後につける。参照文献を本文、注等で挙げる際は、（著者名, 発行年, p. ページ数）という形式にする。「,」の後には半角スペースを入れる。その他は原則としてAPA方式に準拠し、以下のようにする。

   【文中及び注内での引用表記例】
   ① 複数の文献を同時に引用するときはセミコロン「;」でつなぐ。「;」の後には半角スペースを入れる。

   （前田, 1987; 安村, 1998）

   ② 訳本がある文献

   （Appadurai, 1996 門田訳 2004）

   ③ 著者・訳者が連名のとき和文文献では「・」、欧文文献では半角の「&」でつなぐ。

   （須藤・遠藤, 2005）

   （Duncan & Gregory, 1999）

④ 著者・訳者が3人以上5人以下の際は、初回の引用のみ全員を表記し、2回目以降は「第一著者他(欧文の場合はet al.)」とすること。6人以上の際は、初回から「第一著者他(欧文の場合はet al.)」とする。

初回

> (Soja, 1989 加藤・西部・水内・長尾・大城訳 2012)

2回目以降

> (Soja, 1989 加藤他訳 2012)

6人以上

> (MacCannel, 1999 安村他訳 2012)

⑤ 重版がある文献から引用するときは初版年と引用する再版年を半角スラッシュ「/」でつなぐ。「/」の後には半角スペースを入れる。

> (Latouche, 2004/ 2007)

⑥ 新聞記事の場合は『新聞社名』(引用に使用する年月日)を記載する。欧文新聞の引用日付については、下記の通りとする。また、初出時点に文末注を置くこととする。

初回

> (『台湾日日新報』1936年6月8日)
> (*Bali Post*, 2010, February 8)

2回目以降

> (『台日』1936年6月8日)
> (*BP*, 2010, February 8)

文末注

> 『台湾日日新報』を参照文献として表記する際に『台日』とする。
> *Bali post*を参照文献として表記する際に、*BP*とする。

(5) 文献を本文中に引用する際は、原則としてAPA方式に準拠する。
(6) 本文中の注の番号は、該当箇所の右肩に半角英数字、全角片カッコで1）、2）、3）・・・のように打ち、本文の最後に付けた「注」でも1）、2）、3）・・・のように半角英数字、全角片カッコの番号を用いる。
(7) 図表は順に番号を打ち、本文中に挿入箇所を指示すること。著作権者の了解を得ることなく、他者の図版を転用してはならない。

4. 本文の末尾に、文献リストを付ける。文献リストの書式については基本的な原則は以下のとおりとする。
(1) 和文文献と欧文文献を一括し、文献を著書名のアルファベット順に並べる。
(2) 同じ著者の文献を2点以上あげる場合、2点目以降は著者名の代わりに、4文字分のダッシュ「————」を用いる。
(3) 和文文献のサブタイトルの前には、2文字分ダッシュ（——）を付ける。ダッシュの前後にスペースは不要。サブタイトル後に2文字分ダッシュは不要。

(4) 新聞記事を参照文献にする場合、別立てとせずリスト内に、新聞社名（引用に使用した年）『新聞名』（引用箇所は本文に記載）の順番で記載すること。
(5) 書誌情報は原則としてAPA方式に準拠し、以下のように並べる。

【日本語文献】 ※中国語文献においては、和書に準じることとする。

① 単著

著者名（出版年）『タイトル』出版社名

> 橋本和也（1999）『観光人類学の戦略── 文化の売り方・売られ方』世界思想社

② 共著

ファーストオーサーの氏名・セカンドオーサー以下の氏名（出版年）『タイトル』出版社名

> 須藤廣・遠藤英樹（2005）『観光社会学』明石書店

③ 編著書

編者名編（出版年）『タイトル』出版社名

> 神田孝治編著（2009）『観光の空間』ナカニシヤ出版

④ 編著所収論文

著者名（出版年）「論文のタイトル」編者名編『本のタイトル』（pp. 論文の初ページ-終ページ）出版社名

> 安村克己（1996）「観光の不均衡問題とエスニック・ツーリズム運営の"格率"」前田 勇編『現代観光学の展開──観光行動・文化観光・国際観光交流』（pp. 45-64）学文社

⑤ 雑誌論文

著者名（出版年）「論文のタイトル」『雑誌名』巻（号）：論文の初ページ-終ページ.

> 高媛（2001）「記憶産業としてのツーリズム──戦後における日本人の『満洲』観光」『現代思想』29（4）：219-229.

⑥ 政府刊行物など

編集機関名（出版年）『タイトル』発行元

> 国土交通省観光庁（2011）『観光白書（平成23年版）』日経印刷

【翻訳書】

著者のファミリーネーム, ファーストネーム及びミドルネームのイニシャル. (出版年). タイトル, 出版地：出版社［訳者名訳（翻訳の出版年）『訳書のタイトル』出版社名］

> Baudrillard, J. (1981). *Simulacra and simulation*, Ann Arbor: University of Michigan Press.［竹原あき子訳（1981）『シミュラークルとシミュレーション』法政大学出版局］

【欧文の文献】

① 単著

著者のファミリーネーム, ファーストネーム及びミドルネームのイニシャル. (出版年). タイトル. 出版地: 出版社.

> Illich, I. (1973). *Tools for conviviality*. New York: Harper Colophon.

② 共著

ファーストオーサーのファミリーネーム, ファーストネーム及びミドルネームのイニシャル, & セカンドオーサーのファミリーネーム, ファーストネーム及びミドルネームのイニシャル (出版年). タイトル. 出版地: 出版社.

> Urry, J., & Larsen, J. (2011). *The tourist gaze (3rd ed.)*. London: Sage Publication.

③ 編著書

編者名のファミリーネーム, ファーストネーム及びミドルネームのイニシャル. (Ed.). (出版年). タイトル. 出版地: 出版社.

> Selwyn, T. (Ed.). (1996). *The tourist image: Myths and myth making in tourism*. Chichester: John Wiley& Sons Ltd.

④ 編著所収論文

著者名ファミリーネーム, ファーストネーム及びミドルネームのイニシャル. (出版年). 論文のタイトル. In 編者名のファーストネーム及びミドルネームのイニシャル ファミリーネーム (Ed.), タイトル (pp. 論文の初ページ-終ページ). 出版地: 出版社.

> Ritzer, G., & Liska, A. (1997). 'McDisneyization' and 'post-tourism': Complementary perspectives on contemporary tourism. In C. Rojek & J. Urry (Eds.), *Touring culture* (pp. 96-109). London: Routledge.

⑤ 雑誌論文

著者名ファミリーネーム, ファーストネーム及びミドルネームのイニシャル. (出版年). 論文のタイトル. 雑誌名. 巻(号): 論文の初ページ-終ページ.

> Wang, N. (1999). Rethinking authenticity in tourism experience. *Annuals of Tourism Research*. 26(2): 349-370.

【ホームページ等の電子メディア情報】

著者名（公表年または最新の更新年）「当該情報のタイトル」最終閲覧年月日, URL

> 厚生労働省（2002）「サービス供給における契約について」最終閲覧日2002年5月12日, http://www.mhlw.go.jp/general/seido/syakai/sienhi/jimu05.html

> U.K. Department for Culture, Media and Sport. (2011). *Government tourism policy*. London: Author. Retrieved 2012, March 1, from http://www.culture.gov.uk/images/publications/Government2_Tourism_Policy_2011.pdf

【新聞記事】

新聞社名(引用に使用した年)『新聞名』(引用箇所は本文に記載)

台湾日日新報社(1898-1944)『台湾日日新報』(引用箇所は本文に記載)

Bali Post (2000-2012). *Bali Post* (引用箇所は本文に記載)

【オンライン新聞記事】

著者名(発行年)「記事名」『新聞名』最終閲覧日, URL
(初出が不明な場合は、発行年を(n.d.)とする。)

読売新聞(2014)「『パワースポット天橋立』PR、高校生案事業化」『読売新聞』最終閲覧日2014年9月8日, http://www.yomiuri.co.jp/kyoiku/news/20140907-OYT8T50012.html?from=ycont_top_txt

Smale, W. (2011). Brazil prepares for major tourism boost. *BBC News*. Retrieved 2012, March 1, from http://www.bbc.co.uk/news/business-15824562

2014年9月30日改訂

観光学術学会則

第一章　総則

第一条　　　（名称）本会は、観光学術学会と称する。
第二条　　　（目的）本会は、観光学の学術的発展と普及を図ることを目的とする。
第三条　　　（事業）本会は、前条の目的を達成するために、以下の事業を行う。
　　　　　　1. 機関誌及び図書などの刊行
　　　　　　2. 研究発表のための会合の開催
　　　　　　3. 国内及び国外の学術団体、学会との連絡・交流
　　　　　　4. 観光学の研究調査
　　　　　　5. その他本会の目的を達成するために必要な事業
第四条　　　（事務局の所在）本会の事務局は、（有）地域・研究アシスト事務所内に置く。

第二章　会員

第五条　　　（会員種別）本会の会員を次の四種類とする。
　　　　　　1. 正会員
　　　　　　2. 準会員
　　　　　　3. シニア会員
　　　　　　4. 賛助会員
　　　　　　5. 名誉会員
第六条　　　（入会）入会しようとする者は、所定の入会届を添えて、本会にその旨申し出るものとする。
第七条　　　（名誉会員）名誉会員は、この会に特別の功労がある者の中から、評議員会の議を経て総会において推薦する。名誉会員からは会費を徴収しない。
第八条　　　（会費）会員は別に定める。当該年度の年会費を前納するものとする。
　　　　　　会員が納入した会費はその理由を問わず、これを返還しない。
第九条　　　（会員資格の喪失）この会から退会しようとする会員は、所定の退会届を添えて、本会にその旨を申し出るものとする。
　　　　　　次に掲げる場合、理事会はその会員を本会から退会させることができる。ただし以下第2号による除名の場合は総会の議決を必要とする。
　　　　　　1. 会費を3年間滞納した場合
　　　　　　2. 理事会が会員たることを不適当と認めた場合
第十条　　　（会員の権利）会員は機関誌の配布を受けることができる。正会員、準会員、シニア会員、名誉会員は、機関誌に対する投稿ならびに学術大会における研究発表を行うことができる。賛助会員は、機関誌に別の規定に定める広告を掲載することができる。なお、準会員と賛助会員は総会における議決権を有しない。

第三章　役員・会計監査

第十一条　　（役員）本会は次の役員を置く。その定数は以下の通りである。
　　　　　　1. 会長　　1名
　　　　　　2. 副会長　2名以内
　　　　　　3. 理事　　12名以上15名以内
　　　　　　4. 評議員　35名以内
第十二条　　（役員・会計監査の選出および任期）役員および会計監査の選出方法および任期は以下の項に定めるところとする。

1. 次期会長は、評議員予定者3名以上の推薦を得た会員から、評議員予定者による無記名投票で選出する。その任期は3年とし、連続2期までとする。
2. 次期副会長は、次期会長が会員の中から指名する。その任期は3年とし、連続2期までとする。
3. 次期理事は、評議員予定者の互選により選出する。その任期は3年とし、連続2期までとする。なお理事には会長・副会長を含むものとする。
4. 評議員の選出は観光学術学会選挙規則に基づき会員が選挙する。その任期は3年とし、連続2期までとする。評議員数が理事数の2倍以下となる場合には、会長は補欠の評議員を選任しなければならない。なお評議員には理事を含むものとする。
5. 会計監査は、評議員会の議を経て、総会において2名選出する。その任期は3年とする。役員とは兼任できないものとする。

第十三条　（役員・会計監査の任務）役員および会計監査の任務は以下の通りである。
1. 会長は、本会を代表し、会務を総括する。
2. 副会長は、会長の会務を補佐し、会長に事故ある時または欠けた時は、その職務を代行する。
3. 評議員は、評議員会を組織し、本会則で定める事項を審議し、決定する。
4. 理事は、理事会を組織し、会務を執行する。
5. 会計監査は、本会の財産および会計を監査する。

第十四条　（役員の解任）役員が次の各号に該当するときは、評議員会及び総会で各々の4分の3以上の議決により会長がこれを解任することができる。この場合、評議会員及び総会で議決する前にその役員に弁明の機会を与えなければならない。
1. 心身の故障のため職務の執行に堪えないと認められるとき。
2. 職務上の義務違反その他役員たるにふさわしくない行為があると認められるとき。

第四章　会議

第十五条　（会議の招集）総会、評議員会及び理事会は、会長がこれらを招集する。
第十六条　（評議員会）評議員会は、評議員をもって構成し、次の事項を審議し、決定する。
1. 会則に定められた事項
2. 予算及び決算
3. 総会に付すべき事項
4. その他本会に関する重要な事項

第十七条　（理事会）理事会は、理事をもって構成し、以下の会務を執行する。
1. 評議員会に付すべき事項の策定
2. 編集・庶務・集会・企画・広報等の基本に関する事項
3. その他本会の事業遂行に必要な事項
4. 理事会は、上記の会務遂行のために委員会を設けることができる。

第十八条　（総会）総会は正会員および名誉会員をもって構成し、年一回開催する。会長は必要に応じて臨時総会を招集することができる。総会は、以下の事項について議決する。
1. 本会則の変更
2. 解散
3. 事業計画および収支予算
4. 事業報告および収支決算の承認
5. 評議員の選任
6. 役員の承認
7. 役員の解任
8. その他運営に関する重要事項

第十九条　（定足数）会議のうち、評議員会と理事会はそれぞれの総数の過半数の出席（委任状を含む）をもって成立するものとする。

第二十条　（議決等）会議の議事は、出席者の過半数をもって決し、可否同数のときは会長の決するところによる。

第二十一条　（議事録）すべての会議には、議事録を作成し、議長および当該会議において選任された出席者の記名捺印の上、これを保存する。

第五章　会計

第二十二条　（会計）本会の経費は、会費、寄付金、その他の収入をもってこれにあてる。理事会は、前年度事業報告および収支決算と次年度の事業計画および収支予算を作成し、評議員会の議を経て総会の承認を求めるものとする。ただし収支決算については会計監査の監査を受けなければならない。

本会の会費および寄付金は以下の通りとする。

1. 正会員(一般)　　　　　　8,000円
2. 正会員（大学院生）　　　4,000円
3. 準会員（学部学生）　　　2,500円
4. シニア会員　　　　　　　4,000円
5. 賛助会員　　　　　　　　50,000円
6. 寄付金　　　　　　　　　一口5,000円

第二十三条　（会計年度）本会の会計年度は、毎年4月1日から始まり、翌年3月31日に終わる。

附則

第二十四条　本会設立時の理事および評議員の任期については、第十二条に定める期数制限は適用しないものとする。

第二十五条　この会則は2012年（平成24年）2月26日より施行する。

第二十六条　初年度の会計年度は2月26日〜翌年3月31日までとする。

第二十七条　会長および副会長は、連続4期まで理事および評議員の任を務めることができる。

第二十八条　会長および副会長は、定数外の理事および評議員とする。

第二十九条　この会則は2013年7月6日に改定し、同日より施行する。

第三十条　この会則は2016年7月10日に改定し、同日より施行する。

観光学術学会　シニア会員細則

第1条（目的）
この細則は、観光学術学会（以下、当学会）のシニア会員に関する事項について定める。

第2条（シニア会員の定義）
シニア会員とは、4月1日時点で満65歳以上の個人とする。

第3条（申請・承認）
シニア会員となることを希望する個人は、別紙様式による申請書を提出し、理事会の承認を受けなければならない。

附則
この細則は、2016年7月10日より施行する。

観光学術学会　賛助会員細則

第1条（目的）
この細則は、観光学術学会（以下、当学会）の賛助会員に関する事項について定める。

第2条（賛助会員の定義）
賛助会員とは、当法人の事業の趣旨に賛同し援助する個人若しくは法人または法人格のない団体とする。

第3条（入会）
賛助会員となるには、別紙様式による入会申込書を提出し、理事会の承認を受けなければならない。

第4条（会費）
理事会は、その決議により、会費を減免することができる。

第5条（賛助会員の便益）
賛助会員は次の便益を受けることができる。
1. 総会にオブザーバーとして出席ができる。ただし発言権はない。
2. 機関誌の頒布を受けることができる。
3. 展示などの配置ができる。
4. 学会誌に広告を掲載することができる。

第6条（賛助会員の義務）
賛助会員は次の義務を負う。
1. 当法人の理事会及び評議員会の議決を遵守しなければならない。
2. 住所、氏名、機関誌送付先に変更がある場合には、速やかに届け出なければならない。

附則
この細則は、2013年2月24日より施行する。

観光学術学会倫理綱領

前文

観光学術学会は、観光学の調査・研究、教育および学会の運営にあたって依拠すべき倫理上の基本原則を定め、ここに「観光学術学会倫理綱領」を制定する。観光学術学会の会員は、観光学の発展と社会への貢献のために、本綱領を十分に理解して、これを遵守しなければならない。

観光学の研究は、地球上のあらゆる地域と人々を対象とする。会員は、その研究が社会の信頼と負託の上に成り立つものであることを認識し、調査・研究の対象となる地域と人々に対して、常に公正を重んじ、真摯に判断し行動しなければならない。また、観光学の教育・指導をする際には、本綱領にもとづいて、倫理的な問題について十分配慮し、学習者に注意を促さなければならない。

第1条［公正の維持と信頼の確保］

観光学の研究・教育を行うに際して、公正を維持し、社会の信頼を損なわないよう努めなければならない。

第2条［人権その他の諸権利の尊重］

いかなる場所と機会においても人権を尊重し、プライバシー、肖像権、知的財産権などの諸権利を侵害することがないよう努めなければならない。

第3条［研究目的と研究手法の倫理的妥当性］

研究目的と研究手法の倫理的妥当性を考慮し、その社会的影響について配慮しなければならない。

第4条［差別の禁止］

居住地、性別、年齢、出自、民族的背景、宗教、思想、信条、性的指向、身体的特性、障がいの有無、国籍などに関して、差別的な扱いをしてはならない。

第5条［ハラスメントの禁止］

ハラスメントに当たる行為はしてはならない。

第6条［研究資金の適正な取扱い］

研究資金を適正に取り扱わなければならない。

第7条［成果の公表］

調査・研究の成果を公表し、その社会的還元に努めなければならない。

第8条［著作権侵害の排除と不正の禁止］

著作権を侵害してはならない。他人の調査・研究の成果を盗用や剽窃するといった不正行為を行ってはならない。

第9条［相互の批判・検証機会の確保］

相互に批判・検証できる機会の確保に努めなければならない。

編集後記

　『観光学評論』6巻1号をお届けします。今号では、3本の投稿論文（原著論文2本、萌芽論文1本）、1本の基調講演、4本の特集論文、1本の書評が掲載されております。

　投稿論文については、今回、学会員の方々から8本の論文をご投稿頂きました。投稿の内訳としては、原著論文が3本、展望論文が1本、萌芽論文が4本です。

　また特集論文については、「ツーリズム、モビリティ、セキュリティ」をテーマとして神戸山手大学で2017年7月1日に開催されました、観光学術学会第6回大会シンポジウムをもとにしております。ご承知のごとく、シンポジウム当日には、英国からマイク・クラング氏（ダラム大学）を基調講演に迎え、森正人氏（三重大学）、北川眞也氏（三重大学）、市野澤潤平氏（宮城学院女子大学）、松本健太郎氏（二松学舎大学）をパネリストに刺激的かつ活発な議論が展開されました。今号では当日のご報告内容を更にバージョンアップ頂いたものが掲載されております。ぜひご一読ください。

　振り返りますと、『観光学評論』ではこれまで、2巻2号でティブスング・エ・バヤヤナ・ペオンシ氏、5巻1号でヨーナス・ラースン氏、5巻2号でリチャード・シャープリー氏、そして今号でマイク・クラング氏の御論稿を掲載して参りました。今後とも、他のアジア諸国や欧米諸国を含め多様な国々の研究者と積極的にコラボレートし、アカデミックな観光研究を一層推進して参りたいと考えております。

（遠藤英樹）

今後の予定

観光学術学会　第7回大会
日程：2018年7月7日（土）～8日（日）
会場：二松学舎大学

・シンポジウム：デジタルデバイスがツーリズムにもたらすものを展望する
　基調講演：鈴木謙介
　　「デジタルデバイスとツーリズムの関係からみる『多孔化』概念の現在」（仮）
　登壇者：鈴木謙介（コメント）、遠藤英樹（司会）、松本健太郎、安田慎、高岡文章

・フォーラムテーマ：デジタル時代の地図と観光
　登壇者：谷島貫太（司会）、神田孝治、真鍋陸太郎、松岡慧祐

・学生ポスターセッション
・一般研究発表

※内容については、予告なく変更することがございます
※詳細につきましては、学会ホームページをご確認ください

観光学術学会　第6回研究集会
日程：2019年2月予定
会場：神戸女子大学
テーマ：伝統芸能と観光（予定）

役員一覧（順不同、敬称略）

会長	橋本和也				
副会長	藤巻正己	青木義英			
編集理事	遠藤英樹	瀬川真平	中谷哲弥	鈴木涼太郎	高岡文章
集会理事	藤巻正己	須永和博	薬師寺浩之		
庶務理事	堀田祐三子	大浦由美			
企画理事	森 正美	片山明久			
広報理事	松村嘉久	曽山 毅			
評議員	麻生憲一	荒山正彦	鵜飼正樹	内田忠賢	大井達雄
	加藤久美	佐野 楓	須藤 廣	出口竜也	橋爪紳也
	畠中昌教	韓準祐	前田 勇	森重昌之	山田良治
	山中 弘	吉兼秀夫	吉原直樹		

委員会および委員一覧（順不同、敬称略）

編集委員会	遠藤英樹	瀬川真平	中谷哲弥	鈴木涼太郎	高岡文章
	神田孝治	永井隼人	中村 哲	八島雄士	山口 誠
	吉田道代				
集会委員会	藤巻正己	須永和博	薬師寺浩之	廣岡裕一	堀野正人
庶務委員会	堀田祐三子	大浦由美	加藤久美	佐野 楓	
企画委員会	森 正美	片山明久	大野哲也	窪田 暁	松岡慧祐
広報委員会	松村嘉久	曽山 毅	寺岡伸悟	原 一樹	安田 慎

Tourism Studies Review
Vol.6 No.1 / 2018. 3

発行日	2018年3月31日
編集・発行	観光学術学会
	〒545-0011　大阪府大阪市阿倍野区昭和町2-19-28-402
	（有限会社　地域・研究アシスト事務所内）
印刷	野村印刷株式会社
	〒547-0034　大阪府大阪市平野区背戸口1-4-22
発売元	有限会社　地域・研究アシスト事務所
	〒545-0011　大阪府大阪市阿倍野区昭和町2-19-28-402
定価	本体価格4,800円＋消費税